王珊，四川师范大学教育科学学院副教授，北京师范大学教育学博士，四川省教育厅高等学校人文社科重点研究基地"核心素养教育研究中心"成员，澳大利亚新南威尔士大学（教育领导力方向）访问学者。出版《大学教师学术权力伦理研究》《校长如何优化内部管理》等著作，主持"义务教育阶段学生课堂教学参与质量评价"等5项教育部级和省级课题。在《清华大学教育研究》《教师教育研究》《中国考试》等CSSCI和北大核心收录期刊上发表学术论文30余篇，多篇被人大复印资料全文转载。研究成果获四川省人民政府颁发的"四川省第十九次社会科学优秀成果三等奖"。连续两年指导学生获"田家炳杯"全日制教育硕士小学教育领域教学技能大赛全国一等奖和三等奖，获全国教育专业学位研究生教育指导委员会颁发的"优秀指导教师奖"。

本书系四川师范大学2021年度教学改革项目（教材建设类）
"小学数学课程标准与教材研究"（项目批准号：20210191XJC）"的建设成果

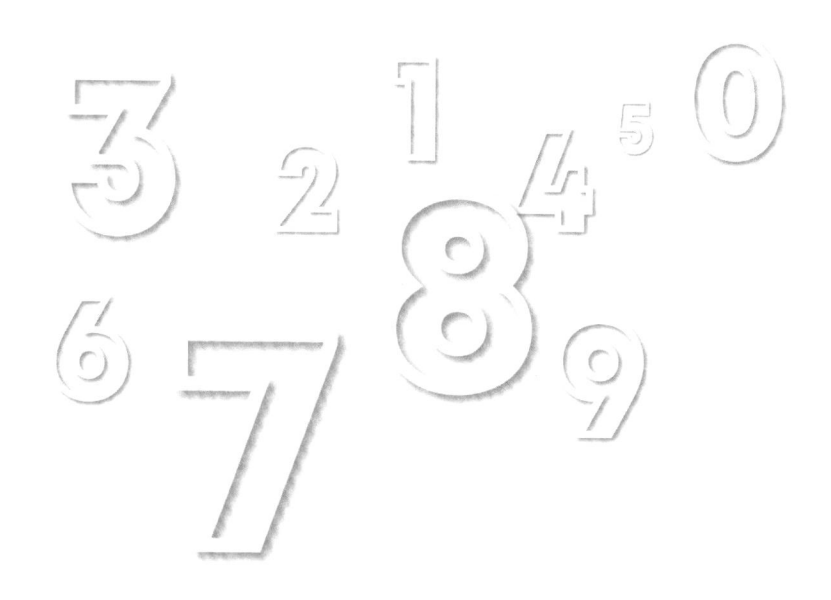

基于核心素养的小学数学课堂重构

主编 王 珊

参编（以姓氏拼音为序）

毕 运　邓冬华　黄黎黎　罗 敏　李 艳
李瑞雪　潘亦宁　王 燕　谢清玲　周思波

四川大学出版社
SICHUAN UNIVERSITY PRESS

图书在版编目（CIP）数据

基于核心素养的小学数学课堂重构 / 王珊主编.
成都：四川大学出版社，2024.8. -- （教师教育精品课程规划教材系列）. -- ISBN 978-7-5690-7084-2

Ⅰ．G623.502

中国国家版本馆CIP数据核字第2024XG5898号

书　　名：基于核心素养的小学数学课堂重构
　　　　　Jiyu Hexin Suyang de Xiaoxue Shuxue Ketang Chonggou
主　　编：王　珊
丛 书 名：教师教育精品课程规划教材系列

选题策划：蒋　玙
责任编辑：蒋　玙
责任校对：胡晓燕
装帧设计：墨创文化
责任印制：王　炜

出版发行：四川大学出版社有限责任公司
　　　　　地址：成都市一环路南一段24号（610065）
　　　　　电话：（028）85408311（发行部）、85400276（总编室）
　　　　　电子邮箱：scupress@vip.163.com
　　　　　网址：https://press.scu.edu.cn
印前制作：四川胜翔数码印务设计有限公司
印刷装订：成都市川侨印务有限公司

成品尺寸：185mm×260mm
印　　张：14.5
插　　页：2
字　　数：355千字

版　　次：2024年8月 第1版
印　　次：2024年8月 第1次印刷
定　　价：58.00元

本社图书如有印装质量问题，请联系发行部调换

版权所有 ◆ 侵权必究

扫码获取数字资源

四川大学出版社
微信公众号

前　言

　　随着世界范围对教育的关注从输入转向输出，对教育质量和结果的问责推动了世界各国的教育改革迈入以素养为本的新时代。面对信息化、全球化与知识经济带来的崭新和更富挑战性的时代格局，学生应该具备哪些核心素养才能成功地融入未来社会、获得个人成功并推动社会进步呢？为回答这个关键性问题，世界各国将培养学生 21 世纪核心素养作为国家发展的前瞻性和战略性目标。核心素养也成为各国课程改革的风向标和主基调。这场席卷全球的核心素养浪潮推动我国基础教育课程改革从对内容的关注转向对学习结果的关注，从对教材、标准要素的关注转向对"培养什么样的人""怎样培养人""为谁培养人"的功能的关注，成功实现了从学科立意到教育立意的华丽转身。在全球化发展的今天，世界各国学生核心素养培养的终极向度不仅是素养本身的内在逻辑或单纯指向教育实践，而是以素养为依托来实现人类社会的整体建构和全面进步。基于核心素养的课程改革将不断突破既有认知框架的束缚，探索与发现可能完全不同于已知的生活方式，推动人类社会共同进步。在全球基于素养的课程及评价改革运动的推动下，我国基础教育课程改革迈入了以核心素养为导向的课程改革新时代。

　　课程承载着国家的教育意志，直接影响人才培养的质量。自中华人民共和国成立以来，数学课程在基础教育课程改革的八次浪潮中砥砺前行，谱写了从仿照借鉴到立足强基、实践创新的宏伟篇章，构建了具有中国特色的数学课程体系。从最初的"小学算术"到后来的"小学数学"，从课程"教学大纲"到"课程标准"，我国数学课程目标从"双基""三维"拓展到"核心素养"。为落实立德树人的根本性任务，教育部印发了《普通高中数学课程标准（2017 年版）》，首次提出高中数学核心素养。2022 年，义务教育阶段数学课程标准再次修订，完成了从义务教育到高中阶段的整体连贯的数学核心素养体系建设，取得了核心素养时代基础教育课程改革的重大突破。《义务教育数学课程标准（2022 年版）》以培养学生数学核心素养为基本导向，要求学生会用数学的眼光观察现实世界、会用数学的思维思考现实世界、会用数学的语言表达现实世界（简称"三会"）。"三会"数学核心素养从原来着眼数学内部思想逐步扩展和聚焦现实世界，最终上升到生活和人生高度，成为个体面对复杂社会必备的品格、关键的能力和正确价值观。

　　新课程、新课标、新课堂是本书的逻辑主线。《义务教育数学课程标准（2022 年版）》在理念、目标、内容等方面都有了较大变化。从新课程、新课标到新课堂有一个"落差"。要将未来教育的美好蓝图落实到课堂教学中，亟待基于核心素养的课堂重构。为更好帮助教师及未来教育者整体把握和领会新课改精神，积极探索指向核心素养的数学课堂教学改革，本书设计了上、下两个篇章的内容。上篇"核心素养导向的新课程"共四章，一是帮助读者更好地理解新课程标准的整体设计理念和内容变化；二是深度解析数学核心素养及基于核心素养的小学数学思想。下篇"聚焦核心素养的新课堂"共三章，其目的是帮助教师及未来教育者掌握化知识为素养的课堂教学理念、模式与方法。下篇不仅从理论上探讨了核心素养导向的小学数学课堂教学样态，而且以完整的教学案例和要点点评方式对核心素养导向的小学数学课堂教学模式进行了深度解析。

本书由王珊（四川师范大学教育科学学院）担任主编，主要编写人员有周思波（四川师范大学数学科学学院）、李艳（四川师范大学教育科学学院）、潘亦宁（四川师范大学附属青台山中学）、谢清玲（四川师范大学附属青台山小学）、王燕（天府第七中学小学部）、黄黎黎（四川师范大学附属青台山小学）、毕运（四川师范大学附属青台山小学）、李瑞雪（四川师范大学附属实验小学）、罗敏（四川师范大学附属青台山中学）、邓冬华（四川师范大学附属青台山中学）。本书第一章、第二章由王珊撰写，主要阐述基于核心素养的义务教育数学课程标准整体设计和小学阶段数学核心素养的主要表现。第三章由李艳撰写，主要从小学数学课程内容结构及各领域主题分析介绍基于核心素养的小学数学课程内容变化。第四章由周思波撰写，主要分析了与数学眼光、数学思维和数学语言有关的小学数学思想。第五章由王珊撰写，主要梳理了我国核心素养导向的小学数学课堂改革历程，阐释了从真实性问题情境、大概念整合、实践性参与和深度学习重构素养本位的小学数学课堂的主张及重要观点。第六章、第七章由王珊、王燕、黄黎黎、毕运、李瑞雪、罗敏、邓冬华撰写，主要介绍了核心素养导向的小学数学课堂教学新模式以及应用这几种新模式进行的教学创新案例分析。王珊、潘亦宁、谢清玲负责新模式下教学创新案例的整体设计。

另外，还要感谢参与本书校稿等工作的四川师范大学附属青台山小学李欣阳老师、成都市龙江路小学何盈盈老师、成都市建设路小学赵云慧老师、德阳市祁连山路小学刘诗涵老师、眉山市第一小学杨婷老师，以及四川师范大学教育科学学院2022级小学教育专业硕士研究生龙倩、周琴、何秋怡、周红梅和唐恩钰。

本书出版过程中得到多方的关心和帮助。感谢四川师范大学教育科学学院副院长朱晟利教授、四川师范大学教育科学学院李明燕老师为本书出版给予的支持和帮助。

本书不仅可以作为小学数学教师的培训教材和教学研修资源，也可以作为小学教育本科专业、教育硕士小学教育领域研究生的教材，还可以为数学教学研究者参考使用。书中不妥之处，敬请各位同仁不吝赐教！

目 录

上篇：核心素养导向的新课程

第一章　基于核心素养的义务教育数学课程标准设计……………………（ 3 ）
　　第一节　指向核心素养的义务教育数学课程标准………………………（ 5 ）
　　第二节　数学核心素养的整体设计………………………………………（ 12 ）
　　第三节　数学核心素养的内涵与意义……………………………………（ 19 ）

第二章　小学阶段数学核心素养的主要表现………………………………（ 22 ）
　　第一节　数学眼光的具体表现……………………………………………（ 23 ）
　　第二节　数学思维的具体表现……………………………………………（ 37 ）
　　第三节　数学语言的具体表现……………………………………………（ 43 ）

第三章　基于核心素养的小学数学课程内容变化…………………………（ 56 ）
　　第一节　课程内容结构化变化……………………………………………（ 57 ）
　　第二节　数与代数领域内容变化及主题分析……………………………（ 60 ）
　　第三节　图形与几何领域内容变化及主题分析…………………………（ 68 ）
　　第四节　统计与概率领域内容变化及主题分析…………………………（ 72 ）
　　第五节　综合与实践领域内容变化及主题分析…………………………（ 75 ）

第四章　基于核心素养的小学数学思想……………………………………（ 80 ）
　　第一节　核心素养视角下的数学思想……………………………………（ 81 ）
　　第二节　与数学眼光有关的数学思想……………………………………（ 85 ）
　　第三节　与数学思维有关的数学思想……………………………………（ 90 ）
　　第四节　与数学语言有关的数学思想……………………………………（ 95 ）

下篇：聚焦核心素养的新课堂

第五章　核心素养导向的小学数学课堂改革 (103)
- 第一节　核心素养导向的数学课堂教学改革历程 (104)
- 第二节　素养本位的课堂重构（一）：把知识放回真实的问题情境中 (107)
- 第三节　素养本位的课堂重构（二）：大概念整合教学 (111)
- 第四节　素养本位的课堂重构（三）：在实践参与中促进深度学习 (119)

第六章　核心素养导向的小学数学教学新模式 (126)
- 第一节　整体性教学：大概念统摄的整合教学模式 (128)
- 第二节　实践参与性教学：跨学科主题学习 (139)
- 第三节　高阶思维教学：基于问题驱动的深度学习模式 (155)

第七章　核心素养导向的小学数学课堂教学创新案例 (167)
- 第一节　大概念整合教学 SRDIR 模式的设计、实施及分析 (168)
- 第二节　跨学科主题学习的教学设计、实施及分析 (177)
- 第三节　基于问题驱动的深度学习教学设计、实施及分析 (206)

上篇：核心素养导向的新课程

第一章　基于核心素养的义务教育数学课程标准设计

【本章要点】

1. 《义务教育数学课程标准（2022年版）》是依据社会发展对人才培养的新要求再次修订的课程标准。新修订的数学课程标准以培养学生数学核心素养为基本导向，要求学生会用数学的眼光观察现实世界、会用数学的思维思考现实世界、会用数学的语言表达现实世界（简称"三会"）。"三会"数学核心素养从原来着眼数学内部思想逐步扩展和聚焦现实世界，最终上升到生活和人生高度，成为个体面对复杂社会必备的品格、关键的能力和正确的价值观。

2. 《义务教育数学课程标准（2022年版）》确立了数学核心素养导向的课程目标定位，以"三会"统领"四基"（基础知识、基本技能、基本思想和基本活动经验）和"四能"（发现问题、提出问题、分析问题和解决问题的能力）和"情感态度与价值观"。新修订的数学课程标准不仅继承了我国数学教育的传统特色与合理内核，还体现了与时俱进的发展理念。课程内容结构化是新修订的数学课程标准的特色之一，结构化的数学知识有利于学生从整体理解数学内容，把握数学的整体脉络，掌握关键的数学知识，促进知识的高阶迁移。

3. 《义务教育数学课程标准（2022年版）》要求加强学科融合，强调以跨学科主题学习为重点，培养学生在真实情境中综合运用知识解决问题的能力。新修订的数学课标将"三会"与"四基""四能"自然融入数学课程学业质量标准学生评估的各个阶段，使学习内容要求与核心素养培育有机融合在一起，体现了"教—学—评"的一致性。

4. 《义务教育数学课程标准（2022年版）》是基于学生核心素养对义务教育课程进行的整体设计和系统创新。"三会"核心数学素养统摄小学11个、初中9个具体的数学核心素养，体现整体连贯性、一致性和阶段性。小学阶段数学学习主要基于经验的感悟，数学核心素养侧重于意识。中学阶段数学学习主要基于概念的理解，数学核心素养侧重于观念、思想和能力。

【框架导读】

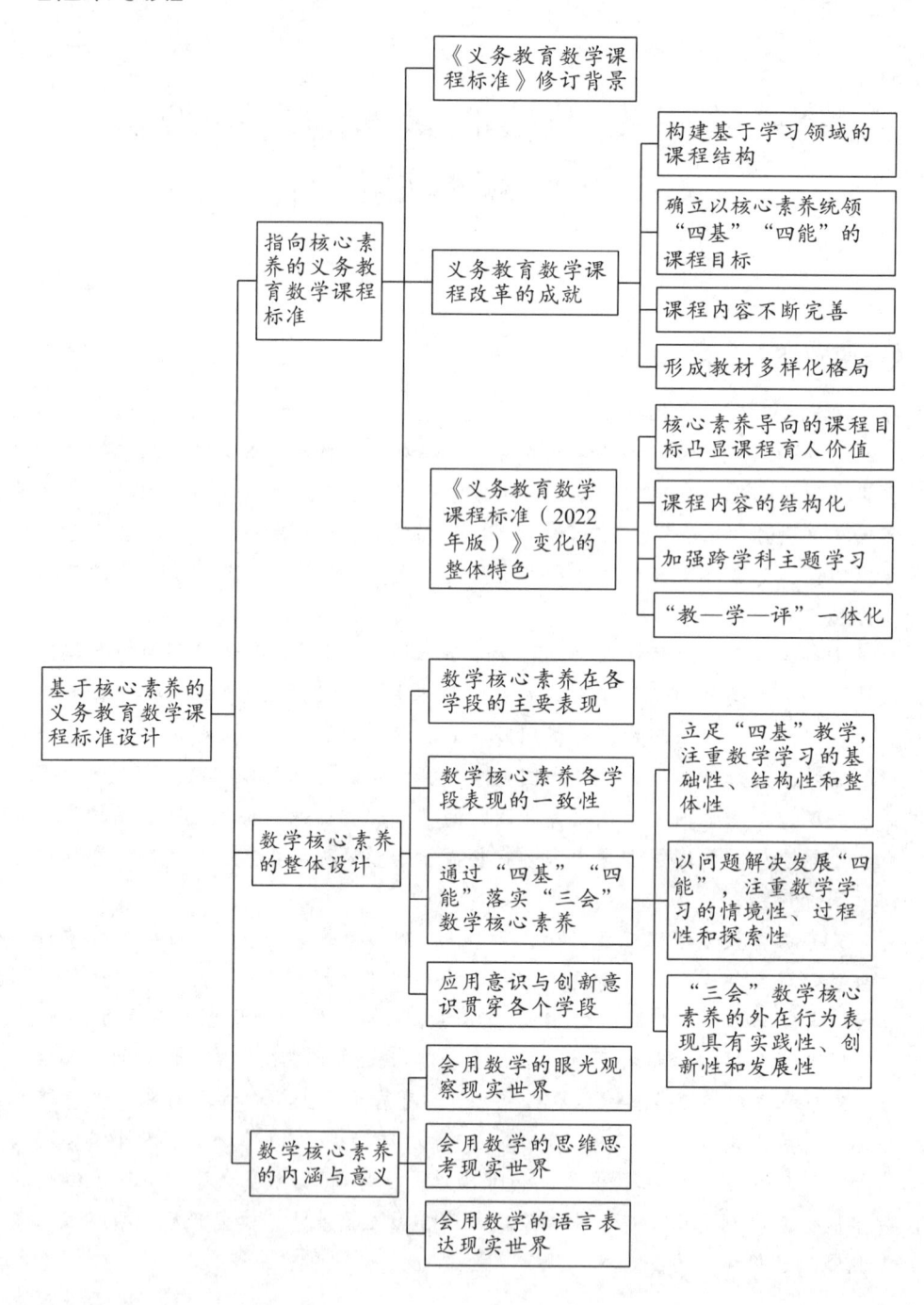

```
基于核心素养的义务教育数学课程标准设计
├── 指向核心素养的义务教育数学课程标准
│   ├── 《义务教育数学课程标准》修订背景
│   ├── 义务教育数学课程改革的成就
│   │   ├── 构建基于学习领域的课程结构
│   │   ├── 确立以核心素养统领"四基""四能"的课程目标
│   │   ├── 课程内容不断完善
│   │   └── 形成教材多样化格局
│   └── 《义务教育数学课程标准（2022年版）》变化的整体特色
│       ├── 核心素养导向的课程目标凸显课程育人价值
│       ├── 课程内容的结构化
│       ├── 加强跨学科主题学习
│       └── "教—学—评"一体化
├── 数学核心素养的整体设计
│   ├── 数学核心素养在各学段的主要表现
│   ├── 数学核心素养各学段表现的一致性
│   ├── 通过"四基""四能"落实"三会"数学核心素养
│   │   ├── 立足"四基"教学，注重数学学习的基础性、结构性和整体性
│   │   ├── 以问题解决发展"四能"，注重数学学习的情境性、过程性和探索性
│   │   └── "三会"数学核心素养的外在行为表现具有实践性、创新性和发展性
│   └── 应用意识与创新意识贯穿各个学段
└── 数学核心素养的内涵与意义
    ├── 会用数学的眼光观察现实世界
    ├── 会用数学的思维思考现实世界
    └── 会用数学的语言表达现实世界
```

20 世纪末，我国启动了新一轮基础教育课程改革。教育部于 2001 年颁布《全日制义务教育数学课程标准（实验稿）》（简称《实验稿数学课标》），2003 年颁布《普通高中数学课程标准（实验稿）》，进一步完善了我国基础教育数学课程体系。随着基础教育课程改革的深化发展，课程标准也不断修订和完善。2005 年，教育部组建课程标准修

订组，修订《实验稿数学课标》，最终形成《义务教育数学课程标准（2011年版）》（简称《2011年版数学课标》）。《2011年版数学课标》在实施过程中积累了大量经验，也发现了一些问题。为落实立德树人教育任务、发展学生核心素养，教育部再次启动课程标准的修订工作，于2022年颁布《义务教育数学课程标准（2022年版）》（简称《2022年版数学课标》）。《2022年版数学课标》以核心素养为导向，在吸收国际数学教育改革经验的基础上，继承和保持了我国数学课程改革取得的成果。

第一节　指向核心素养的义务教育数学课程标准

一、《义务教育数学课程标准》修订背景

20世纪末，我国启动了新一轮基础教育课程改革，即"第八次课程改革"。与中华人民共和国成立以来的历次课程改革相比较，新课程在课程设计和实施层面都有了很多新的突破。在这一轮课程改革中，义务教育数学课程改革在课程结构、课程目标、课程内容、学习方式、教材多样化等方面取得了一些突破性进展。然而，信息时代对学生的学习和人才培养都提出了更高的要求。在信息化时代，知识获取的渠道和方式变得丰富和便捷。相对于知识的学习，学习者学习能力的提升和综合素养的培养变得愈发重要。因此，继《2011年版数学课标》修订十年后，《义务教育数学课程标准》又迎来再次修订，最终发布了《2022年版数学课标》。《2022年版数学课标》确立了核心素养导向的课程目标，强调义务教育数学课程要以学生发展为本、以核心素养为导向，进一步促进学生"四基""四能"的发展，形成正确的情感态度与价值观。坚持核心素养为导向、落实立德树人根本任务是这一次《义务教育数学课程标准》修订的重要原则。学生核心素养的发展是党教育方针的具体化，也是落实立德树人的重要途径、关键环节和中间桥梁。《2022年版数学课标》的修订既坚持立足本国实情、解决实际问题，又积极借鉴国际数学教育改革的成功经验。总之，《2022年版数学课标》是依据社会发展的新需求、数学与科学基础时代对人培养的新要求进行的具有深远意义的课程标准修订。

二、义务教育数学课程改革的成就

（一）构建基于学习领域的课程结构

《实验稿数学课标》与《2011年版数学课标》都采用"学段+领域"的方式呈现课程内容，将九年义务教育划分为三个学段，每个学段设置了四个学习领域。从《实验稿数学课标》到《2011年版数学课标》，四个学习领域进行了一定的调整。《实验稿数学课标》之前的数学课程只有统计的初步内容，统计知识的学习是小学高年级的内容，一般都安排在代数或算术中；《实验稿数学课标》将"统计与概率"设置为一个单独的学

习领域，这在我国义务教育数学课程中尚属首次。① 《2011年版数学课标》"统计与概率"领域又在《实验稿数学课标》的基础上增加了概率的内容，使统计与概率的内容贯穿整个小学阶段，并且编排由浅入深、循序渐进、螺旋上升，突出知识之间的相互联系。另外，从《实验稿数学课标》到《2011年版数学课标》，原有的"空间与图形"变为"图形与几何"；第一学段的"实践活动"、第二学段的"综合应用"和第三学段的"课题学习"合并为"综合与实践"，这些变化一直延续到《2022年版数学课标》。与《实验稿数学课标》相比，《2011年版数学课标》强化了综合应用数学知识解决问题的要求，而《2022年版数学课标》又在综合与实践领域加强跨学科综合学习，重视学生对现实世界真实问题的探索。

（二）确立以核心素养统领"四基""四能"的课程目标

《2011年版数学课标》在《实验稿数学课标》的基础上提出了"四基"和"四能"。"四基"中的基础知识、基本技能侧重于学习结果，基本思想、基本活动经验侧重于学习过程，在过程中积累基本活动经验，感悟数学思想。"四能"中的分析问题能力、解决问题能力是有了问题后再去分析问题，也是侧重于结果，而发现问题能力、提出问题能力则体现问题形成的过程。"四基""四能"目标既体现结果性要求，也体现过程性要求，表明数学课程目标是过程与结果并重，它们是课程目标表述方面的突破。

《2022年版数学课标》中对课程总目标的表述仍然沿用了"四基""四能"。但《2022年版数学课标》在《2011年版数学课标》的基础上确立了核心素养导向的课程目标，以"三会"统领"四基""四能"。核心素养导向的课程目标继承和发扬了原有义务教育课标和新修订的高中课标的理念，既要使学生获得数学的基础知识、基本技能、基本思想、基本活动经验，又要在运用数学知识与方法的过程中培养学生发现问题、提出问题、分析问题和解决问题的能力，引导学生形成正确的情感、态度和价值观。因此，《2022年版数学课标》的课程目标不仅强调"真实情境"和"跨学科知识与方法"的重要性，而且指出培养学生对数学的好奇心和求知欲，能欣赏数学美，逐步形成质疑问难、自我反思和勇于探索的科学精神，凸显了数学课程以核心素养为导向的育人价值。

（三）课程内容不断完善

数学课程标准的不断修订，使得四个领域形成了比较完善的内容体系。

首先是"数与代数"领域内容的结构化整合。"数与代数"的核心是运算，该领域课程内容主要围绕运算对象、运算法则、运算应用展开。小学阶段的运算对象主要是数，课程内容包括"数的认识""数的运算""数量关系"。"数量关系"是运算的应用，即应用运算来认识量与量之间的关系。初中阶段的运算对象从数扩展到代数式，课程内容包括"数与式""方程与不等式""函数"。数与式是小学阶段"数的认识""数的运算"的发展。"方程与不等式""函数"是小学阶段"数量关系"的发展。《2022年版数学课标》把小学"数与代数"内容整合为"数与运算""数量关系"两个主题，进一步

---

① 史宁中，曹一鸣. 《义务教育数学课程标准（2022年版）》解读[M]. 北京：北京师范大学出版社，2022：11.

明确了小学内容与初中内容的关系。

其次是"图形与几何"领域内容的结构化整合。传统几何内容采用欧几里得综合几何（论证几何）体系，即"定义—公理—定理"形式展开。经过几十年的数学课程改革，我国逐步形成了自己特有的几何内容体系，即小学阶段采用实验几何方式展开相关内容，初中采用实验几何与论证几何结合并以论证几何为主的体系，但对于大部分几何命题，要求先探索发现再进行几何证明。"图形与几何"整体内容体现研究几何图形的三种视角：①综合几何视角，包括小学阶段的"测量"、初中阶段的"图形与证明"；②变换几何视角，包括小学阶段的"图形的运动"、初中阶段的"图形的变化"；③解析几何视角，包括小学阶段的"图形的位置"、初中阶段的"图形与坐标"。《2022年版数学课标》把小学"图形与几何"内容整合为"图形的认识与测量""图形的位置与运动"两个主题。[1]

再次，"统计与概率"是义务教育阶段数学学习的主要领域之一，在培养学生通过部分推断总体、感悟数据的随机性及形成数据分析素养方面具有独特的价值。针对《实验稿数学课标》实施过程中小学低段学生理解概率内容困难的状况，《2011年版数学课标》将小学概率内容整体后移，部分统计内容也适当后移，这样更符合学生认知水平。《2022年版数学课标》也采用这种逐级进阶的方式将"统计与概率"融入整个义务教育学习阶段，意在从数据意识向数据观念再到数据分析素养进阶，有利于小初衔接及与高中对接，以形成系统的数据观念素养。

最后，"综合与实践"活动是培养学生实践创新能力的重要契机，但"综合与实践"方面的教学一直是数学教学中的薄弱点。《2022年版数学课标》加强调了"综合与实践"内容领域，更集中指向实践能力、应用意识和创新意识的培养，更强调跨学科知识的有机结合。初中阶段"综合与实践"领域可采用项目式学习的方式，以问题解决为导向，整合数学与其他学科的知识和思想方法，让学生从数学的角度观察与分析、思考与表达、解释与阐释社会生活以及科学技术中遇到的现实问题，感受数学与科学、技术、金融、地理、艺术等学科的融合，积累数学活动经验，体会数学的科学价值，提高发现与提出问题、分析与解决问题的能力，发展应用意识、创新意识和实践能力。从一定程度上来讲，《2022年版数学课标》提出了更新、更高的要求。

（四）形成教材多样化格局

教材多样化是我国历次数学课程改革追求的目标，我国已初步建立中国特色的基础教育课程体系。从最初一纲一本、高度集权式的课程管理模式逐步走向一纲多本，国家、地方、学校三级课程管理，确立了"以人为本"、关注学生核心素养的课程理念。新课程改革时期，为解决基础教育课程改革实验区学校所需的小学数学实验教材，各大出版社纷纷组织人员围绕《实验稿数学课标》要求编写教材。小学数学实验教材随着基础教育课程改革实验区的扩大得到了进一步完善，也为编写符合《2011年版数学课标》要求的义务教育数学课程教材打下了实践基础。我国数学新课程改革实施多年以来，已

---

[1] 史宁中，曹一鸣.《义务教育数学课程标准（2022年版）》解读[M]. 北京：北京师范大学出版社，2022：12.

经形成了实验先行的小学数学教材建设基本路线，数学教材多样化格局已然形成。小学数学教材建设成就显著，各版本教材在使用中相互借鉴，推动教材质量不断提高。

三、《2022年版数学课标》变化的整体特色

进入21世纪以来，我国教育部先后颁发了《实验稿数学课标》《2011年版数学课标》《2022年版数学课标》。《2022年版数学课标》是对此前义务教育数学课程标准的继承、改进和发展。它是在坚持目标导向、问题导向和创新导向的背景下进行的具有深远意义的义务教育课程标准修订。

（一）核心素养导向的课程目标凸显课程育人价值

数学课程承载着发展学生科学精神、培养学生理性思维的重要任务。数学不仅仅是自然科学的重要基础，其还能在大数据和人工智能等领域直接创造价值。通过数学的学习使学生经历抽象、推理和问题解决的过程，理解和掌握数学知识和方法，提升学生的数学核心素养。以"数与代数"的学习为例，数的认识是从数量到数的抽象过程。学生在建立数概念和发展数概念体系的过程中，逐步体会符号表达的简捷性和一般化的重要性，进一步认识到数学抽象的意义。通过"数的运算和数量关系"的学习，学生不仅学会计算和解题，更重要的是理解逻辑推理的规则，以及逐步用合乎逻辑的方式思考问题和解决问题，发展使自己终身受益的理性思维。[①] 正因如此，《2022年版数学课标》把"三会"纳入课程总目标，确立了数学核心素养导向的课程目标定位，体现了数学核心素养的育人价值和重要性。《2022年版数学课标》课程目标提出的"会用数学的眼光观察现实世界""会用数学的思维思考现实世界""会用数学的语言表达现实世界"，是数学课程育人的基本方向。自2014年为落实"立德树人"的根本任务明确提出核心素养后，《普通高中数学课程标准（2017年版）》把核心素养贯穿到《普通高中数学课程标准》修订的始终，并进一步提出"三会"数学核心素养。《2022年版数学课标》则是对《2011年版数学课标》"四基""四能"目标和《普通高中数学课程标准（2017年版）》数学核心素养的继承与发展，创造性地以"三会"数学核心素养统领数学课程总目标，培养学生必备品格、关键能力和正确价值观。

（二）课程内容的结构化

从《义务教育课程方案（2022年版）》和各科课程标准（2022年版）来看，课程内容结构化是新课标修订的亮点之一。《义务教育课程方案（2022年版）》"前言"部分指出，本次课程标准修订的一大特色就是"优化了课程内容结构"，即基于核心素养发展要求，遴选重要观念、主题内容和基础知识设计课程内容，增强内容与育人目标的联系，优化内容组织形式。[②] 课程结构化的实质就是以结构化视角理解课程内容，将课程

[①] 马云鹏.《义务教育数学课程标准（2022年版）》的理念与目标解读[J]. 天津师范大学学报（基础教育版），2022，23（5）：1—6.

[②] 中华人民共和国教育部. 义务教育课程方案（2022年版）[S]. 北京：北京师范大学出版社，2022：4.

内容视为一个整体，以此促进学生把握数学整体脉络、掌握关键的数学知识、促进知识的高阶迁移。现代学习理论认为，专家头脑中的知识是有关联的、结构化的，被专家理解、接纳的知识被"安放"在一个有序的结构框架中，这些知识不是孤立或杂乱堆积在一起的。专家之所以不同于新手，不仅在于他们积累的知识总量多于新手，更重要的是他们掌握知识与知识之间的关系，知识与现象、情境之间的关系，并且能将知识和知识之间的关系、意义结构化地组织起来。这个结构框架是专家在学习的过程中理解专业新知并自主建构起来的，并不是从外界简单搬运来的，因而这些组织起来的知识具有主动性。因此，《2022年版数学课标》以学生核心素养培养为主线，按照"研究对象+性质（或关系、运算）"对"数与代数""图形与几何""统计与概率""综合与实践"四个课程内容进行主题整合和结构优化。这样，通过数学研究对象概念的教学与相应性质、运算、关系的教学有机结合，搭建数学知识与核心素养之间的桥梁。

对比《2022年版数学课标》与《2011年版数学课标》四个领域内容主题（表1-1）。在"数与代数"领域，《2022年版数学课标》将《2011年版数学课标》的五个主题整合为"数与运算""数量关系"两个主题。《2022年版数学课标》对主题的合并与调整更强调课程内容的整体性和递进性。例如，考虑到数的认识和数的运算是分不开的，所以小学阶段将这两个主题统一整合为"数与运算"。又如，考虑到知识的逻辑性和难易度，避免概念认识与性质运用割裂，将小学阶段的负数、方程与反比例内容移到初中阶段（负数在小学阶段的综合与实践领域初步渗透）。在"图形与几何"领域，将《2011年版数学课标》四个主题整合为"图形的认识与测量""图形的位置与运动"两个主题。在"统计与概率"领域，小学低段根据课程内容新增主题"数据分类"；小学中高段的"简单数据统计过程"改为"数据的收集、整理与表达"。《2022年版数学课标》"综合与实践"小学阶段主要采用主题式学习，让学生在真实问题情境中从数学的角度发现并提出问题，综合运用数学和其他学科的知识与方法来分析与解决问题，进而体会数学知识的价值及数学与其他学科的联系。

表1-1 2022年版与2011年版《义务教育数学课程标准》小学阶段课程内容主题比较

课程领域	《2022年版数学课标》			《2011年版数学课标》	
	学段			学段	
	第一学段 （1～2年级）	第二学段 （3～4年级）	第三学段 （5～6年级）	第一学段 （1～3年级）	第二学段 （4～6年级）
数与代数	1. 数与运算 2. 数量关系	1. 数与运算 2. 数量关系	1. 数与运算 2. 数量关系	1. 数的认识 2. 数的运算 3. 常见的量 4. 探索规律	1. 数的认识 2. 数的运算 3. 式与方程 4. 正比例、反比例 5. 探索规律

续表

课程领域	《2022 年版数学课标》			《2011 年版数学课标》	
^	学段			学段	
^	第一学段 （1～2 年级）	第二学段 （3～4 年级）	第三学段 （5～6 年级）	第一学段 （1～3 年级）	第二学段 （4～6 年级）
图形与几何	1. 图形的认识与测量	1. 图形的认识与测量 2. 图形的位置与运动	1. 图形的认识与测量 2. 图形的位置与运动	1. 图形的认识 2. 测量 3. 图形的运动 4. 图形与位置	1. 图形的认识 2. 测量 3. 图形的运动 4. 图形与位置
统计与概率	1. 数据分类	1. 数据的收集、整理与表达	1. 数据的收集、整理与表达 2. 随机现象发生的可能性	1. 分类	1. 简单数据统计过程 2. 随机现象发生的可能性
综合与实践	《2022 年版数学课标》相比于《2011 年版数学课标》的变化： 1. 第一、第二、第三学段主要采用主题式学习，第三学段课适当采用项目式学习 2. 重在解决实际问题，强调跨学科主题式学习 3. 强调传统文化的融合				

（三）加强跨学科主题学习

学科间横向联系的壁垒割裂了人们对事物整体性的认识。《2022 年版数学课标》要求加强学科融合，以跨学科主题学习为重点培养学生在真实情境中综合运用知识解决问题的能力。在《2011 年版数学课标》中，"综合与实践"只给出了方向性要求，指出"综合与实践"是以问题为载体、以学生自主参与为主的学习活动，并指出该领域的学习活动重在实践、重在综合，但没有设计具体的主题活动。《2022 年版数学课标》具体列出了每个学段的"主题活动"或"项目学习"（表 1-2）。第一类是融入数学知识学习的主题活动，如"时间在哪里""我的教室"等。在这类活动中，学生将学习和理解数学知识，感悟知识的意义，主要涉及量、方向与位置、负数等知识的学习；第二类是运用数学知识及其他学科知识的主题活动，如"校园平面图""营养午餐"等。在这类活动中，学生将综合运用数学知识解决问题，体会数学知识的价值，以及数学与其他学科的关联。[1]《2022 年版数学课标》关注数学课程与社会生活、学生经验的联系，把学科知识整合和跨学科实践作为课程内容整合的重点。

---

[1] 中华人民共和国教育部. 义务教育数学课程标准（2022 年版）[S]. 北京：北京师范大学出版社，2022：42.

表 1-2　《2022 年版数学课标》小学各学段的主题活动和项目学习内容

	第一学段（1~2年级）	第二学段（3~4年级）	第三学段（5~6年级）
综合与实践	主题活动1：数学游戏分享 主题活动2：欢乐购物街 主题活动3：时间在哪里 主题活动4：我的教室 主题活动5：身体上的尺子 主题活动6：数学连环画	主题活动1：年、月、日的秘密 主题活动2：曹冲称象的故事 主题活动3：寻找"宝藏" 主题活动4：度量衡的故事	主题活动1：如何表达具有相反意义的量 主题活动2：校园平面图 主题活动3：体育中的数学 项目学习1：营养午餐 项目学习2：水是生命之源

（四）"教—学—评"一体化

《2022 年版数学课标》指出，学业质量是学生在完成课程阶段性学习后的学业成就表现，反映学生发展核心素养要求。学业质量标准是以核心素养为主要维度，结合课程内容，对学生学业成就具体表现特征的整体刻画。① 小学阶段的学业质量标准分为三个学段，每个学段都是依据各学段的学段目标及学业要求制定的。如图 1-1 所示，在各学段，学段目标就是教学标准，学业要求就是学习标准，学业质量标准就是教学评价标准。这样，内容标准与评价标准、教学提示并列，也就明确了"学什么""学到什么程度"以及"怎么教"这三个关键问题，体现了"教—学—评"的一致性。

```
学段目标      ⟷   教学标准
学业要求      ⟷   学习标准
学业质量标准  ⟷   教学评价标准
```

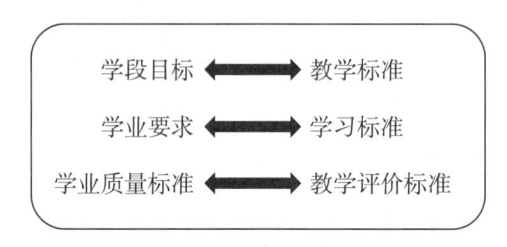

图 1-1　"教—学—评"一体化

《2022 年版数学课标》明确指出，数学学业质量评估首先要以结构化数学知识主题为载体，在形成与发展"四基"过程中形成抽象能力、推理能力、运算能力、几何直观和空间观念等各种能力和观念；其次，基于学生熟悉的生活情境、社会情境、数学情境与科技情境，在经历"三会"的过程中培养模型意识、数据意识、应用意识和创新意识；最后，在实际运用和实践操作中，以主题式学习、项目式学习等跨学科融合为主要方式，加强"四能"培养，初步养成独立思考、探究质疑、合作交流的学习习惯和自我反思意识。可见，《2022 年版数学课标》将"三会"数学核心素养与"四基""四能"自然融入数学课程学业质量标准学生评估的各阶段，通过对学生学业成就具体表现特征进行整体刻画，使学习内容要求与核心素养培育有机融合。这种以核心素养为主要维度，结合课程内容对学生学业成就具体表现特征的整体刻画，能引导和帮助教师把握好教学深度与广度，并为教材编写、教学实施和考试评价、资源开发提供依据。通过教学标准、学习标准与评价标准的有机衔接，《2022 年版数学课标》形成了"教—学—评"

---

① 中华人民共和国教育部. 义务教育数学课程标准（2022 年版）[S]. 北京：北京师范大学出版社，2022：80.

一体化的格局。

第二节　数学核心素养的整体设计

　　《2022年版数学课标》是基于学生核心素养对义务教育课程进行的整体设计和系统创新。发展学生的核心素养需要通过各门课程去落实。数学学科具有一般性、严谨性及应用广泛性三大基本特征。"三会"就是具有数学基本特征的思维品质、关键能力以及情感、态度与价值观的综合体现。在本质上，抽象、推理和模型是数学发展所依赖的基本思想。因而数学核心素养的本质是会用数学眼光观察现实世界、会用数学思维思考现实世界、会用数学语言表达现实世界，即"三会"。《2022年版数学课标》直接以"三会"为课程目标进行顶层设计，并以此统领"四基""四能"和"情感态度与价值观"。这不仅继承了我国数学教育的传统特色与合理内核，而且体现了与时俱进的发展理念。[1]

一、数学核心素养在各学段的主要表现

　　"核心素养"是《2022年版数学课标》的一大亮点。2016年颁布的《中国学生发展核心素养》将核心素养界定为："学生在接受相应学段的教育过程中，逐步形成的适应个人终生发展和社会发展需要的必备品格与关键能力。"[2] 2017年颁布的《普通高中数学课程标准（2017年版）》（以下简称《2017年版高中数学课标》）明确提出了数学学科核心素养。《2022年版数学课标》则进一步明确了数学核心素养的内涵，确立了核心素养的导向。《2022年版数学课标》在课程理念中明确指出："义务教育数学课程应使学生通过数学的学习，形成和发展面向未来社会和个人发展所需要的核心素养。核心素养是在数学学习过程中逐渐形成和发展的，不同学段发展水平不同，是制定课程目标的基本依据。"[3] 为此，小学数学课堂教学要以核心素养为导向，通过学习使学生获得数学基础知识、基本技能、基本思想和基本活动经验，培养学生发现问题、提出问题、分析问题和解决问题的能力，形成正确的情感、态度和价值观。

　　《2017年版高中数学课标》提出提升学生的核心素养就是要引导学生会用数学的眼光观察现实世界，会用数学的思维思考现实世界，会用数学的语言表达现实世界。[4]在此基础上，《2022年版数学课标》进一步阐述了核心素养在各个学段的具体表现，既和《2017年版高中数学课标》的"三会"保持一致，又从具体的学段表现上蕴含了《2011年版数学课标》的10个核心词。《2022年版数学课标》的表述方式从内涵上将小学、初中、高中的核心素养表现贯通起来，使得整个基础教育阶段的数学课程标准呈现出整

---

[1] 史宁中.《义务教育数学课程标准（2022年版）》的修订与核心素养［J］. 教师教育学报，2022（3）：1—5.
[2] 林崇德. 21世纪学生发展核心素养研究［M］. 北京：北京师范大学出版社，2016：26.
[3] 中华人民共和国教育部. 普通高中数学课程标准（2017年版）［S］. 北京：人民教育出版社，2018：2.
[4] 中华人民共和国教育部. 义务教育数学课程标准（2022年版）［S］. 北京：北京师范大学出版社，2022：5—6.

体性、一致性和阶段性（图1-2）。

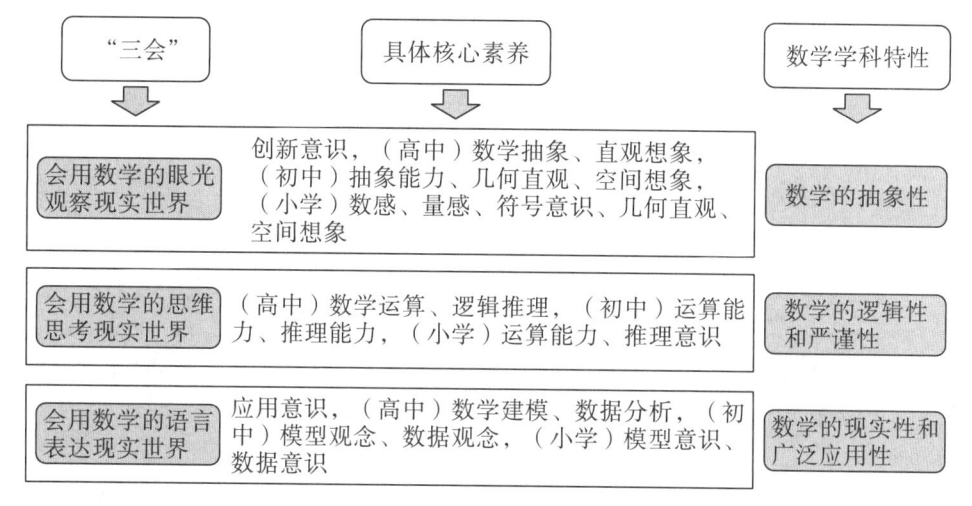

```
   "三会"              具体核心素养           数学学科特性
     ↓                    ↓                      ↓
┌──────────┐  创新意识，（高中）数学抽象、直观想象，  ┌──────────┐
│会用数学的眼光│  （初中）抽象能力、几何直观、空间想象，│ 数学的抽象性 │
│观察现实世界 │  （小学）数感、量感、符号意识、几何直观、└──────────┘
└──────────┘  空间想象

┌──────────┐  （高中）数学运算、逻辑推理，（初中）运算能 ┌──────────┐
│会用数学的思维│  力、推理能力，（小学）运算能力、推理意识 │数学的逻辑性│
│思考现实世界 │                                         │和严谨性   │
└──────────┘                                         └──────────┘

┌──────────┐  应用意识，（高中）数学建模、数据分析，（初 ┌──────────┐
│会用数学的语言│  中）模型观念、数据观念，（小学）模型意识、│数学的现实性│
│表达现实世界 │  数据意识                              │和广泛应用性│
└──────────┘                                         └──────────┘
```

图1-2　数学核心素养各个学段表现的一致性

整体性指"三会"数学核心素养是对习近平总书记关于教育的重要论述、党的教育方针和育人要求的全局把握。"三会"数学核心素养是对"四基""四能"目标的进一步提炼、聚焦和提升，既体现数学的理性思维，又体现数学的广泛应用性。真正把数学学习目标由传统的主要关注应试教育转向培养既会考试，又会学习、思考、生活、创造的全面发展的人。此外，它也是数学知识、数学思想、数学交流、问题解决能力、情感态度和价值观等的综合体现。数学知识是核心素养的载体，数学思想决定核心素养的高度和方向，数学交流是形成核心素养的重要方式，解决现实世界实际问题的能力是核心素养的重要标志。[①]

一致性和阶段性指数学核心素养在小学、初中和高中阶段的内涵和水平不同，这与学生的年龄、认知特点、生活经验及不同阶段学习目标任务有关。但是，不同学习阶段的数学核心素养内涵是一致的，具有水平进阶性。例如，数学核心素养表现在小学阶段主要是具有一定的"数学意识"，初中阶段是形成一定的"数学观念"，高中阶段则要求具备一定的"数学能力"。数学意识是指学生在思考问题时，能自觉地从数学的角度观察问题、分析问题，并利用数学知识和方法解释或解决问题的一种思维习惯；数学观念是指运用数学的观点和方法去观察、认识问题的自觉意识和思维方式；数学能力是一种特殊的能力，它是与数学活动相适应，保证数学活动顺利完成所必须具备的心理条件。数学意识、数学观念和数学能力是有层次的，最低层次是数学意识，中间层次是数学观念，最高层次是数学能力，体现了核心素养的发展性和阶段性。

总之，数学核心素养是在保持一致性的基础上随着时间动态发展变化，是把数学思想从原来主要着眼于数学内部逐步扩展、聚焦到现实世界，最终上升到生活和人生的高度，成为个体面对未来复杂社会情境的必备品格、关键能力和正确价值观。

[①] 王永春.《义务教育数学课程标准（2022年版）》课程目标的主要变化[J]. 小学教学，2022（7-8）：16-19.

二、数学核心素养各学段表现的一致性

《2022 年数学课标》首次明确提出了义务教育数学课程要培养学生的核心素养,从课程目标到课程内容的确定都以核心素养为导向。从图 1-3 中数学核心素养的整体设计来看,"三会"核心数学素养统摄了小学 11 个、初中 9 个和高中 8 个具体的数学核心素养。各学段的数学核心素养之间层层递进,越往上程度越深,要求越高。由于小学阶段学生以具体形象思维为主,数学学习主要基于感官,因而数学核心素养的表现侧重于意识,即基于经验的感悟;中学阶段学生具备了一定的抽象逻辑思维能力,数学学习更抽象、更一般,因而数学核心素养的表现更侧重于观念、思想和能力,即基于概念的理解。数学核心素养在不同阶段的具体表现虽然侧重不同,但都指向数学眼光、数学思维和数学语言对现实世界的观察、刻画和解释,因此最终是一致的。

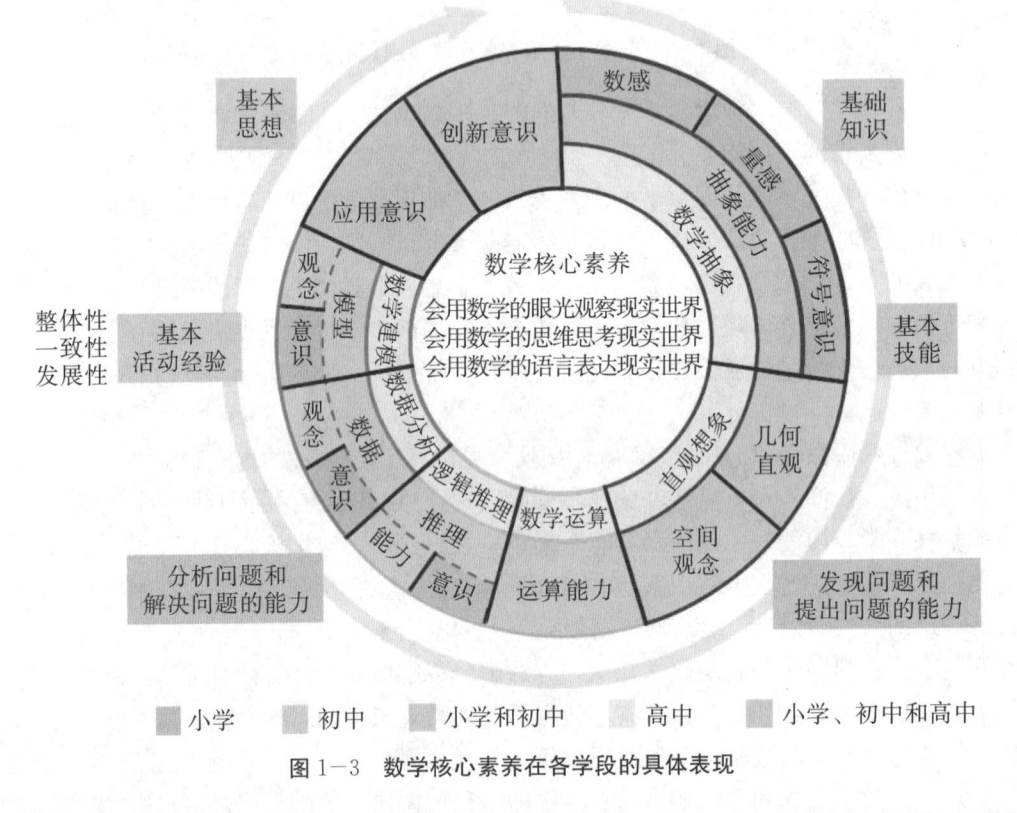

图 1-3 数学核心素养在各学段的具体表现

数学源于对现实世界的抽象,通过对数量和数量关系的抽象、图形和图形关系的抽象,能够得到数学的研究对象及其关系;基于这些抽象结构,通过对研究对象的符号运算、形式推理、模型构建等最终形成数学的结论和方法。从这个过程来看,通过数学抽象、推理和建模,数学能够帮助人们认识、理解和表达现实世界的本质、关系和规律。[①] 所以,培养"三会"数学核心素养及其统摄下的具体核心素养,其实都是数学课

---

① 史宁中.《义务教育数学课程标准(2022 年版)》的修订与核心素养[J]. 2022, 9 (3): 92-96.

程育人反映出的数学学科特性及其内在要求。用数学的眼光观察现实世界反映数学的抽象性，会用数学的眼光就是数学抽象，即一般性地看问题，舍去物理背景看问题；用数学的思维思考现实世界反映数学的逻辑性和严谨性，数学思维就是逻辑推理；用数学的语言表达现实世界则反映数学的现实性和广泛应用性，数学的语言表达就是数学建模。可见，"三会"数学核心素养在各学段的具体表现虽然不同，但都是数学的抽象性、逻辑性、严谨性、现实性和广泛应用性等学科特征的内在要求和客观反映，最终就是要培养学生抽象、推理、模型这三种思想。

三、通过"四基""四能"落实"三会"数学核心素养

发展学生数学眼光、数学思维和数学语言离不开"四基""四能"。如图 1-4 所示，"四基""四能"是形成和发展学生核心素养的基础。"四基"是对我国传统"双基"的继承和发展，在基础知识和基础技能的基础上创造性地提出基本思想和基本活动经验。"四能"也是在过去主要强调分析问题能力、解决问题能力的基础上又增加了发现问题能力和提出问题能力。"四能"既体现结果性要求，也体现过程性要求，反映出从知识本位到培养学生创新意识和能力要求的转变。

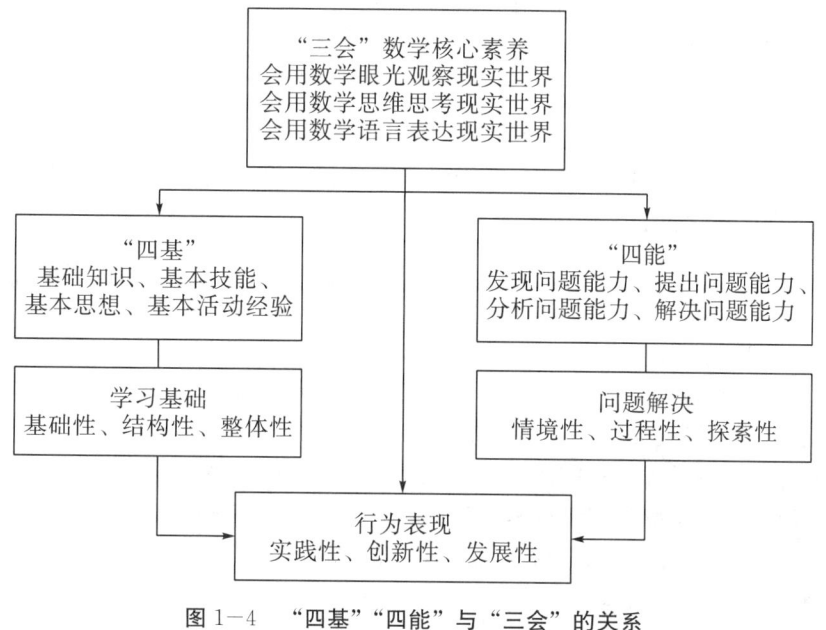

图 1-4 "四基""四能"与"三会"的关系

核心素养是内隐的，只有立足于"四基"和"四能"，学生才可能逐步学会数学观察、思考与表达的方式。"四基"立足于打好数学学习基础，体现数学的基础性、数学思想和活动经验的结构性与整体性；"四能"立足于问题解决活动，体现以真实任务创设数学活动的情境性，以及数学学习的过程性与探索性。从"四基""四能"到"三会"，展示发展学生数学核心素养的一个明晰的教学线索，体现了数学学习中知识内化于人并最终形成人的核心素养或关键能力的逻辑走向。

（一）立足"四基"教学，注重数学学习的基础性、结构性和整体性

数学课堂立足"四基"教学，也就是要注重数学学习的基础性，关注结构性，突出整体性。数学知识基础是重要的，但不能陷入传统的认知误区来看待基础知识和基本技能。不要以应对考试的熟练性、操练性来衡量数学知识的扎实程度。支撑数学核心素养的"四基"教学关注学习的内在动因，"死"的知识是培养不了素养的。增强学习主体的参与性，通过设计多样化的数学活动使学生积极主动地投入到数学探究活动和过程中。学生通过自我体验去积累活动经验，感悟数学思想，把握知识的逻辑走向及相互关联，在探索中去理解数学本质，从更深层次体会数学内容的本质联系，才能形成良好的数学认知结构。

"四基"虽然各有特点，却具有整合效应。"四基"教学强调学习的结构性和整体性，这与数学核心素养发展的整合性、综合性、跨界性是一致的。"四基"就是要克服传统"双基"教学的局限，改变过分关注具体知识点、碎片化教学的倾向，通过设计主体参与性、活动性更强的学习活动来促进核心素养的生长。因为数学基本思想不是靠"硬灌"形成，作为学习者的主观认识，它更需要"悟"。也就是说，数学思想的形成需要学习者经历从相对模糊、浅表的体验到相对清晰、深入认识的历程。这需要学习者在不同的数学任务情境中反复提炼、总结以达成理解并灵活应用。正因如此，数学基本活动经验是学生领悟、感受、形成数学基本思想方法的温床。在"做数学"过程中，通过多种感官协同活动获得数学活动经验。从知识、技能、思想和经验四个维度构建数学学习的基本要求框架，"四基"教学力图通过学习主体与客体的融合、教学过程与教学结果的统一以支撑数学核心素养的形成。[1]

（二）以问题解决发展"四能"，注重数学学习的情境性、过程性和探索性

要帮助学生形成与发展核心素养，需要创设真实、有意义的数学活动，即在一定问题情境中解决问题的过程。例如，国际数学教育界有较大影响力的 PISA 数学素养评价框架就以问题解决中心测评学生数学素养。PISA2022 将数学素养（Mathematical Literacy）界定为，个体在真实世界的不同情境下进行数学推理，进行表达、应用、阐释数学以解决问题的能力。数学素养包括使用数学概念、过程、事实、工具等来描述、解释和预测现实世界各种现象的能力。数学素养能帮助个体认识数学在现实世界中所起的作用，并做出有根据的判断和决定；数学素养是个体成为建设性、参与性和反思性的 21 世纪公民必须具备的。[2] PISA2022 数学素养评价框架基本维持了数学内容（数量、不确定性与数据、变化与关系、空间与图形）、真实问题背景（个人、职业、社会、科学）以及问题解决过程的测评维度。PISA2022 数学素养评价框架主要包括三种数学活

---

[1] 黄翔，童莉，李明振，沈林．从哪"四基""四能"到"三会"——一条培养学生数学核心素养的主线［J］．数学教育学报．2019，28（5）：37—40．

[2] OECD．PISA2022 Mathematics framework draft［EB/OL］．［2023—06—15］．https://pisa2022-maths.oecd.org．

动过程，即对问题情境的数学化，运用数学概念、事实、程序和推理，以及解释、应用和评价所得到的数学结论，并把"推理"作为三种数学活动的核心（图6）。

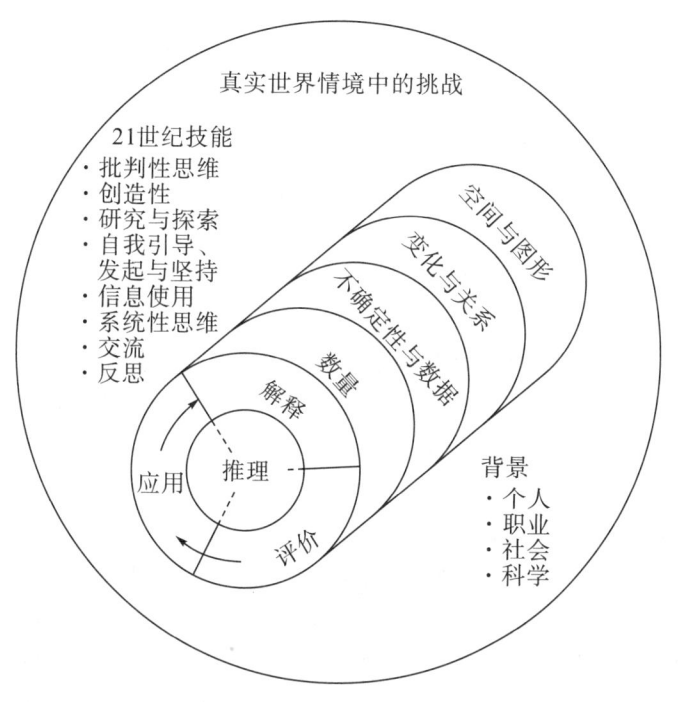

图 1-5　PISA2022 数学素养测评框架

PISA2022 的目的在于评价学生解决真实问题的能力，并将学生视为积极的问题解决者以及 21 世纪公民。因而其测评背景包括个人、职业、社会、科学，涉及学生应对数学问题及培养 21 世纪技能过程中可能遇见的各种情境，强调其真实、丰富且有意义。《2022 年版数学课标》的总目标指出，通过义务教育阶段的数学学习发展学生"三会"数学核心素养，具体表现之一就是学生能"体会数学知识之间、数学与其他学科之间、数学与生活之间的联系，在探索真实情境所蕴含的关系中，发现问题和提出问题，运用数学和其他学科的知识与方法分析问题和解决问题"[①]。这是义务教育数学课程目标中对问题从发现、提出到分析、解决的全过程的能力要求，是发展学生数学核心素养要求下的义务教育数学课程目标的拓展。因此，以问题解决发展"四能"，促进数学核心素养形成，突出强调了数学学习的情境性、过程性和探索性。核心素养的特性决定了其孕育、养成常常是在学生与问题情境的持续互动中，通过不断解决问题、创生意义形成。从"四能"课程目标出发，以问题为导向、活动为载体，立足问题发现、提出、分析、解决的全过程，是促进深度学习、培养数学核心素养的重要途径。

---

① 中华人民共和国教育部. 义务教育数学课程标准（2022 年版）[S]. 北京：北京师范大学出版社，2022：11.

（三）"三会"数学核心素养的外在行为表现具有实践性、创新性和发展性

"三会"最后指向都是学生生活的现实世界，追求让人获得面对世界、改造世界的本领和素养，即人在现实世界中的数学实践能力。从"双基"到"四基"，就是要改变传统教学对数学实践能力培养的不足，"四基"强调基于真实问题情境运用数学知识解决问题的实践能力的培养。赖特曼（Reitman）首次从认知心理学的角度区分结构良好问题（well-structured problem）和结构不良问题（ill-structured problem）。前者是初始状态、目标状态和算子都很明确的问题，后者则是初始状态、目标状态和算子中至少有一个没有明确界定的问题。[①] 这里的结构不良问题并不是指这个问题本身有错误或不恰当，而是指它没有明确的结构或解决途径。结构良好问题可以由一个问题空间来表示，该问题空间由定义良好的初始状态和目标状态组成，这些状态通过合法的移动来连接。相比之下，结构不良问题的初始状态、目标状态和中间状态是不完整的。[②] 现实世界的真实问题大多都是结构不良问题，因为真实问题往往受诸多条件的影响和制约，有时候问题本身、问题的条件甚至目标状态都是含糊不清的。

所以，学生在未来社会所面临的复杂问题挑战更多的是结构不良问题的挑战。学生只有具有实践创新能力和可持续发展的学习力，才足以应对未来的挑战。这些必备品格、关键能力和正确价值观只能在解决问题的过程中，通过"四能"的培养逐步形成和发展。正因如此，"三会"数学核心素养的行为表现具有实践性、创新性和发展性，而"三会"的形成是以"四基"和"四能"为基础，通过丰富的数学活动解决问题，建立数学与现实世界的联系，发展数学抽象、数学推理和数学建模能力，具有实践性、创新性和发展性。

四、应用意识与创新意识贯穿各个学段

应用意识与创新意识是一种跨学科的行为表现，它们贯穿小学、初中、高中学段。数学学科除了可以培养具有学科特征、反映理性精神的核心素养（如抽象能力、推理能力和模型观念），在培养应用意识与创新意识方面具有不可替代的教育价值。[③] 数学具有广泛的应用性，数学应用是数学学习的一种基本方式。设立跨学科主题学习活动是《2022年版数学课标》的重要变化之一。《2022年版数学课标》强调培养学生跨学科应用意识和实践能力的重要性。跨学科的综合实践活动有助于让学生发展模型意识和应用意识，感悟从实际情境中抽象出数量关系，用数学的语言进行交流与表达，进而培养学生解决真实问题的能力。义务教育阶段的大多数数学概念都来源于现实世界，学生具有丰富的相关活动经验，综合与实践可让学生应用走进日常课堂。

[①] 李同吉，吴庆麟. 论解决结构不良问题的能力及其培养 [J]. 华东师范大学教育科学学报，2006（1）：63-68.

[②] Reed S K. The Structure of Ill-Structured (and Well-Structured) Problems Revisited [J]. Educational Psychology Review, 2016, 28 (12): 691-716.

[③] 史宁中，曹一鸣. 《义务教育数学课程标准（2022年版）》解读 [M]. 北京：北京师范大学出版社，2022：52.

《2022年版数学课标》在教学实施建议部分提出丰富教学方式，强调要"改变单一讲授式教学方式，注重启发式、探究式、参与式、互动式等，探索大单元教学，积极开展跨学科的主题式学习和项目式学习等综合性教学活动"①。这要求教师要改变教学方式，从教师的教走向学生的学，引导学生学以致用，将学习由"解题"转变为"解决问题"，将课堂与日常生活相连接。通过真实情境的数学任务创设，引导学生发现问题、提出问题、探究问题与解决问题，发展和培养学生的应用能力和创新能力。数学实质上是一门充满活力的学科，各种概念、问题、猜想都为学生的探究与发现提供了大量机会，让学生经历一种知识的"再创造"过程。数学本身就是人类创新的典范，数学发展过程中的每一次创新，即使是一个数学符号的改进，在历史上通常也会经历曲折的过程。因此对于学生，数学学习过程中的创新更多的是一种"再创造"过程。

总之，应用意识与创新意识既是跨学段的核心素养，又是跨学科的行为表现。应用意识与创新意识已经超出知识与认识的范畴，包含情感态度价值观的成分。只有对数学学习有好奇心，乐于在数学探究中提出猜想与问题，愿意尝试不同方法与策略，而不仅仅是完成数学任务，才能够独立思考、感悟和欣赏数学的神奇与美。因此，发展应用意识与创新意识是整个基础教育阶段数学课程与教学培养数学核心素养的基本要求。

第三节 数学核心素养的内涵与意义

一、会用数学的眼光观察现实世界

数学是研究现实世界数学关系和空间形式的科学。数学不以"真实"为研究对象，而是以真实世界里并不存在的抽象数学关系和空间形式为对象，通过一种间接的方式去认识真实世界、解决真实问题。数学独特的教育价值决定了数学眼光是学生必须具备的数学核心素养之一。《2022年版数学课标》指出："数学为人们提供了一种认识与探究现实世界的观察方式。通过数学的眼光，可以从现实世界的客观现象中发现数量关系与空间形式，提出有意义的数学问题；能够抽象出数学的研究对象及其属性，形成概念、关系与结构；能够理解自然现象背后的数学原理，感悟数学的审美价值；形成对数学的好奇心与想象力，主动参与数学探究活动，发展创新意识。"② 实质上，数学眼光也就是一种从数学出发看待问题的角度，是每个人必须达到的数学抽象水平。对于整个教育而言，数学眼光必不可少，数学眼光对事物的去粗取精、去伪存真最彻底，本质聚焦也最深刻，让人们在现象中发现事物的规律。

在小学阶段，数学眼光主要指数感、量感、符号意识、几何直观、空间观念与创新意识。具备数学眼光，学生能够通过对现实世界中基本数量关系与空间形式的观察，直观理解所学的数学知识及其现实背景。具备数学眼光，学生能够在生活实践和其他学科

---

① 中华人民共和国教育部. 义务教育数学课程标准（2022年版）[S]. 北京：北京师范大学出版社，2022：86.
② 中华人民共和国教育部. 义务教育数学课程标准（2022年版）[S]. 北京：北京师范大学出版社，2022：5.

中发现基本的数学研究对象及其所表达的事物之间简单的联系与规律;具备数学眼光,学生能够在实际情境中发现和提出有意义的数学问题,进行数学探究,逐步养成从数学角度观察现实世界的意识与习惯,发展好奇心、想象力和创新意识。将数学眼光作为核心素养,就能打通数学与社会生活之间的联系。因为数学眼光不可能靠被动接受来形成,它是老师"教"不了的,是无法通过灌输和机械训练实现的。数学眼光只能在一个相对开放的学习环境中,通过教师创设的真实问题情境或数学任务,学生通过亲身实践、独立思考积累体会和经验。在这个过程中,学生通过厘清真实生活与数学的联系,从中发现数学,并运用数学去洞悉真实的世界。再从问题情境中提炼数学对象,在交流与表达中不断经历数学抽象,最终凝练出自己的数学眼光。

二、会用数学的思维思考现实世界

"三会"数学核心素养是一个整体,数学眼光的观察和数学语言的表达都离不开数学思维,而数学思维也需要在数学眼光和数学语言拓展出的空间中展开。数学思维是指数学为人们提供的一种理解与解释现实世界的思考方式。通过数学思维,可以揭示客观事物的本质属性,建立数学对象之间、数学与现实世界之间的逻辑联系;具备数学思维才能够根据已知事实或原理合乎逻辑地推出结论,构建数学的逻辑体系。当然,数学思维还表现在学生能够运用符号运算、形式推理等数学方法,分析、解决数学问题和实际问题;能够通过计算思维将各种信息约简和形式化,进行问题求解与系统设计等。通过数学思维的培养,最终要让学生形成重论据、有条理、合乎逻辑的思维品质,培养科学态度与理性精神。[①]

在小学阶段,数学思维主要表现为运算能力和推理意识。其中,运算本质上就是演绎推理。[②] 而且,《2022年版数学课标》中也使用了"代数推理"的提法。所以,运算也可纳入"推理"的范畴。在这个意义上可以认为,"三会"中的数学思维主要表现为推理,集中反映了数学思维的共通育人要求和独特育人价值。[③] 因此,相比于几乎包罗万象的数学思维,"三会"中的数学思维更侧重推理。推理是数学思维活动中最能反映数学独特思维价值的部分。正因如此,学生经历独立的数学思维过程,才能够理解数学基本概念和法则的发生与发展,进而建立数学基本概念之间、数学与现实世界之间的联系。当然,侧重推理的数学思维意味着学生能够合乎逻辑地解释或论证数学的基本方法与结论,分析、解决简单的数学问题和实际问题。学生在探究真实问题情境所蕴含的数学规律过程中,将经历数学的"再发现",从而发展质疑问难的批判性思维,养成实事求是的科学态度和讲道理、有条理的思维品质,发展并形成理性精神。

三、会用数学的语言表达现实世界

随着时代的发展,数学的交流功能影响力日益强大,数学语言已经成为人们日常交

[①] 中华人民共和国教育部. 义务教育数学课程标准(2022年版)[S]. 北京:北京师范大学出版社,2022:6.
[②] 史宁中. 数学思想概论(第3辑):数学中的演绎推理[M]. 长春:东北师范大学出版社,2015:101.
[③] 孙晓天,张丹.《义务教育数学课程标准(2022年版)》课例式解读(小学数学)[M]. 北京:教育科学出版社,2022:13.

流不可或缺的部分，数学语言也成为现代公民必备品格和关键能力。"数学为人们提供了一种描述与交流现实世界的表达方式。通过数学的语言，可以简约、精确地描述自然现象、科学情境和日常生活中的数量关系与空间形式；能够在现实生活和其他学科中构建普适的数学模型，表达和解决问题；能够理解数据的意义与价值，会用数据的分析结果解释和预测不确定现象，形成合理的判断或决策；形成数学的表达与交流能力，发展应用意识与实践能力。"[①] 没有数学语言的表达无法形成数学概念，无法揭示数学的本质，更谈不上去分析问题和解决问题了。所以，把数学语言作为核心素养的要求是时代发展要求使然。

在小学阶段，数学语言主要表现为数据意识、模型意识和应用意识。在影响数学发展的人力因素中，符号化是其中一个重要力量。利用数学语言形成数学模型，可以描述现实世界中的数量关系与空间形式，表达现实生活和其他学科中事物的性质关系与规律。学生通过经历用数学语言表达现实世界中的简单数量关系与空间形式的过程，能够初步感悟数学与现实世界的交流方式。所以，数学语言是沟通真实世界与数学世界的桥梁、理解数学世界的工具以及解决数学问题的载体。一旦具备了数学语言，学生就能有意识地运用数学语言去表达现实生活与其他学科中事物的性质、关系和规律，并解释表达的合理性；能够感悟到数据的意义与价值，并有意识地使用真实数据表达、解释与分析现实世界中的不确定现象；能够感受数学语言的简洁与优美，逐步养成用数学语言表达与交流的习惯，有利于其形成跨学科的应用意识与实践能力。

【思考与讨论】

请扫描二维码完成习题。

---

① 中华人民共和国教育部. 义务教育数学课程标准（2022年版）[S]. 北京：北京师范大学出版社，2022：6.

第二章　小学阶段数学核心素养的主要表现

【本章要点】

1. 数学核心素养由"三会"构成，在小学阶段，数学眼光主要指数感、量感、符号意识、几何直观、空间观念与创新意识，数学思维主要表现为运算能力和推理意识，数学语言主要表现为数据意识、模型意识和应用意识。

2. 数学眼光从数学角度出发看待问题，是每个人必须达到的数学抽象水平。数学抽象的对象主要是数量与数量关系、图形与图形关系。数感、量感和符号意识是形成抽象能力的经验基础，几何直观将抽象的数学对象直观化、显性化，空间观念帮助学生在平面与立体图形间进行转换，建立形象思维与抽象思维之间的联结。数学眼光对于事物的去粗取精、去伪存真最彻底，本质聚焦也最深刻，让人们在现象中发现事物的规律。

3. 数学眼光的观察和数学语言的表达都离不开数学思维，而数学思维也需要在数学眼光和数学语言拓展出的空间中展开。数学思维是指数学为人们提供的一种理解与解释现实世界的思考方式，侧重数学推理。推理分为演绎推理和合情推理两种形式，小学阶段对符号意识与推理意识的培养为初中代数推理奠定基础。运算能力主要是指根据法则和运算律进行正确运算的能力，运算本质上就是演绎推理，运算能力的发展最终促进学生数学推理能力的发展。

4. 数学语言作为核心素养的要求是时代发展要求使然。小学阶段的数据意识要求学生从数据的角度去感悟生活中的随机现象，发现其中的现实问题，进而将其转化为可以用统计解决的问题。学生可以用数学模型来解决一类问题，认识到现实生活中大量的问题都与数学有关。应用意识反映了学以致用的教育观念，主要是指有意识地利用数学的概念、原理和方法解释现实世界中的现象与规律，解决现实世界中的问题。

【框架导读】

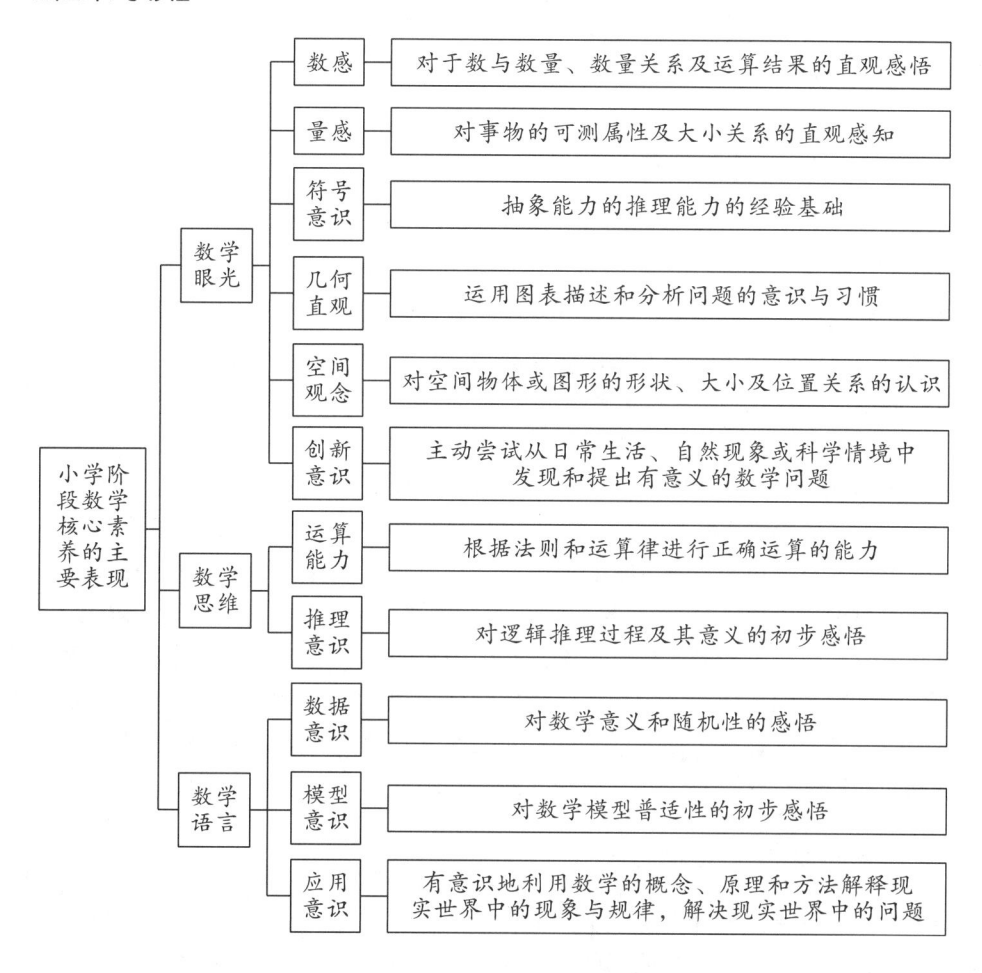

小学阶段数学核心素养的主要表现：

- **数学眼光**
  - 数感：对于数与数量、数量关系及运算结果的直观感悟
  - 量感：对事物的可测属性及大小关系的直观感知
  - 符号意识：抽象能力的推理能力的经验基础
  - 几何直观：运用图表描述和分析问题的意识与习惯
  - 空间观念：对空间物体或图形的形状、大小及位置关系的认识
  - 创新意识：主动尝试从日常生活、自然现象或科学情境中发现和提出有意义的数学问题
- **数学思维**
  - 运算能力：根据法则和运算律进行正确运算的能力
  - 推理意识：对逻辑推理过程及其意义的初步感悟
- **数学语言**
  - 数据意识：对数学意义和随机性的感悟
  - 模型意识：对数学模型普适性的初步感悟
  - 应用意识：有意识地利用数学的概念、原理和方法解释现实世界中的现象与规律，解决现实世界中的问题

"三会"是数学教育对未来公民数学素养的期望，旨在通过不同阶段的数学教育，使学生获得适应终身发展的正确价值观、必备品格和关键能力。为适应不同阶段学生的发展，数学核心素养分学段进行表述。小学阶段学生的思维以具象为主，核心素养的表现侧重于意识，即基于经验的感悟，主要表现是数感、量感、符号意识、几何直观、空间观念、创新意识、运算能力、推理意识、数据意识、模型意识、应用意识。这些具体的数学核心素养也是对《2011年版数学课标》10个核心词的丰富、调整和完善。核心素养及其表现的明确提出，为课程目标的确定、课程内容的结构化调整以及教学方式和评价方式的改革奠定了基础。

第一节　数学眼光的具体表现

数学眼光是从数学角度出发看待问题，是每个人必须达到的数学抽象水平。对于整个教育而言，数学眼光必不可少，数学眼光对于事物的去粗取精、去伪存真最彻底，本质聚焦也最深刻，让人们在现象中发现事物的规律。在小学阶段，数学眼光主要指数感、量感、符号意识、几何直观、空间观念与创新意识。

一、数学抽象之数感

（一）数感的内涵和表现

数感是形成抽象能力的经验基础。《2022年版数学课标》指出："数感主要是指对于数与数量、数量关系及运算结果的直观感悟。"[1] 也就是说，数感是学生经历了从现实世界中抽象出数量和数量关系，以及通过对数进行运算的过程，逐渐形成的基于经验的直观感悟。感悟既包括感知，又包括领悟，综合了感性经验与理性思考。数感是对数的感悟，通过肢体和大脑的共同作用，因而同时含有感知和思维两种成分。

数感在小学阶段主要表现在以下三个方面：①能够在真实情境中理解数的意义，能用数表示物体的个数或事物的顺序；②能在简单的真实情境中进行合理估算，作出合理判断；③能初步体会并表达事物蕴含的简单数量规律。[2] 学生能在真实情境中理解数的意义突出了数是对数量和数量关系的抽象，而在简单真实情境中进行合理估算强调了估算在问题解决中的作用。"用数表达事物蕴含的简单数量规律"这是第一次在数感的描述中出现，它使数量关系的内涵更加丰富。因为数的大小反映了数量的多少，它能够以规律的方式展现量的变化；不仅如此，学生在体会和寻找规律中还能够感悟到数量之间的关系。所以，建立数感有助于学生理解数的意义和数量关系，初步感受数学表达的简洁与精确，从而增强好奇心、培养数学学习的兴趣。

（二）数感结构模型

数感是由多种认知成分组成的整体结构，美国数学教育家麦金托什（Mcintosh）最早提出数感包含数、运算和情境三种基本成分。其中，数包括数的顺序、数的表征以及数的大小。运算并非常规的纸笔运算，而是指理解运算对数的意义以及对运算结果合理性的判断能力。情境则是在理解问题背景和数量关系的基础上，能够选择有效的方式来表述其中的数量关系，并能判断解决问题结果的合理性和精确性。[3] 在三成分模型的基础上，乔丹（Jordan）把数量估计的成分引入了模型中，构成了数感的四成分模型。[4] 数量估计指能够对生活情境中的数量范围进行合理的估计。在数量估计的过程中，学生往往使用基准数对数量范围进行估计。基准数就是数量估计的基本单位，例如，在估计一个教室的高度时，以自己的身高作为估计的基本单位，这时的身高就是基准数。因此，学生可以估计教室的高度相当于自己的几个身高，就能够得出教室高度的合理

---

[1] 中华人民共和国教育部. 义务教育数学课程标准（2022年版）[S]. 北京：北京师范大学出版社，2022：7.

[2] 中华人民共和国教育部. 义务教育数学课程标准（2022年版）[S]. 北京：北京师范大学出版社，2022：7.

[3] Mcintosh A, Reys B J, Reys R E. A proposed Framework for Examining Basic Number Sense [J]. For the Learning of Mathematics，1992（12）：2−8.

[4] Jordan C, Glutting J, Dyson N, et al. Building Kindergartners' Number Sense：A randomized Controlled Study [J]. Journal of Educational Psychology，2012，104（3）：647−660.

范围。

尽管数感结构的划分不尽相同，但是基本上都涉及数、运算、估计和情境等内容，由此构成一个四面体数感结构模型。[①] 数、运算、估计三种成分位于四面体的底面，构成数感的基础。数是数感的核心成分，包括数的意义、数量关系和数的表征。情境则为数、运算和估计提供了现实背景。数感表现为能够在真实情境中理解数的意义、用数表示个数或事物顺序、合理估算等，情境使数、运算、估计三者融合为一个整体。在解决一个实际生活中的问题时，既包括对情境中数量关系的理解和表述，又包括对运算结果的估计。也就是说，数、运算和估计在解决真实情境的问题中产生相互联系并构成一个整体。

（三）数感培养要点

古希腊哲学家柏拉图认为数存在于理念世界中。他认为存在两个世界：一个是人们可以看到、听到、摸到的由具体事物组成的实物世界，另一个是理智才能把握的理念世界。具体的实在世界是相对的、变化的，而理念世界则是绝对的、永恒的。像你我这样具体的人、像我们坐的椅子都属于实在世界。而抽象的"人""椅子"属于理念世界。柏拉图认为，数和几何图形都是永存于理念世界的绝对不变的东西。柏拉图思想对后人的影响很大，许多卓越的数学家，像集合论的创始人康托尔认为数学概念是独立于人类思维活动的客观存在。[②] 经济学家亚当·斯密也曾说过："数是人类在精神上制造出来的最抽象的概念"。确实，即使像1、2、3这样简单的数，要是和其他语言比较，也是很抽象的。[③] 所以，数感的形成过程与学生经历数的抽象过程紧密联系。在教学中，教师需要丰富学生的数感体验。从数感四面体结构模型来看，学生需要在真实情感中理解数的意义，在真实问题解决的过程中进行合理估算以及用数来表达规律。小学阶段主要学习整数、小数和分数的认识，这些数的产生与发展都源于人类的生活实践。因此，教学中要为学生提供与真实世界紧密联系的学习材料，让学生经历由数量或数量关系到数的抽象过程，进而理解和掌握数的概念，形成数感。

要重视估算教学。在数感的四面体结构模型中，估算与数、运算一样是形成数感的基础。在教学中创设真实问题情境，让学生结合具体情境，利用估算解决问题发展数感。小学第二学段（3～4年级）要求在解决实际问题的过程中，结合具体情境选择合适的单位进行简单估算，体会估算在生活中的应用。第三学段（5～6年级）重点在解决实际问题过程中，会选择合适的方法进行估算。[④]

帮助学生感悟数的概念本质上的一致性，发展数感。《2022年版数学课标》明确指出，"初步体会数是对数量的抽象，感悟数的概念本质上的一致性，形成数感和符号意

[①] 霍雨佳，郭成，杨新荣. 国外数感研究评析及启示 [J]. 课程·教材·教法，2015，35（2）：117-121.
[②] 张景中. 数学与哲学 [M]. 北京：中国少年儿童出版社，2011：73-74.
[③] 远山启. 数学与生活 [M]. 吕砚山，等译. 北京：人民邮电出版社，2014：2.
[④] 中华人民共和国教育部. 义务教育数学课程标准（2022年版）[S]. 北京：北京师范大学出版社，2022：21-24.

识"①。数的概念的一致性体现在数是数量的抽象，因而小学阶段学习的整数、分数和小数都可以从计数单位和计数单位个数的角度来认识。《2022年版数学课标》特别强调了"计数单位"，指出数的认识与数的运算都要以"计数单位"为核心来统领。"对小学阶段'数与运算'主题，在理解整数、小数、分数意义的同时，理解整数、小数、分数基于计数单位表达的一致性。"② 计数法是基于数的计数单位和个数，运用符号对数进行的表示。因而促进学生基于"计数单位"对数概念的一致性理解，是形成数感的关键。

二、数学抽象之量感

（一）量感的内涵

为了把单纯以知识技能为目标的测量引向培育核心素养，《2022年版数学课标》在《2011年版数学课标》10个核心词的基础上新增了量感。量感中的"量"是指度量，量感对应的数学课程内容主要是测量。对量感的认识涉及对事物可测量属性、度量、度量单位等概念以及对可测量属性大小关系的理解。"量感主要是指对事物的可测量属性及大小关系的直观感知。"③ 这是我国义务教育数学课程标准首次明确提出量感的概念。"量"是"事物存在和发展的规模、程度、速度以及它的构成成分在空间上的排列组合等可以用数量表示的规定性"④。量感就是对事物的规模、程度、速度等方面的直观感知。具体来说，它是借助明暗、色彩、线条等造型因素，对表达出物体的大小、多少、长短、粗细、方圆、厚薄、轻重、快慢、松紧等量态的直观感知。⑤ 与数感一样，直观感知既有感悟也有理性认知，同时含有感知和思维两种成分。量感的提出，丰富了数学抽象素养的内涵。建立量感有助于养成用定量的方法认识和解决问题的习惯，是形成抽象能力和数学应用意识的经验基础。

（二）量感的表现

作为对事物的可测量属性及大小关系的直观感知，量感具体表现在以下几个方面：①知道度量的意义，能够理解统一度量单位的必要性；②会针对真实情境选择合适的度量单位进行度量，会在同一度量方法下进行不同单位的换算；③初步感知度量工具和方法引起的误差，能合理得到或估计度量的结果。⑥ 量感的内涵及其表现有三个关键词，即直观感知、选择和估计。通过直观感知、选择和估计得出结论，可以认为是合理的判

---

① 中华人民共和国教育部. 义务教育数学课程标准（2022年版）[S]. 北京：北京师范大学出版社，2022：18.
② 中华人民共和国教育部. 义务教育数学课程标准（2022年版）[S]. 北京：北京师范大学出版社，2022：85.
③ 中华人民共和国教育部. 义务教育数学课程标准（2022年版）[S]. 北京：北京师范大学出版社，2022：7.
④ 徐光春. 马克思主义大辞典[M]. 武汉：崇文书局，2018：34.
⑤ 孔凡哲，史宁中，赵欣怡.《义务教育数学课程标准（2022年版）》主要变化特色分析[J]. 课程·教材·教法，2022，42（10）：42—47.
⑥ 中华人民共和国教育部. 义务教育数学课程标准（2022年版）[S]. 北京：北京师范大学出版社，2022：7.

断。[1] 直观感知是合理判断的基础，量感中的直观感知聚焦客观事物的大小、多少、长短等物理属性相关的计量问题。选择是合理判断的依据，如对于统一度量单位意义的认识，就一定是选择的结果。估计是对判断结果的表达。由于度量常常要在没有或不同测量工具的情况下进行计量，所以一般结果不会是精确值，这个推断往往是以真实情境为参照的合情推理。作为核心素养的一种表现，量感指向的关键能力既包括掌握基本的同一类量的不同单位之间的基本换算关系并能熟练进行换算的能力、在估判量的大小基础上选择合适的度量单位和工具进行度量并得到合理结果的能力以及应用适当的技巧、公式、策略、算理进行度量的能力，还包括有助于形成情感态度和价值观的度量文化，如"度"万物、"量"天地、"衡"公平的中国古代度量文化等。

（三）量感培养要点

量感不是与生俱来的，也不是通过机械练习获得的，而是要在实践中不断积累经验、逐渐形成和发展出来的。因此，量感的培养要通过教学设计让学生亲历度量过程，在想象、推理、估测、对比等活动中逐渐发展量感。度量是将待测物体的量与标准量做比较，一个标准量对应着一个度量单位。度量单位经历了由多元到统一、由生活化到理论化再到标准化的发展过程。秦始皇统一中国后就统一了度量衡，度量单位的统一是社会商品交换的需要。让学生意识到度量单位统一的必要性和社会意义非常重要。因此，学生需要在真实情境下的数学活动中亲自经历度量的过程，从自创单位测量到统一单位，体会统一度量单位的必要性；在真实情境的数学活动中感知需要度量的量的属性，体会单位实际大小，并会根据需要选择合适的度量单位和方法。

对数量多少和对距离远近的感知是人的本能。量感培养的手段主要是测量教学。低段学习的"量"多是身边生活中的，学生对计量的大小都已具有一定的认识和感知基础。所以，在度量教学和量感培养中要充分利用学生已有的关于量的感知经验和关于量感的现实基础进行教学。当然，并不是所有的"量"都可以直接感受，如吨、千米、公顷等。对于远离学生生活实际的大的"量"，量感培养要依靠想象和推理活动进行。借助身边熟悉的参照物，通过对比建构对这些大的"量"的感知。另外，量感更多体现在不借助工具前提下对计量有比较准确的感知。因而教学中要创设各种形式的估测活动，学生通过积累更多估测经验，形成数学直觉，发展量感。

三、数学抽象之符号意识

（一）符号意识的内涵

数学符号体现数学学科抽象的本质，数学符号要比数字更加抽象。所谓符号意识，就是指学习者能够感悟符号的数学功能。数学符号是抽象性、简洁性与广泛应用性矛盾的统一。数学概念的表达借助符号表征的形式，用数学符号来表征现实世界客观事物本

---

[1] 孙晓天，张丹.《义务教育数学课程标准（2022年版）》课例式解读（小学数学）[M]. 北京：教育科学出版社，2022：50.

质属性就是一次数学的抽象过程。数学抽象需要用符号"一般化"地表达数学数量关系及其规律，只有把符号作为数学对象去计算和推理，才能使数学思考更加深入。因而数学问题解决的过程最终也是借助数学符号的表征进行计算和推理的过程。所以，符号意识是形成抽象能力和推理能力的经验基础。

（二）符号意识的具体表现

发展符号意识最重要的是运用符号进行数学思考。这种思考是数学抽象、数学推理、数学模型等基本数学思想的集中反映，是最具数学特色的思维方式。《2022年版数学课标》指出，符号意识作为数学核心素养之一，与数感、量感都是数学抽象在小学阶段的具体形式。具体来说，符号意识表现在以下四个方面：①能够知道符号表达的现实意义；②能够初步运用符号表示数量、关系和一般规律；③知道用符号表达的运算规律和推理结论具有一般性；④初步体会符号的使用是数学表达和数学思考的重要形式。[1]

（三）符号意识的培养要点

提升学生数学符号意识，才能促进学生形成对数学本质的真正理解。学生如果不了解数学符号的意义和价值，单纯借助对数学符号的记性进行机械运算，就难以发展出符号意识，也会因为符号意识的匮乏而导致理解数学的障碍。因此，在课堂中培养符号意识首先要注重引入数学符号的必要性。学生只有了解了数学符号的必要性与优越性，才能激起学习兴趣。在数学符号意识培养的过程中要注重不同数学符号（字母、图形、关系式）之间的相互转换。加强学生对不同数学符号表征之间的转化，能够促进他们理解数学概念、掌握数学原理、认识数学的本质。

当然，培养小学生符号意识的教学要从符号认识、符号理解到符号应用各层级全面系统地进行。学生要真正学会运用符号进行数学思考，需要在问题解决的过程去感悟符号表达的一般性，促进学生主动应用符号进行计算和推理，从而提升符号意识、发展数学抽象能力。从数学学科的发展历史来看，数学符号的规范和统一也经历了漫长的历程。小学阶段的学生身心发展水平及认知能力还比较低，不容易接受相对抽象的事物。因此，在符号意识形成的初始阶段，应该尽可能提供现实情境，引导学生从发现问题、提出问题、分析问题到解决问题的全过程尝试符号表征，逐渐接受从客观事物到数学符号的抽象，逐渐发展主动应用符号的意识。

四、数学直观之几何直观

（一）几何直观的内涵及表现

几何直观主要是指运用图表描述和分析问题的意识与习惯。数学史家克莱因认为，"数学不是依靠在逻辑上，而是依靠在正确的直观上"[2]。著名数学家徐利治教授指出，

---

[1] 中华人民共和国教育部. 义务教育数学课程标准（2022年版）[S]. 北京：北京师范大学出版社，2022：8.
[2] 克莱因. 古今数学思想（第四册）[M]. 上海：上海科技出版社，1979：99.

"直观就是借助于经验、观察、测试或类比联想，所产生的对事物关系直接的感知与认识，而几何直观是借助于见到的或想到的几何图形的形象关系产生对数量关系的直接感知"[1]。几何直观属于数学直观，是一种特殊的数学直观，也是数学直觉思维的一种表现。直觉有两种语义，一是一种直观感觉，也称为感性直觉；二是人的思维直接把握事物本质的一种内在直观认识，这种内在直观又叫作理智直观。数学直觉思维也含有上述两层含义。简明地说，数学直觉思维是人脑对数学对象及其结构关系的一种迅速判断与敏锐的想象。一是判断，二是想象。所谓判断，就是人脑对数学对象及其规律关系的迅速识别、直接理解、综合判断，也就是数学洞察力或数学直觉判断。所谓想象，就是人对脑中已有表象进行加工改造，从而创造出新形象的过程。数学想象对于数学家来说至关重要，牛顿发明微积分就是得力于他对几何与运动的直觉想象。正如数学家庞加莱所言："逻辑是证明的工具，直觉是发现的工具"，"没有直觉，数学家只能按照书法书写而毫无思想。"[2] 数学直观是一个人经过日积月累的数学思维而形成的，是逐渐养成的一种思维习惯，一种数学素养。如果要用一句话表达数学教育的根本，那就是培养学生的数学直观。因为数学的结论是"看"出来的，不是"证"出来的。"看"依赖的就是数学直观，是"三会"的现实表现。[3]

当然，我们要利用图形去描述、分析问题，首先要对图形及其特征有一定的认识。在此基础上，才能利用图形及其直观形式帮助人们更好把握问题的本质，明晰思维的路径。《2022年版数学课标》指出，几何直观具体表现在以下四个方面：①能够感知各种几何图形及其组成元素，依据图形的特征进行分类；②根据语言描述画出相应的图形，分析图形的性质；③建立形与数的联系，构建数学问题的直观模型；④利用图表分析实际情境与数学问题，探索解决问题的思路。[4] 因而几何直观在分析问题、解决问题的过程中发挥着重要作用。几何直观有利于发挥学生的主观能动性，让他们自觉调动直观描述、分析、解决问题，发展空间想象力、推理意识和创新意识。

（二）发展几何直观的教学要点

借助几何直观可以把复杂的数学问题变得简明、形象，有助于探索问题解决的思路，预测结果。几何直观还可以帮助学生直观理解数学，在整个数学学习过程中都发挥着重要作用。很多重要的数学内容、概念都具有"数"和"形"的双重性特征。只有利用数和形这"两只眼睛"认识数学，才能更好地理解和把握问题的本质。几何直观起着重要作用，它有助于将抽象的数学对象直观化、显性化。几何直观是思考问题、解决问题的重要方式之一。它不仅有助于探索问题的解决思路，还可以获得对数学直观的理解，抓住问题本质。

空间观念与几何直观是贯穿义务教育各学段的两个数学核心素养。空间观念和几何

---

[1] 徐利治.谈谈我的一些数学治学经验[J].数学通报，2000（5）：1—4.
[2] 胡炯涛.数学教学论[M].南宁：广西教育出版社，1996：41—42.
[3] 孔凡哲，史宁中.关于几何直观的含义和表现形式——对《义务教育数学课程标准（2011年版）》的一点认识[J].课程·教材·教法，2012，32（7）：92—97.
[4] 中华人民共和国教育部.义务教育数学课程标准（2022年版）[S].北京：北京师范大学出版社，2022：8.

直观与高中阶段的直观想象之间有内在关联。小学阶段侧重于空间观念的发展，空间观念有一定的先天成分，可以更多地借助日常生活经验；几何直观需要借助几何课程的系统学习，更多的是后天习得的结果；在高中阶段，空间观念、几何直观将进一步发展为直观想象。此时的直观已不局限于几何图表，还包括符号形式的直观，空间想象也将逐渐减少对空间观念的依赖，更多地建立在逻辑的基础上。[①] 在培养学生的几何直观时，要考虑不同学段发展上的表现特征。在小学阶段发展学生几何直观，一是要提倡"做中学"，在数学活动中培养学生的几何直观。在探索图形特征及图形之间的关系时，学生必须参与多种数学活动，这也是小学图形学习的重要特征。要注意的是，并非画出几何图形就可以称为借助几何直观，而是需要借助几何图形发现所研究图形的本质、关系或规律。也就是说，这些数学活动包括观察、操作、想象、推理、表达等。二是加强数形结合，注重习惯养成。几何直观贯穿于整个数学学习的过程，如利用图形来直观理解算理、借助图形分析数量关系来解决问题等。因此，在教学中要鼓励学生利用画图、列表等方式分析问题，探索解决问题的思路，养成随时画图、列表的习惯。

（三）《2022年版数学课标》增加尺规作图，强化几何直观

1. 尺规作图溯源

尺规作图也就是用无刻度的直尺和圆规作图。尺、规作为作图工具，分别指圆规和直尺。在中国古代，尺规的使用最早可追溯到夏朝大禹治水。倕发明了"规矩"和"准绳"，大禹就是"左准绳，右规矩"。根据我国春秋战国时期的著作《孟子·离娄上》记载："离娄之明，公输子之巧，不以规矩，不能成方圆。"其中，"规"指的是圆规，"矩"指的是曲尺。《周髀算经》开篇描述，昔者周公问于商高曰："窃闻乎大夫善数也，请问古者包牺立周天历度，夫天不可阶而升，地不可得尺寸而度，请问数安从出？"商高曰："数之法出于圆方，圆出于方，方出于矩。"周公与尚高的对话说明圆是由方推算而来的，矩可以作出长方形。在已出土的"伏羲女娲手执规矩图"石画像中，看见规是两脚状，与现代圆规相似；矩是一直角拐尺形，可以画直线、量直角。这也说明了使用规和矩作图起源于我国远古时代。[②]

在西方，尺规作图最早起源于古希腊雅典时期。伊诺皮迪斯认为宇宙中运动的基本形式是直线和圆，其他图形由它们组成或派生而成。这种观点反映在几何作图就是将直线和圆作为基本图形，直尺和圆规则是它们的具体化。在古希腊，人们主张从基本假设（公理、定义、公设）出发，重视规和矩在训练逻辑思维方面和智力等方面的作用，于是就给出一些限制。[③] 公元前3世纪，《几何原本》对尺规作图的规定是"有限次地使用直尺和圆规来完成作图任务"[④]。这里的直尺指没有刻度的直尺，尺规作图作为几何作图的基本形式在《几何原本》中被确定下来。

[①] 鲍建生，章建跃．数学核心素养在初中阶段的表现之三：几何直观［J］．中国数学教育，2022（7）：3—9．
[②] 刘瑶．史话尺规作图［J］．中学生数学（初中版），2013（7）：21—22．
[③] 梅向明，周春荔．尺规作图话古今［M］．长沙：湖南教育出版社，2000：174．
[④] 欧几里得．几何原本［M］．北京：人民日报出版社，2005：222．

2. 尺规作图强化几何直观的教育价值

对于图像的认识，《2022 年版数学课标》继续坚持从直观辨认到探索特征思路，但都围绕几何直观和推理意识的培养展开。例如，关于三角形的认识，在小学阶段主要按照从直观辨认到探索特征的学习路径，即第一学段要求学生能直观描述三角形特征，第二学段从分类的角度进一步认识三角形，第三学段就要求知道三角形任意两边之和大于第三边、三角形的内角和是 180°，更加深入地认识三角形。上述各个学段的内容都是围绕几何直观和推理意识的培养来展开的。《2022 年版数学课标》鼓励学生经历尺规作图的过程，并借此探索任意两边之和大于第三边，培养学生的几何直观和推理意识。小学要培养创新意识，要让学生有新的想法。实质上，学生在提问、寻找、操纵、实验甚至是在毫无目的地把玩尺规或试图弄清某种真相的时候，他（她）就在进行创造性学习。对于学生，画图是一个好操作、不复杂的活动，他们都能做，因而也会喜欢动手做。而尺规作图本身又具有开放性，让学生自己想办法去解决问题，是一个创造性学习的过程。

因此，《2022 年版数学课标》在图形与几何领域增加了尺规作图内容，以此来强化几何直观和创新意识等核心素养的培养要求。多数情况下，数学的结果是"看"出来的。数学家对许多问题的发现与解决都源于几何直观，越是抽象就越依赖于几何直观的支撑。尺规作图旨在通过动手操作直观感悟图形的本质，从而提高学生动手操作能力，发展学生几何直观。学生借助尺规在头脑中建立图形与几何的概念。

3. 尺规作图在小学阶段的具体要求

尺规作图在小学阶段只出现在第二、三学段，《2022 年版数学课标》指出了"尺规作图"有三个学习内容：①在第二学段的"图形的认识与测量"中要求学生会用无刻度的直尺（或不看直尺刻度）和圆规作一条给定线段长度相等的线段，如课标附录例 26 题"用直尺和圆规作等长线段"；②在第二学段的"图形的认识与测量"中，经历用直尺和圆规将三角形的三条边画到一条直线上的过程，直观感受三角形的周长，如课标附录例 29 题"通过作图认识三角形周长"；③第三学段"图形的认识与测量"对于"三角形任意两边之和大于第三边"的教学，要求引导学生经历基于给定线段用直尺和圆规画三角形的过程，探索三角形任意两边之和大于第三边，并说出其中的道理，如课标附录 32 题"作图理解三角形"。

五、空间想象力之空间观念

（一）空间观念的内涵及表现

空间观念是人们认识世界和改造世界所需的基本素养，它是"对空间物体或图形的形状、大小及位置关系的认识"[①]。《数学辞海：第 1 卷》指出，"空间"是"几何空间

---

① 中华人民共和国教育部. 义务教育数学课程标准（2022 年版）[S]. 北京：北京师范大学出版社，2022：9.

的简称",它是"立体几何的基本概念之一,指物质存在的广延性,几何学在研究客观事物的形状、相互位置关系时,紧密地联系着对空间的本质的认识,逐渐形成了空间的概念"①。通常意义下的几何空间指欧几里得三维空间,也就是人们的知觉所感受到的立体空间。几何体产生于人们对客观世界中各种物体的数学抽象。也就是说,只考虑物体的形状、大小、位置关系等数学性质,而不考虑它的物理的、化学的、生物的以及社会的属性等。②数学课程中的空间是指欧几里得三维空间(立体空间),其研究对象是欧几里得三维空间中物体的形状、大小、位置关系等数学性质。个体对头脑中关于现实世界实物表象的信息加工,对表象中物体的形状、大小、位置关系等数学性质进行理解分析和归纳总结,在此过程中形成对几何图形与物体相关数学性质的识别、理解、判断和重现。

空间观念也就是有关形体在个体头脑中形成表象,当脱离具体形象时还能在个体头脑中反映出来的能力。在小学阶段,涉及的平面图形主要包括三角形、长方形、正方形、平行四边形、梯形、圆形以及角、线段、直线、射线等;涉及的几何体包括长方体、正方体等简单多面体以及圆锥、圆柱、球等旋转体,几何性质包括角度、长度、周长、面积、表面积、体积、对称、平移、旋转、方位、距离等。因此,小学阶段空间观念主要表现为以下几个方面:①能够根据物体特征抽象出几何图形,根据几何图形想象出所描述的实际物体;②想象并表达物体的空间方位和相互之间的位置关系;③感知并描述图形的运动和变化规律。③建立空间观念是为了在后续学习中进一步发展空间想象力,包括从实物到几何图形的抽象、从几何图像到现实物体的想象、几何图形表象的建立以及认识方位、利用方位判断物体所在位置等。

(二) 空间观念的教育价值

空间观念有助于理解现实生活中空间物体的形态与结构,是形成空间想象力的经验基础。空间观念在几何的学习中具有重要意义,有关空间观念的要求也一直是小学数学课程的重要内容。义务教育阶段是学生空间观念和空间想象能力形成的最佳时期,空间观念是培养学生空间想象力的重要基础,空间想象力是个体在现实世界中加工、改造几何表象,进而创造出新形象的能力。④但是,只有个体掌握空间中图形的性质,才能够完成满足需要的表象操作。空间观念是个体对几何空间中图形数学性质的掌握。只有具备了空间观念,空间想象力才能得到发展。

脑科学研究表明,人的右半脑最重要的贡献是创造性思维。空间观念的形成离不开观察、想象、比较、综合、抽象、实验、描述、推理、想象等数学活动,这些过程能有效促进人的右半脑的发展。⑤ 现实生活中,大部分的创新与设计都是以实物为最终作品形态。但在建构实物之前,设计者都需要先于头脑中构造出实物作品的表象,甚至画出

---

① 何思谦. 数学辞海: 第1卷 [M]. 太原: 山西教育出版社, 2002: 218.
② 王元. 数学大辞典 [M]. 2版. 北京: 科学出版社, 2020: 788.
③ 中华人民共和国教育部. 义务教育数学课程标准(2022年版)[S]. 北京: 北京师范大学出版社, 2022: 9.
④ 曹才翰, 蔡金法. 数学教育学概论 [M]. 南京: 江苏教育出版社, 1989: 23.
⑤ 俞国良. 创造力心理学 [M]. 杭州: 浙江人民出版社, 1996: 92—94.

设计图与合作者交流、修改，此时就需要通过空间观念将二维图形与实物特征进行准确转换。因此，空间观念有助于学生运用数学的眼光去观察现实世界，帮助学生在平面与立体图形间进行转换，建立形象思维与抽象思维之间的联结。空间观念的发展能够增强学生探索未知事物的好奇心，是学生创新能力发挥作用的基本条件。

（三）发展空间观念的教学要点

发展学生空间观念，一是要关注立体图形和平面图形之间的转化，加强多元表征和抽象概括。我们生活在一个三维空间中，因而小学阶段的认识图形是从立体图形开始的。小学一年级图形的认识部分，学习内容安排是先辨认长方体、正方体、圆柱、球等立体图形，能直观描述这些立体图形的特征；然后辨认长方形、正方形、平行四边形、三角形、圆等平面图形，能直观描述这些平面图形的特征。数学是研究数量关系和空间形式的科学，数学的主要概念除与数有关的概念外，还有与图形有关的概念。无论是平面图形还是立体图形，一旦建立一个抽象的概念，那它既不是特指一个具体图形，也不是生活中的某个实物，而是一个抽象的存在。所以图形本身是直观的，图形的概念又是抽象的。因此，对图形概念的建立，要遵循从生活情境到立体图形的抽象概括，再从立体图形到平面图形的认识过程。通过实物、立体图形、平面图形之间的转化，运用多元表征促进学生对图形概念的抽象概括，帮助学生正确地构建图形概念认知、发展空间观念。

二是鼓励学生在操作活动中从动态的角度认识图形，在推理、想象的过程中发展空间观念。因此，小学阶段的数学教学要求学生利用操作还原几何体（如正方体、长方体、圆等）。操作还原几何体后，还要观察、睁开眼睛想象、闭上眼睛想象、再睁开眼睛想象，然后把摆出的几何体撤掉，再想象，以促进空间观念的建立。学习长方体、正方体的展开图也是反复进行立体图形的拆分与复原，最终构建立体图形与平面图形的联系。学生通过操作、观察、想象的方法，在动态活动中建立多元表征，发展直观想象力，培养空间观念。

六、跨学科核心素养之创新意识

（一）创新意识的内涵

创新是民族进步的灵魂，创新是国家发展的动力，培养学生的创新意识是数学教育长期而艰巨的任务。创新意识和应用意识一样，是跨学段的核心素养。在"数与代数""图形与几何""统计与概率""综合与实践"等领域的学习中，应长期培养学生的创新意识，为创新人才的培养奠定重要基础。不仅如此，创新意识和应用意识一样，也具有跨学科的行为表现。从表2-1可以看出，创新意识与应用意识是小学、初中、高中三个学段都有的跨学科核心素养。《2022年版数学课标》在界定这两个核心素养的表现时，既考虑数学本身的特点，也照顾到更一般的要求。《2022年版数学课标》指出："创新意识主要是指主动尝试从日常生活、自然现象或科学情境中发现和提出有意义的数学问题。"① 这个要求是对小学和初中的共同要求，创新意识有助于形成独立思考、敢于质疑的科学态度与理性精神，数学教学中应结合具体内容培养学生的创新意识。

表2-1 各学段数学核心素养的主要表现②

核心素养	各学段主要表现			跨学科表现
	小学	初中	高中	
会用数学的眼光观察现实世界	数感	抽象能力	数学抽象	创新意识
	量感			
	符号意识			
	几何直观	几何直观	直观想象	
	空间观念	空间观念		
会用数学的思维思考现实世界	运算能力	运算能力	数学运算	应用意识
	推理意识	推理能力	逻辑推理	
会用数学的语言表达现实世界	数据意识	数据观念	数据分析	
	模型意识	模型观念	数学建模	

（二）创新意识的特征及表现

自觉性和创造性是创新意识的两大基本特征。创新意识有助于学生形成独立思考、敢于质疑的科学态度与理性精神。《2022年版数学课标》指出，创新意识主要体现在以下两个方面：一是初步学会通过具体的实例，运用归纳和类比发现数学关系与规律，提出数学命题与猜想，并加以验证；二是勇于探索一些开放性的、非常规的实际问题与数学问题。③ 具体来说，具有创新意识的学生在数学学习过程中会表现出较强的好奇心，他们乐于在数学探究中提出猜想与问题。爱因斯坦说过："提出一个问题往往比解决一个问题更重要。"因为，解决一个问题也许仅仅是一个数学或实验的技能。但是提出新问题、发现新的可能、从新的角度去看待旧问题，更需要良好的创造力和丰富的想象力。

另外，创新意识还主要表现在学生解决问题的过程中愿意尝试不同的方法与策略，能够独立思考，并能感悟数学的神奇、欣赏数学的美。具有较强创新意识的学生不会囿于完成老师布置的数学学习任务，而是愿意去探究数学的不同表征，积极尝试灵活的数学方法。这类学生往往具有质疑问难的宝贵精神和批判精神。他们从不盲目接受别人的观点，而是喜欢在独立思考的基础上得出自己的结论。通过独立思考、合理猜想、实验探究，他们能在数学学习活动中感悟数学的一般性、严谨性和广泛应用性。他们能感悟并逐渐认识到数学中的数字、符号、表达式等都是不断简化的结果，能在形成数学对象

---

① 中华人民共和国教育部. 义务教育数学课程标准（2022年版）[S]. 北京：北京师范大学出版社，2022：11.
② 史宁中，曹一鸣.《义务教育数学课程标准（2022年版）》解读[M]. 北京：北京师范大学出版社，2022：51.
③ 中华人民共和国教育部. 义务教育数学课程标准（2022年版）[S]. 北京：北京师范大学出版社，2022：11.

的多元表征中建立联系，体现思维的创造性和灵活性。总之，可以将创新意识划分为创新品质与创造性思维两个维度。创新品质包括好奇心、求知欲、批判性和独立性；创造性思维体现为思维的流畅性、变通性（灵活性）和独特性。

（三）数学的"再创造"与创新意识培养

1. 学生的数学学习是一个"再创造"的过程

数学的"再创造"指相对于主体而言，具有一定自身价值或认识意义的新颖独到的思维活动。著名的荷兰教育家、数学教授弗赖登塔尔（Hans Freudenthal）用这个概念来看待学生的数学学习过程。所以，这里的"再创造"是广义的教育意义上的创新。当人们谈到创新时，通常会自然联想到对人类产生重大影响的新事物。殊不知，具有重大影响力、推动社会变革的伟大创新往往来自那些微小创新的演变。例如，近年来中国企业界推崇的"微创新"模型，它成功地帮助了很多中小企业在激烈的市场竞争中实现转型升级。"微创新"也被视为根植于中国土壤与创新情境的一种全新创新思维，日益受到全球企业家们的关注。[1] 对于数学学习，学生个体或组织在数学课堂中的数学猜想、提出及分析问题、概念理解、模型建构、方法运用、思想提炼以及运用数学解决实际生活或跨学科等问题时对某一单点进行的发现，就是这样一种"微创新"。[2] 伟大的创新对于大部分中小学生而言似乎略显遥远，但"微创新""再创造"往往近在咫尺。数学学习过程中的创新更多是一种"再发现"过程，即对于学生而言的一种创新。

2. 弗赖登塔尔的"再创造"原则

荷兰籍数学家和数学教育家弗赖登塔尔（1905—1990年）是20世纪最伟大、最具有影响的数学教育家，他的许多观点都影响着世界数学教育的改革与发展。"再创造"（Reinvention）是弗赖登塔尔关于数学教学的主要原则之一。弗赖登塔尔的数学教育思想主要是强调数学教育必须面向社会现实，必须联系生活实际，注重培养和发展学生从客观现象发现数学问题的能力。他反对灌输式和死记硬背，认为教师应用"再创造"的方法去进行教学；他提倡讨论式、指导式教学形式，反对传统的讲演式教学形式。他认为，数学学习的"再创造"就是学生本人去发现或创造要学的东西。教师的任务就是引导和帮助学生去进行这种"再创造"的工作，而不是把现成的知识灌输给学生。"再创造"的学习是一种最自然、最有效的学习方法，数学发展的历程应该在个人身上重现，这才符合认知规律。弗赖登塔尔在其著作《作为教育任务的数学》一书中阐释了"再创造"学习方法的重要意义：

数学是人的一种活动，如同游泳一样，要在游泳中学会游泳，我们必须在做数学中

---

[1] 周青，聂力兵，毛崇峰，等. 中小企业微创新实现路径及其关键机制研究 [J]. 科学研究，2020（2）：323—333.
[2] 姜浩哲. 数学教育中的"微创新"：理论内涵、过程机理与培育路径 [J]. 课程·教材·教法，2022，42（8）：130—136.

学习数学……愈来愈多地从教师活动转向学生的活动，学生的自信日益增强……单纯让学生鹦鹉学舌地重复所学的现成的数学，当然不能令人满意。于是问题就演变为练习，而测验材料最终成了教学的目的。一个世纪以来的考试问题证实了长期以来所教的沉闷的模仿数学，不是有效的数学，而是无价值的数学。①

正因如此，弗赖登塔尔认为数学的每次应用都是重新创造，这种"再创造"不可能通过学习现成的数学来培养。他经常指出，数学家向来都不是按照他们创造数学的思维过程去叙述其工作成果。恰恰相反，数学家是把思维过程颠倒过来，把结果作为出发点，去把其他东西推导出来。在介绍实际上经过艰苦曲折的思维推理获得的结论时，他们常以"显而易见"轻描淡写地一笔带过。至于教科书更是彻底，其表达的思维过程与实际创造的过程完全相反，这种"违反教学法的颠倒"掩盖了思维创造的过程。② 如果学习者不进行再创造，他就难以真正理解学习的内容，更谈不上灵活应用了。他将伟大教育学家夸美纽斯的名言"教一个活动的最好方式是演示"进一步发展为"学一个活动的最好方式是实践"。③ 弗赖登塔尔认为，学生应通过"再创造"来学习，而不是因袭和效仿。

3. 跨学科主题活动和项目式学习是实现数学"再创造"的重要途径

正如弗赖登塔尔在"再创造"学习方法中谈到的，"学一个活动的最好方法是实践"，数学学习需要将重心从教师的活动转向学生的活动。《2022年版数学课标》指出，综合与实践重在解决实际问题，以跨学科主题学习为主。《义务教育课程方案和课程标准（2022年版）》（以下简称《2022年版课程方案》）还明确规定，原则上各门课程用不少于10%的课时设计跨学科主题学习。因此，跨学科主题活动和项目式学习是当前以核心素养为导向的新课程改革中实现数学"再创造"的重要途径。《2022年版数学课标》将综合与实践分为两种学习活动：一种是主题类学习活动，可以在小学各阶段开展；另一种是项目化学习活动，主要在小学第三学段开展。具体解释了两类主题类学习活动，一类是与生活联系比较紧密，借助实践活动融入知识内容的学习活动，主要是通过主题活动加深对数学知识的理解、应用；另一类是运用数学知识及其他学科知识的主题活动。第一类主题活动学习，主要限于数学学科知识领域范围；而第二类主题活动学习，则超越数学学科领域，实现初级阶段的跨学科学习活动，或者使用其他学科思维开展主题活动，体会数学与其他学科之间的联系。跨学科主题活动或项目式学习都是综合应用所有学科知识以及各种经验解决现实问题的一种学习方式。问题是创新创生和演化的助推器。教师通过必须为学生提供新颖的"创材"（开放性问题、探究性项目、数学建模活动素材等）引出一个"问题域"，用"有限的内容"帮助学生提出冲破"创材"的"无限的问题"。通过实施跨学科主题活动和项目式学习，让学生经历数学"再创

---

① 弗赖登塔尔. 作为教育任务的数学[M]. 陈昌平, 唐瑞芬, 等译. 上海：上海教育出版社, 1999：103-109.
② 丁尔陞. 现代数学课程论[M]. 南京：江苏教育出版社, 1997：336.
③ 弗赖登塔尔. 作为教育任务的数学[M]. 陈昌平, 唐瑞芬, 等译. 上海：上海教育出版社, 1999：103.

造"，在综合应用知识及各种经验解决问题的过程中发展创新意识。

第二节 数学思维的具体表现

"三会"数学核心素养是一个整体，数学眼光的观察和数学语言的表达都离不开数学思维，而数学思维也需要在数学眼光和数学语言拓展出的空间中展开。数学思维是指数学为人们提供的一种理解与解释现实世界的思考方式。在小学阶段数学思维主要表现为运算能力和推理意识。由于运算本质上就是演绎推理，因此数学思维事实上相对侧重于数学推理。

一、数学基本能力之运算能力

（一）运算能力的内涵及表现

运算是数学的基本研究对象，也是数学的一种基本思维方式。运算能力是核心素养在小学阶段唯一作为"能力"要求的行为表现。运算能力主要是指根据法则和运算律进行正确运算的能力。运算能力不仅表现为会算和算正确，还包括对运算对象、运算意义、算理算法的理解和解决问题时的合理选择。具体来说，义务教育阶段学生拥有运算能力主要表现在三个方面：①能够明晰运算的对象和意义，理解算法与算理之间的关系；②能够理解运算的问题，选择合理简洁的运算策略解决问题；③能够通过运算促进数学推理能力的发展。[1] 其第一个方面是正确运算的基础性要求，只有清晰运算对象和运算意义，建立算法和算理的联结，学生才能进行正确的运算。第二个方面要求在解决问题的过程中合理选择运算策略，实质是运算的应用。运算能力的发展最终促进学生数学推理能力的发展，有助于形成规范化思考问题的品质，养成一丝不苟、严谨求实的科学态度。

（二）理解算法与算理间的联系，选择合理的运算策略

运算能力主要是有根有据地正确运算的能力，它的作用是促进理解与应用。运算能力的培养主要是根据法则和运算律提高正确性，通过理解算理与灵活运用运算解决问题、发展能力。义务教育阶段的运算能力主要涉及三个问题：一是"如何算"，即对于算法与运算程序的运用，表现为运算熟练性；二是"为什么可以这样算"，即对算理的理解，表现为运算的合理性；三是"怎样算得更好"，即对算法的优化，表现为运算的灵活性。[2] 小学阶段运算能力的结构由基本口算、算法掌握、算理理解和运算策略四个

---

[1] 中华人民共和国教育部. 义务教育数学课程标准（2022年版）[S]. 北京：北京师范大学出版社，2022：9.
[2] 史宁中，曹一鸣.《义务教育数学课程标准（2022年版）》解读[M]. 北京：北京师范大学出版社，2022：57.

核心成分组成（图2-1）。①

```
         运算策略
        /  |  \
       /   |   \
      /    |    \
算法掌握----+----算理理解
      \    |    /
       \   |   /
         基本口算
```

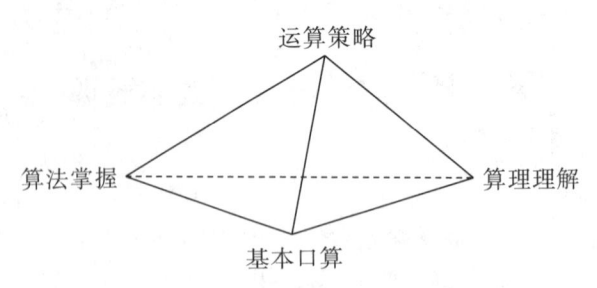

图2-1 小学运算能力四面体模型

在小学运算能力的四面体模型中，基本口算指不假思索、脱口而出的口算（主要是20以内的加减与表内乘除），它是其他口算和任何笔算、估算不可须臾离开的运算反应。算法、算理是运算能力的一体两翼，尤其是在小学数学中，两者相辅相成，不可偏废。不掌握算法就无法确保实现运算能力的最低要求"正确"；只知道怎样算，不知道为什么这样算，充其量只是搬弄数字的操作技能。对于小学生，基本口算反应与进一步的算法、算理共同构成运算能力的底部。运算能力的提高必须建立在这一基础上。运算策略是指运算信息的挖掘与运算问题的定向，运算方法的选择与运算过程的简化及其自觉评价。它表现在解决单纯的运算问题中，也表现在解决实际问题的运算决策与实施过程中。运算策略与其他三个要素相互关联，运算策略水平是鉴别运算能力的敏感因素。

要注意的是，学生对数和运算的意义理解和联系是掌握算法和算理的基础。因此，在教学中要重视对数的意义的学习，尤其是对数位和计数单位的理解。实质上，整数、小数和分数都可以看作计数单位的"累计"，而数的大小比较是基于数位的。对运算意义的学习要注重从实际情境中抽象出四则运算的过程，注重运算原型的积累，感悟运算之间的联系。例如，加法是所有运算的基础，其他运算都可以从加法运算导出；减法是加法的逆运算，乘法是求相同加法的和，除法是乘法的逆运算等。

（三）感悟运算的一致性

小学阶段数与运算主要包括整数、小数、分数及其四则运算，到初中发展为有理数。数的运算教学应注重整数、小数和分数四则运算的统筹，这样有利于让学生感悟运算的一致性。在教学中，要注重沟通小数、分数与整数运算之间的联系，站在整数、小数和分数运算一致性的高度来看待整个小学阶段的运算教学。例如，对于加减法运算，无论是整数的数位对齐、小数的小数点对齐还是分数的先通分转化为同分母后再加减，都是为了相同计数单位的数相加减。帮助学生体会运算算理和算法的一致性，有利于学生理解知识之间的本质联系，并促进有效迁移。因此，《2022年版数学课标》在小学第二、三学段提出了运算的一致性的要求。课标第二学段的教学提示指出："在认识整数的基础上，认识小数和分数。通过数的认识和数的运算有机结合，感悟计数单位的意

---

① 曹培英."数学课程标准"核心词的实践解读之六——运算能力（上）[J]. 小学数学教师，2014（3）：8-15.

义，了解运算的一致性"。第三学段内容要求："能进行简单的小数、分数四则运算和混合运算，感悟运算的一致性，发展运算能力和推理意识"。[①]

小学阶段运算的一致性从横向来看（图 2-2），数的认识发展在小学阶段是从整数到小数和分数。无论是整数、小数还是分数，它们都是"数字+计数单位"的组合，体现了数的表示的一致性。整数的数位、小数的数位和分数的分数单位从计数单位上来讲，本质都是一样的。从纵向来看，即对于数的运算，无论是加法、减法还是乘法、除法，都是要在相同的计数单位下才能计算，加法的数运算的一致性在于计数单位个数的"累加"。运算都针对具体数进行的，从这个意义上来讲，数与运算的一致性就是计数单位个数的累加。因此，在加减法教学中，要注重沟通小数、分数的加减法和整数的加减法之间的联系，帮助学生理解算法的核心是数位和计数单位，初步了解加减法运算的一致性，发展学生运算能力。在乘除法教学中，让学生感受整数、小学和分数运算的"通法"，感受数的意义一致性的基础上理解算法的一致性，从而认识到运算的一致性。

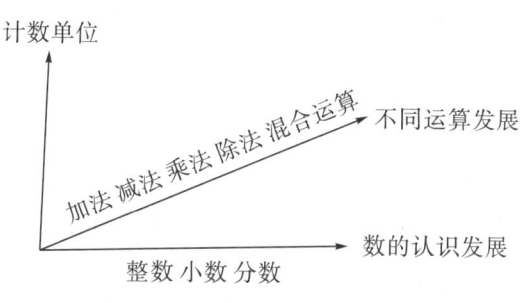

图 2-2 小学阶段运算的一致性

二、数学推理之推理意识

（一）理解数学推理

抽象与推理是数学的两大核心思想。通过抽象把外部世界引入数学，通过推理促进数学本身的发展。作为一种数学基本思想，推理反映数学学科的本质特征，是数学思维的基本表现形式，数学思维活动涉及的归纳、猜想、分析、综合等都在推理的框架中。推理不仅是数学思维活动中最能反映数学独特思想价值的部分，也是科学态度与理性精神的基础。推理的形式是相当丰富的，但无论有多少种形式，都有一定的规律可循。所有推理的基本形式都是：如果 P，那么 Q，或者写成 P→Q。其中 P 和 Q 是命题，也称 P 是前提，Q 是结论。命题陈述句述说的事情可能是正确的，也可能是错误的，命题陈述句为人们提供了一个判断，命题也就是可供真假判断的陈述语句。[②] 金岳霖在其著作《形式逻辑》中直接用"判断"替代"命题判断"，判断与判断之间的真假关系则是人们

[①] 中华人民共和国教育部. 义务教育数学课程标准（2022 年版）[S]. 北京：北京师范大学出版社，2022：23-24.

[②] 艾耶尔. 语言、真理与逻辑 [M]. 尹大贻，译. 上海：上海译文出版社，2006：2.

推理活动的依据。因此,"推理就是根据一个或一些判断得出另一个判断的思维过程"。① 在数学中,我们一般把直接表达判断的语句称为命题,数学推理的 P 和 Q 是与数学有关的命题,所以数学推理就是从一个数学命题判断到另一个数学命题判断的思维过程。②

古希腊数学家欧几里得最早系统地将推理的思想引入数学领域,并首次将公理化方法运用于数学之中。欧几里得划时代的数学巨著《几何原本》,就是由几个定理和公理以严密的演绎的形式建立起来的数学知识的体系。人们普遍认为数学推理就是一种纯粹的逻辑推理。直到 19 世纪,彭加勒(Poincare)在"数学推理的本性"中对沿袭两千多年之久的数学三段论推理学说提出质疑。人们开始对数学推理有了更深的理解,不再将数学推理理解为纯演绎的推理。③ 1954 年,著名数学家、数学教育家 G. 波利亚在其著作《数学与猜想》中首次将数学推理概括为论证推理和合情推理。论证推理往往表现为严格的逻辑形式,它是可靠、无可置辩和终决的;而合情推理则带有猜测的性质,我们所学到的关于世界的任何新东西都包含着合情推理。论证推理和合情推理互相之间并不矛盾,而是互相补充的。

总之,推理的方法决定了推理的类型,如果推理采用的是归纳法,就称为归纳推理;如果推理采纳的是演绎法,就称为演绎推理;如果借助的是图形直观,就称为直观推理或空间推理;如果运用数据,就称为统计推理或统计推断。但无论是何种形式的推理,都要满足如果 P,那么 Q(即 P→Q)的基本形式,并且言之有理,步步有依据。

(二)演绎推理与合情推理

1. 作为必然性推理的演绎推理

数学推理模式本质上有两种,即演绎推理与归纳推理。虽然这两种推理相互依存,但就数学结果的获得而言,人们借助归纳推理"预测"数学结果,借助演绎推理"验证"数学结果。因此,就推理的功能而言,预测结果和推测原因这两种原因依赖的推理形式是归纳推理,而不是演绎推理。演绎推理是一种形式确定、结果必然的推理。演绎推理是用演绎法来进行推理。演绎法就是通常所说的"三段论",即先要证明 A 是成立的,接下来再证明 A→B 是成立的,那么结论 B 就成立,其思路是从一般到特殊。在数学中,演绎推理就是按照某些规定了的法则所进行的前提与结论之间有必然联系的推理。数学的结论大体可以分为命题结论和运算结论,因而针对数学的演绎推理大体可以分为命题推理和运算推理。④

演绎推理是一种必然性推理,因此所有严格的数学证明采用的都是这种推理形式。归纳推理也是推断所依赖的推理模式,虽然这种推理不能成为严格的数学证明,但这种推理依然是具有逻辑性的。归纳推理就是从经验和概念出发,按照某些法则所进行的前

---

① 金岳霖. 形式逻辑 [M]. 北京:人民出版社,1979:139.
② 史宁中. 数学基本思想18讲 [M]. 北京:北京师范大学出版社,2016:119.
③ 彭加勒. 科学的价值 [M]. 李醒民,译. 北京:光明日报出版社,1988:7—19.
④ 史宁中. 数学思想概论(第3辑):数学中的演绎推理 [M]. 长春:东北师范大学出版社,2009:1—10.

提与结论之间有或然联系的推理。归纳推理比演绎推理要灵活得多，在推理过程中虽然"概念"是必然要求，但不需要抽象为严格的定义；"法则"是必要的，但不需要确立为严格的规定；前提与结果之间的"联系"是必要的，但这种联系可以是或然的。总之，前提与结论之间具有或然联系是归纳推理的重要特征。[①]

2. 合情推理

G. 波利亚在其著作《数学与猜想》中首次将数学推理概括为论证推理和合情推理。在《数学与猜想（第一卷）》的序言中，G. 波利亚写道："严格地说，除数学和论证逻辑（其实它也是数学的一个分支）外，我们所有的知识都是由一些猜想所构成的……我们借论证推理来肯定我们的数学知识，而借合情推理来为我们的猜想提供依据"。[②] 在数学推理的多种形式中，只有演绎推理是必然性推理，即只有演绎推理结果一定是正确的。其他推理的结果可能成立，也可能不成立，即推理结果是或然的，或者说是未必可靠的。所以，合情推理是从已有事实出发，凭借经验和直觉，通过归纳和类比等推断某些结果。

3. 合情推理与演绎推理具有同等重要的思维教育使命

演绎推理是从已有的事实（包括定义、公理、定理等）和确定的规则（包括运算的定义、法则、顺序等）出发，按照逻辑推理的法则证明和计算。要确定一个结论普遍成立，就只能用演绎推理。演绎推理虽然可靠，但只是一个根据已知命题确认一个新命题成立的推理。虽然在推理过程中也可能会提出新概念、开发新方法，存在进一步发现问题和提出问题的可能，但仅就推理结果而言，因为都是已知的，所以只是确认了一个事先备好的命题的真伪，与发现新命题没有关系。然而，合情推理都是为了发现一个新事物或提出一个新问题而发起的，虽然推出的结论是或然的，不一定为真，但新领域的拓展往往与合情推理的猜想与假设有关。合情推理是学生进行数学"再发现"和课堂"微创新"的基本途径，它为学生插上数学想象力的翅膀。因此，在数学教学中要赋予演绎推理和合情推理同等重要的思维教育使命。

我国从 2001 年颁布课标开始，把演绎推理之外的推理形式统称为合情推理。数学推理事实上就相当于"演绎推理＋合情推理"，这也是《2022 年版数学课标》中"推理"一词的含义。在解决问题的过程中，合情推理用于探索思路、发现结论，而演绎推理往往用于证明结论。从"三会"数学核心素养的视角来看，数学思维是"会用数学的思维思考现实世界"的简称。演绎推理与合情推理的协调统一由"思考现实世界"的需要决定。如果现实需要探索发现，就应运用合情推理，实现开放灵活的思考问题、探索发现；如果现实需要求真务实地论证，就一定要严谨扎实地进行演绎推理。[③]

---

① 史宁中. 数学思想概论（第 4 辑）：数学中的归纳推理［M］. 长春：东北师范大学出版社，2018：3.
② G. 波利亚. 数学与猜想：数学中的归纳和类比［M］. 李心灿，王日爽，李志尧，译. 北京：科学出版社，2001：iv.
③ 孙晓天，张丹.《义务教育数学课程标准（2022 年版）》课例式解读（小学数学）［M］. 北京：教育科学出版社，2022：15—16.

（三）从推理意识到推理能力

严格的数学推理需要建立在数学概念的基础上，在明确了概念的内涵与外延后，才能研究这个概念的性质，以及这个概念与其他概念的关系，从而形成有确定条件与结论的命题。推理的主要功能就是确定这些命题的真假。由于小学阶段的绝大多数数学概念都没有从内涵上给出明确定义，许多判断和命题都缺乏清晰的推理起点，因而小学阶段主要培养学生的推理意识，而非明确的数学推理能力。传统意义上的推理是逻辑思维的三种基本形式之一。近20年来，数学推理在小学阶段的含义已经扩大了很多，其中既包括分析、推断、演绎、归纳和联系，也包括猜想、实验与假设。一般来说，小学阶段的数学推理主要有以下几个特点：①属于局部推理，在严谨性、符号化程度上要求不高；②推理形式主要是归纳推理、类比推理与关系推理；③推理对象主要是数运算和测量活动；④推理行为一般在具体的情境中发生，需要借助直观操作与日常经验；⑤不同学生的推理水平有较大的差异，需要创生不同水平的推理活动。

从小学阶段的推理意识到初中阶段的推理能力，再到高中阶段的逻辑推理，是一个进阶的过程。高中阶段的逻辑推理是义务教育阶段推理能力发展的结果，是推理过程系统性、全面性和形式化的进一步发展。在义务教育阶段，推理意识是小学阶段的数学核心素养之一，推理能力是初中阶段的数学核心素养表现形式。小学阶段的推理意识是学生对逻辑推理过程及其意义的初步感悟，初中阶段的推理能力则强调从事实和命题出发，依据规则推出其他命题或结论的能力（表2-2）。小学阶段发展推理意识的目的是帮助学生认识到推理在数学中的意义与作用，初步养成讲道理的习惯；初中阶段的推理能力则要求学生能够运用数学推理解决问题。因此，推理意识的发展应贯穿整个小学数学的学习。在这个过程中，鼓励学生不断经历猜想—验证的全过程，并能有条理地表达，力求做到言之有理、落笔有据。

表2-2 小学推理意识与初中推理能力内涵及表现对比

	推理意识（小学）	推理能力（初中）
内涵	对逻辑推理过程及其意义的初步感悟	从一些事实和命题出发，依据规则推出其他命题或结论的能力
表现	（1）知道可以从一些事实和命题出发，依据规则推出其他命题或结论；（2）能够通过简单的归纳或类比，猜想或发现一些初步的结论；（3）通过法则运用，体验数学从一般到特殊的论证过程；（4）对自己及他人的问题解决过程给出合理解释	（1）理解逻辑推理在形成数学概念、法则、定理和解决问题中的重要性，初步掌握推理的基本形式和规则；（2）对于一些简单问题，能通过特殊结果推断一般结论；（3）理解命题的结构与联系，探索并表述论证过程；（4）感悟数学的严谨性，初步形成逻辑表达与交流的习惯
作用	推理意识有助于养成讲道理、有条理的思维习惯，增强交流能力，是形成推理能力的经验基础	推理能力有助于逐步养成重论据、合乎逻辑的思维习惯，形成实事求是的科学态度与理性精神

注：摘选自《义务教育数学课程标准（2022年版）》表1。

与小学数学相比，初中数学课程有了经过明确定义的概念，设置了可以作为推理起点的"基本事实",也介绍了命题、定理与证明。欧式几何是世界上第一个相对成熟的演绎体系,演示推理则作为证明几何结论和揭示一般规律的工具,因而初中的几何课程是发展推理能力的主要载体。除了几何推理,《2022年版数学课标》还要求加强代数推理,主要是基于方程、不等式、函数等概念及其应用进行代数推理(初中阶段主要是演绎推理)。代数推理比几何推理更基本、纯粹,也有更多应用,特别是高中数学学习将借助大量的代数推理。加强代数推理也有助于学生理解代数及其运算的意义,而小学阶段对符号意识与推理意识的培养可以为初中代数推理奠定基础。[1]

第三节 数学语言的具体表现

随着时代的发展,数学的交流功能和影响力日益强大,数学语言已经成为人们日常交流不可或缺的部分。把数学语言作为核心素养的要求是时代发展要求使然。在小学阶段,数学语言主要表现为数据意识、模型意识和应用意识。

一、大数据时代必备素养——数据意识

(一) 从数据意识到数据观念

数据意识和数据观念分别是小学阶段和初中阶段的核心素养,数据意识强调对数据意义和随机性的感悟,数据观念则指对数据的意义和随机性有比较清晰的认识(表2-3)。《2022年版数学课标》区分了小学和初中两个阶段在"统计与概率"领域的教学要求,小学阶段侧重数据意识,旨在加强学生对数据意义的感悟。对数据意义和随机性的感悟包含两个层面的含义:一是对数据意义的感悟,感悟数据蕴含着的信息,感悟通过数据可以发现规律,感悟根据问题背景合理选择数据的表达方式;二是对数据随机性的感悟,感悟通过观察、调查、试验等方式,每次收集到的数据可能不同,具有随机性。

表2-3 小学阶段数据意识与初中阶段数据观念的内涵与表现

	数据意识(小学)	数据观念(初中)
内涵	对数据意义和随机性的感悟	对数据的意义和随机性有比较清晰的认识
表现	(1) 知道在现实生活中,有许多问题应当先做调查研究,收集数据,感悟数据蕴含的信息;(2) 知道同样的事情每次收集到的数据可能不同,而只要有足够的数据就可能从中发现规律;(3) 知道同一组数据可以用不同方式表达,需要根据问题的背景选择合适的方式	(1) 知道数据蕴含着信息,需要根据问题的背景和所要研究的问题确定数据收集、整理和分析的方法;(2) 知道可以用定量的方法描述随机现象的变化趋势及随机事件发生的可能性大小

---

[1] 史宁中,曹一鸣.《义务教育数学课程标准(2022年版)》解读[M].北京:北京师范大学出版社,2022:61—77.

续表

	数据意识（小学）	数据观念（初中）
作用	形成数据意识有助于理解生活中的随机现象，逐步养成用数据说话的习惯	形成数据观念有助于理解和表达生活中随机现象发生的规律，感知大数据时代数据分析的重要性，养成重证据、讲道理的科学态度

注：摘选自《义务教育数学课程标准（2022年版）》表1。

小学阶段的数据意识要求学生从数据的角度去感悟生活中的随机现象，发现其中的现实问题，进而将其转化为可以用统计解决的问题。同时，学生能根据问题选择合适的数据收集和分析方法，经历数据的收集、整理、描述和分析过程，并依据数据做出合理的推测与判断，以实现对问题的解释。并且，在解决问题的过程中逐步认识到调查研究的必要性。所以，形成数据意识有助于学生理解生活中的随机现象，逐步养成用数据说话的习惯。为在初中阶段形成数据观念，理解和表达生活中的随机现象发生规律积累经验基础。在大数据时代，充分认识到数据分析的重要性，从而养成重证据、讲道理的科学态度，这是现代社会公民必须具备的基本素养之一。

（二）小学生数据意识的具体表现及教学要点

小学阶段的统计内容主要属于描述统计范畴，概率内容也只要求进行定性的判断。但作为启蒙阶段，重要的是对数据和不确定现象的意义与作用的初步感悟。小学生的数据意识具体表现列于表2-4。

表2-4 小学生数据意识的具体表现

具体表现	举例
1. 感悟数据的意义	（1）知道数据与数量有区别，数据是统计的语言，统计靠数据说话；（2）知道数据一般都具有实际意义，是用来分析某种随机现象和解决问题的，数据来源的真实性很重要
2. 体验数据收集过程	（1）知道对不同的问题需要收集不同的数据，对同样的问题也可以收集不同的数据；（2）知道数据是抽样、测量与试验的结果，不同的抽样、测量与试验方法会影响数据质量，进而影响对数据的分析；（3）能根据问题选择合适的数据收集和分析方法，经历数据的收集、整理、描述和分析过程，并依据数据做出合理的推测与判断，以实现对问题的解释
3. 感悟数据的变异性	知道导致数据变异的原因有很多（如不同的抽样方法，或相同抽象方法的测量误差也会导致数据不同），但只要足够多的数据就能发现规律，而且数据越多，所发现规律越可靠
4. 感悟数据整理的意义	（1）会对物体、图形或数据进行分类，初步了解分类与分类标准的关系；（2）能够依据数据的特点进行分组或排序；（3）能够对异常数据做出初步揭示或判断；（4）知道如何呈现数据整理结果
5. 通过对数据的简单分析，感受数据蕴含的信息	（1）初步理解平均数的统计意义，如平均数反映一组数据的集中趋势，容易受极端值影响；（2）初步理解百分数的统计意义，知道百分数可以将一组排序后的数据定位，把数据分组；（3）能用平均数和百分数解决有关简单实际问题

续表

具体表现	举例
6. 感悟统计图表的意义	(1) 认识条形统计图、折线统计图和扇形统计图；(2) 能读懂报纸、杂志、电视、互联网等媒体中的简单统计图表；(3) 能依据数据的特征合理选择统计图表，并用统计图表合理表示和分析数据，揭示所表达的意义
7. 初步感悟概率的意义	(1) 知道概率是对不确定事件发生可能性大小的度量；(2) 能在实际情境中，对一些简单随机现象发生可能性的大小做出定性描述

注：整编自史宁中、曹一鸣主编的《〈义务教育数学课程标准（2022年版）〉解读》。

发展小学生的数据意识要聚焦现实问题，让学生体会到数据的意义。教师通过对情境问题的分析逐步开展数据统计的教学非常重要。通过创设具体、真实的数据情境，基于数据分析做出决策，才能让学生体会数据在生活中的影响，真正地体会到数据统计的必要性，形成主动收集数据的意识。还要从真实问题和实际情境入手，引导学生经历一个完整的数据收集与整理过程，学会选择恰当的方法来收集、征集数据，用合适的统计图表表达数据，并能合理解释数据的现实意义。学生在这个过程中将逐步形成数据意识和应用意识。感悟数据的随机性也离不开真实的问题情境。例如，要求学生记录每天上学花费的时间。如果以分为单位记录，每天上学的时间将会不同，但如果记录天数足够多，那么数据会呈现某种稳定性，从而可以知道上学大概需要多少时间。学生通过这个真实问题情境的活动可以感悟数据的随机性，发展数据意识。

事物的发展总会充满不确定性，统计学就是研究如何从数据中把信息和规律提取出来；同时也要研究如何量化数据中的不确定性，为人们的判断与决策提供依据。感悟数据的随机性，感受在随机事件中每次收集的数据可能不同，但是有了足够多的数据，就能发现其规律。因此，我们既要有一双善于发现规律的眼睛，理性地看到客观规律；又要心平气和地接受特殊情况的发生。这就是数据随机性的育人价值所在。

（三）统计量平均数与百分数教学重在培养数据意识

《2022年版数学课标》小学阶段"统计与概率"内容分为三个主题，第一个是数据分类，第二个是数据的收集、整理与表达，第三个是随机现象发生的可能性（图2-3）。第一学段明确提出"数据分类"主题，突出从事物的分类过渡到数据的分类。数据分类是在事物分类、图形分类基础上的抽象，并且数据分类是数据的整理与表达的基础。第二、第三学段将原来的"简单统计过程"改成了"数据的收集、整理与表达"，体现了统计的学习重点是数据分析，数据的收集、整理与表达是数据分析的前提。初中阶段"统计与概率"有抽象与数据分析、随机事件的概率两个主题。小学和初中阶段的统计与概率内容在纵向设计上是紧密结合的。关于统计的内容，小学的阶段侧重数据的收集、整理与表达，以及对数据进行描述性统计分析；初中更强调数据收集与分析的方法，侧重对数据进行推断统计分析。关于概率的内容，小学是定性研究随机现象发生的可能性，而初中阶段是定量研究随机事件的概率。

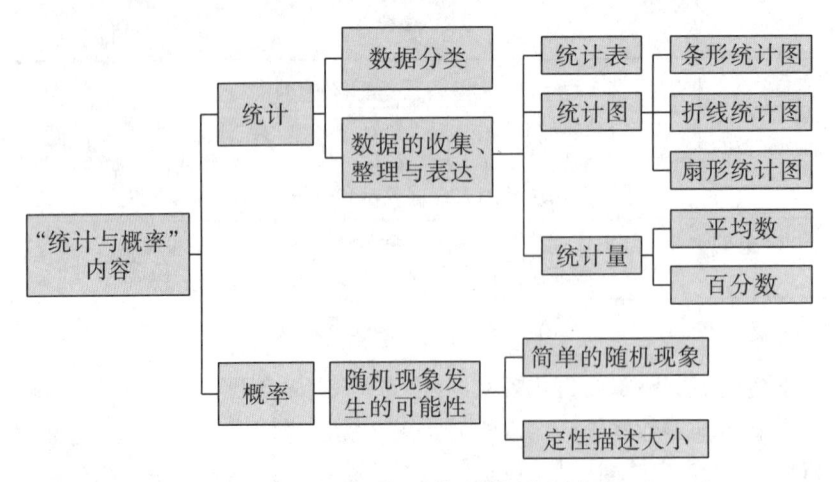

```
                    ┌─ 数据分类 ──┬─ 统计表 ──┬─ 条形统计图
            ┌─ 统计 ─┤            │           ├─ 折线统计图
            │       │            └─ 统计图 ──┴─ 扇形统计图
"统计与概率"│       └─ 数据的收集、
   内容     │          整理与表达 ─── 统计量 ──┬─ 平均数
            │                                  └─ 百分数
            │
            └─ 概率 ─── 随机现象发 ──┬─ 简单的随机现象
                        生的可能性   └─ 定性描述大小
```

图 2-3 小学阶段"统计与概率"内容

值得注意的是,《2022年版数学课标》将原来"数与代数"领域中的"百分数"内容移到"统计与概率"领域。该领域的统计量就从原来的一个统计量平均数,变成现在的平均数、百分数两个统计量。平均数、百分数是统计教学中的核心内容。作为表达统计量的一种形式,平均数、百分数是人们判断与决策的重要依据。在大数据时代,它们的统计应用价值尤为凸显。百分数作为小学阶段表达统计量的一种形式,在小学数学教学中的地位和作用不言而喻。

百分数教学的重要目标就是要帮助学生理解大数据时代数据的意义与价值,知道可以运用数据来解释和分析实际问题。把百分数从"数与代数"领域调整到"统计与概率"领域,把百分数作为一种统计量,与大数据和决策联系在一起,丰富了统计内容,而且使学生对随机现象的认识与刻画比以前又多了一个视角。统计教学不仅仅是让学生会事物分类、能绘制统计图表、能计算平均数和百分数,更重要的是培育学生的数据意识,特别是在调查研究,收集、整理、分析数据的解决真实问题的过程中,帮助学生理解生活中的随机现象,逐步养成用数据说话的习惯,进而感受数据的力量,逐步学会思考、表达与交流合作。因此,统计量的教学重在培养学生的数据意识。

1. 平均数

教学中帮助学生理解平均数的本质,并在解决问题中培育学生的数据意识是难点。《2022年版数学课标》的学业要求中指出:知道用平均数可以刻画一组数据的集中趋势,知道平均数的统计意义;知道平均数是介于最大数与最小数之间的数,能描述平均数的含义;能用平均数解决有关的简单实际问题,形成初步的数据意识和应用意识。因此,教学中可从感受必要性、代表性、趋中性和随机性四个方面入手。在平均数教学中,首先,感受平均数的必要性;其次,通过引导学生讨论平均数的实际意义,进一步理解平均数的代表性;再次,在分析过程中刻画一组数据的集中趋势,从而感受平均数的趋中性;最后,提出问题并思考,感受平均数的随机性。

2. 百分数

百分数是两个数量倍数关系的表达。一方面，百分数可以表达确定数据的倍数关系。例如，某校六年级男生人数占六年级总人数的43%，地球表面陆地面积约占整个地球表面积的29%。另一方面，百分数可以对随机数据的倍数关系进行刻画与预测。例如，某城市明天降水概率是70%，预测一号篮球运动员即将参加的赛季罚球命中率为60%。百分数在现实生活中有着广泛的应用，学生认识百分数也应该是多维度、丰富多彩的。[①] 百分数既可以表达确定数据的倍数关系，也可以表达随机数据的倍数关系，这也是将百分数调整到"统计与概率"领域的原因。

《2022年版数学课标》指出，教学要引导学生知道百分数是两个数量倍数关系的表达，既可以表达确定数据，如饮料中果汁的含量及税率、利息和折扣等；也可以表达随机数据，如某篮球运动员罚球命中率、某城市雾霾天数所占比例等。《2022年版数学课标》也提出了建议，利用现实问题中的随机数据引入百分数的学习，帮助学生感悟百分数的统计意义，了解利用百分数可以认识现实世界中的随机现象，做出判断、制订标准。因此，教学中要注意让学生体会百分数表达的必要性，感受百分数的方便、简捷以及快速对比的特点。例如，通过套圈活动案例，引导学生对数据进行分析，了解百分数作为统计量是对随机数据的刻画与表达，认识到百分数可以帮助人们做出判断和预测，感受百分数的统计意义，培养数据意识。

3. 统计量平均数与百分数的教学建议

在学习"统计与概率"时，重要的是促进学生养成用数据说话的习惯，培育数据意识。因此，对于统计量平均数与百分数的教学有以下几点建议：第一，要引导学生在真实的问题解决中，通过对数据的收集、整理、分析，理解平均数、百分数的统计意义，感受随机性，养成用数据说话的习惯，培育数据意识。第二，鼓励学生在电视、报纸或网络新闻中阅读有关报道，收集社会发展或科技进步的事件，读懂数据所表达的意义，体会数据中蕴涵着信息，感受数据的力量。第三，引导学生在身边真实问题的解决中，体会样本数据的集中趋势可以表达总体的集中趋势。第四，开展多种方式的学习实践活动，构建基于数据意识的单元学习主题教学的整体结构。第五，培养学生调查研究、实事求是、善于思考的优秀品质。

二、用数学语言表达外部世界之模型意识

（一）理解数学模型

模型是沟通数学与外部世界的桥梁。抽象、推理和模型是三种最基本的数学思想。通过抽象，人们把日常生活和生产实践中遇到的数量及数量关系、图形及图形关系形成数学的基本概念，从而将现实生活中的一些与数量和图形有关的东西引入数学内部，形

[①] 吴正宪，武维民. 统计意义下的百分数教学旨在培养数据意识[J]. 小学数学教育，2022（6）：24-27.

成数学的研究对象。通过推理，人们认识数学研究对象之间的逻辑关系，并且都用抽象了的术语和符号清晰地表达这种关系，形成数学的各种命题、定理和运算法则。模型，则是用数学的概念和原理描述现实世界所依赖的思想，数学模型使数学走出数学的世界，搭建了数学与外部世界的桥梁。通俗地说，数学模型就是用数学的语言讲述外部世界的故事。[①] 正因如此，数学建模的目标虽然是建立数学模型，但它却不囿于这个刚性要求。因为数学建模更是一个从问题情境中提炼数学要素、确定关键元素、发现联系并逐步做出数学表达的过程。数学建模的教育意义，在很大程度上就体现在用数学的语言表达。

数学研究的对象是现实世界中的数量关系和空间形式，从中获得一般的意义模式，这些模式应用到其他学科或日常生活中就得到各种各样的数学模型。数学概念、命题以及由它们组成的完整理论都是模型。数学模型首先是人们概括、提炼出现实世界的数量关系和空间形式的思维产物，并用特定的语言符号将其表达出来。其次，在这些与客观事物比较接近的模型的基础上，数学家进一步用思维方式创造出更多高层次的抽象模型。例如，在函数的基础上抽象出泛函，进而算子；在三维空间的基础上定义$n(\geqslant 3)$维以上空间等，这些模型都远离了客观事物。[②] 因此，如果将整个世界划分为现实世界和数学世界，数学建模可以看作现实世界到数学世界的映射求解过程。下面［图2－4（a）］的四阶段循环就很好地刻画了数学模型在这种求解过程中的桥梁作用。当然，也有研究者提出"现实问题"和"数学模型"之间还存在"现实模型"这样一个关键的中间状态，因而对数学建模过程的刻画从四阶段循环论发展到五阶段循环论［图2－4（b）］。[③] 但无论是经历何种建模阶段和循环，一个完整的数学建模的一般流程基本都是在实际情境中从数学的视角发现问题、提出问题、分析问题，再建立模型、确定参数、计算求解、验证结果、改进模型，最终解决实际问题。从上述数学建模阶段的循环模式还可以看出，数学模型虽然有数学世界和现实世界两个出发点，但数学模型一定是基于现实世界的，数学模型使数学走出了数学世界。建立模型是为了解释现实，因而数学模型是沟通数学世界与现实世界的桥梁。

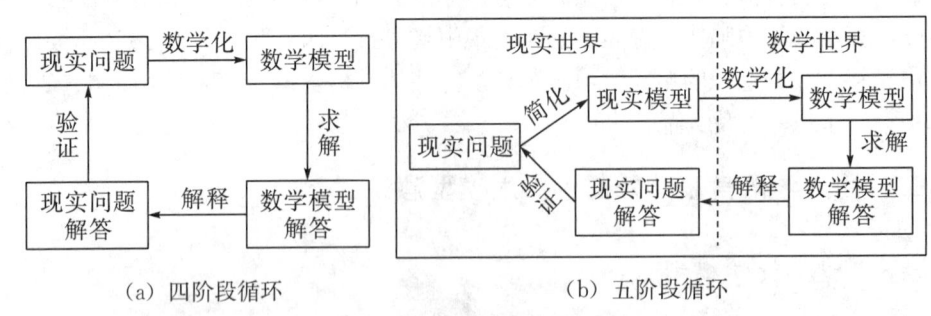

（a）四阶段循环　　　　　　　（b）五阶段循环

图2－4　四阶段和五阶段循环模型

---

① 史宁中. 数学思想概论（第5辑）：自然界中的数学模型［M］. 长春：东北师范大学出版社，2018：1.
② 吴丹怀，邓玫. 数学模式建构方法论［M］. 北京：学苑出版社，2005：6.
③ 黄健，鲁小丽，王鸳雨，等. 20世纪以来中国数学课程标准中数学建模内涵的发展［J］. 数学教育学报，2019，28（3）：18－23.

（二）从模型意识到模型观念

数学模型的教育价值在于，让学生可以用数学的语言更清楚、生动地讲述现实世界的"故事"。义务教育阶段主要是渗透数学模型的思想，到高中阶段可以完整地进行有实际意义的建模活动，所以小学阶段的任务是发展模型意识，初中阶段是培养模型观念（表2-5）。小学阶段的模型意识指学生对数学模型普适性的初步感悟。初中阶段的模型观念是学生对运用数学模型解决实际问题有清晰的认识。但无论是模型意识还是模型观念，都是对实际问题中的相关信息进行提取、加工、分析，抽象形成数学问题，借助数学问题的解决来解释现实问题。它们都是从现实世界到数学世界，再回归现实世界的过程。

表 2-5 小学阶段模型意识与初中阶段模型观念的内涵与表现

	模型意识（小学）	模型观念（初中）
内涵	对数学模型普适性的初步感悟	对运用数学模型解决实际问题有清晰的认识
表现	（1）知道数学模型可以用来解决一类问题，是数学应用的基本途径；（2）能够认识到现实生活中大量的问题都与数学有关，有意识地用数学的概念与方法予以解释	（1）知道数学建模是数学与现实联系的基本途径；（2）初步感知数学建模的基本过程，从现实生活或具体情境中抽象出数学问题，用数学符号建立方程、不等式、函数等表示数学问题中的数量关系和变化规律，求出结果并讨论结果的意义
作用	有助于开展跨学科主题学习，增强对数学的应用意识，是形成模型观念的经验基础	有助于开展跨学科主题学习，感悟数学应用的普遍性

注：摘选自《义务教育数学课程标准（2022年版）》表1。

对小学生而言，数学建模是一种相对复杂的数学应用活动，尤其是建构模型的过程有较高的难度。因而小学阶段主要对数学模型普适性进行初步感悟，知道数学模型可以用来解决一类问题，能够认识到现实生活中大量的问题都与数学有关。例如，小学课程中的数概念、关系、运算、图形、数据等直接来源于现实生活，是对现实生活模型数学化的结果。小学阶段培养模型意识可以多关注已知的简单数学模型应用以及数学化过程，通过建立数学与现实世界的双向联系，形成初步的模型意识。

相对于小学而言，初中阶段数学课程提供更多的构造数学模型的"模具"，如方程、不等式、函数、反映分布特征的统计图表等。在方程、不等式、函数等概念的形成过程中感悟数学模型的思想，知道方程、不等式、函数是解决问题的基本模式，具有一般化意义。例如，正比例函数就是对各种正比例关系抽象的结果，可以反映两个具有正比例关系的变量的变化规律；又如，初中阶段学了字母代数后，就可以通过方程、不等式、函数研究具有一般意义的数量关系，将它们应用于实际情境，从而得到各种具体的数学模型。因此，初中阶段可以开展一些简单的数学建模活动，发展学生的模型观念。[①] 当然，无论是小学阶段还是初中阶段，数学化的过程都是学生形成模型意识、发展模型观念的有效途径。

（三）"数学化"与模型意识的培养

1. 弗赖登塔尔的"现实的数学"（Realistic Mathematics）

荷兰著名数学家、数学教育家弗赖登塔尔指出，数学来源于现实，也必须扎根于现实，并且应用于现实。所谓"现实"，不一定限于具体的事物，作为属于现实世界的数学，也是"现实"的一部分。所以每个人都有自己接触的一套特定的"现实的数学"。例如，大多数人的数学现实世界可能只限于数和简单的几何形状以及它们的运算，另一些人可能要熟悉某些简单的函数与比较复杂的几何，至于一个数学家的数学现实，则可能包含希尔伯特空间的算子、拓扑学等。[②] 数学教育的任务就是让学生所接触的客观世界越来越广泛，使他们在不同的阶段达到必需的"现实的数学"并不断丰富与扩张。正如数学家康托尔所言，"数学的本质在于思考的充分自由"。[③] 所以，弗赖登塔尔主张数学属于所有人，必须将数学交给所有人。这与我国数学课程的基本理念"人人学习有价值的数学""不同的人在数学上得到不同的发展"是一致的。

2. 弗赖登塔尔的"数学化"（Mathematization）

基于"现实的数学"原则，弗赖登塔尔提出了第二个重要的教学原则，即"数学化"。弗赖登塔尔认为，人们运用数学的方法观察现实世界，分析研究各种具体现象，并加以整理组织，这个过程就是数学化。简单地说，数学地组织现实的过程就是数学化。只有将数学与它有关的现实世界背景密切联结在一起，即通过"数学化"的途径进行数学学习，才能使学生真正获得充满着关系、富有生命力的数学知识，使他们不仅理解这些知识，而且能够应用。由于每个人都有不同的数学现实世界，因此数学化有不同的层次。现实世界的"数学化"过程如图2-5所示。

[①] 史宁中，曹一鸣.《义务教育数学课程标准（2022年版）》解读[M]. 北京：北京师范大学出版社，2022：80-81.
[②] 张奠宙，唐瑞芬，刘鸿坤. 数学教育学[M]. 南昌：江西教育出版社，1991：188-194.
[③] 米山国藏. 数学的精神、思想和方法[M]. 毛正中，吴素化，译. 上海：华东师范大学出版社. 2019：69.

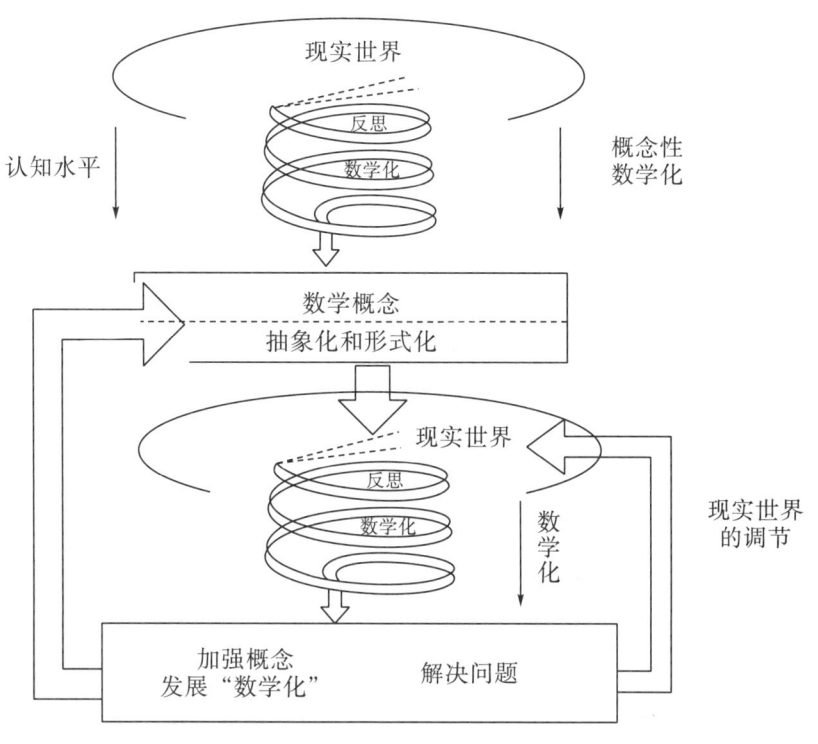

图 2−5　现实世界的"数学化"过程

在现实世界的"数学化"过程中，由现实世界直接形成数学概念的过程称为概念性数学化。概念性数学化程度随着认知水平的提高而逐渐提高。与此同时，主体对这个概念形成过程进行反思，进行更为抽象与形式的加工，再用它来解决现实世界的问题；通过现实世界的调节作用，"数学化"程度更高，由此产生的新的方法和手段再用于组织更高一层的现实世界，并产生新的数学概念。现实世界与"数学化"就是这样交融，使数学的现实世界与"数学化"不断发展与提高。

反思是一种重要的数学活动，它是数学活动的核心和动力。数学的发现来自直觉，而分析直觉理解的原因是通向证明的道路。必须让学生学会反思，对自己的判断与活动甚至语言表达进行思考并加以证实，以便有意识地了解自己行为潜藏的实质。只有这样，才能使学生真正深入"数学化"过程中，发展数学思维。首先描述"数学化"过程教学理论的是荷兰的范希尔（Van Hiele），他曾是弗赖登塔尔的学生。范希尔提出了关于几何思维的直观、分析、抽象、演绎、严谨五个水平（表 2−6）。弗赖登塔尔认为这一思维水平理论正好对应"数学化"过程的几个阶段。一般来说，在某一水平上进行的组织活动往往成为下一个水平的研究对象，通过重新组织又提高到一个新的水平，就在这样不断提高水平的过程中，学生研究各种不同的数学现实，学会了各种不同层次的"数学化"，同时掌握数学。[1]

---

[1] 丁尔陞. 现代数学课程论[M]. 南京：江苏教育出版社，1997：335.

表2-6 几何思维的五个水平

水平层次	特征
0—水平：直观 (Visualization)	学生借助直观，笼统地从整体外表接受图形的概念，但不理解其构造和相互之间的关系，也不会进行比较
1—水平：分析 (Analysis)	学生开始识别图形的构造和相互之间的关系，也能借助观察、作图等方法非正式地建立起图形的许多性质，但未掌握其间的逻辑联系
2—水平：抽象 (Abstraction)	学生形成抽象的定义，也能建立图形概念与性质之间的逻辑次序，但尚未对演绎的实质含义形成清晰的观念；会混合使用实验观察与逻辑推理等各种不同的推理方法；还没有理解公理的作用，自然谈不上对数学内在结构体系的掌握
3—水平：演绎 (Deduction)	学生理解了演绎体系，能在不定义基本关系和公理为基础的数学体系内进行形式推理；理解构造和发展整个体系的逻辑结构，能理解并分析相互之间的逻辑联系
4—水平：严谨 (Rigor)	学生领会了现代公理系统的严密性，对于几何对象的具体性质以及结合关系的含义都可以不做解释，而是完全抽象地建立一般化的几何理论，这实质上已经将几何提高到一个广泛应用的领域

3. 模型意识在现实世界的"数学化"过程获得发展

现实世界的"数学化"需要借助数学的方法为各种错综复杂的现象构建相应的数学模型，"数学化"程度越高，对数学建模的能力要求越高。建构模型对小学生的挑战较大，但模型意识的孕育与发展离不开现实世界的"数学化"过程。虽然，数学建模是一种相对复杂的数学应用活动，在小学阶段不宜提过高要求，但这并不意味着教师将各种现成的数学模型塞满学生的脑袋。由于建模的过程有较高难度，因而可以关注一些已知的简单数学模型的应用，并让学生体会、经历现实世界的"数学化"过程。小学数学课程中的数概念、关系、运算、图形、数据等都直接源于现实生活，并且都是对现实模型"数学化"的结果。当这些数学对象被用于解决现实世界问题时，又需要借助具体的模型表达实际意义。[①] 只有通过这种数学与现实世界的双向联系，学生才能感悟数学模型的普适性，形成初步的模型意识。"数学化"是数学抽象发展与现实世界的紧密结合，它描述了来自具体问题的数学模型建立过程。所以，无论是小学阶段还是初中阶段，经历现实世界的"数学化"都是培养学生模型意识、发展学生模型观念的重要途径。正是在这个意义，弗赖登塔尔指出数学教育的目标在于使学生学会"数学化"。

三、跨学科核心素养之应用意识

（一）广泛的应用性是数学的本质特征

自20世纪以来，数学应用领域有了很大扩展，新的应用改变了数学学科的特征。20世纪40年代以后，涌现了大量新的应用数学科目，其内容的丰富、应用的广泛、名

---

① 史宁中，曹一鸣.《义务教育数学课程标准（2022年版）》解读[M]. 北京：北京师范大学出版社，2022：67.

目的繁多都是史无前例的。现代数学已经不是一个单一的学科，而是众多学科的集合体——数学科学。例如，由于经济与军事需要形成了对策论，它主要用数学方法研究在竞争中是否存在制胜对方的最优策略以及如何找到这些策略；又如，最优化也是一门应用相当广泛的学科，它讨论决策问题的最佳选择特性、构造寻求最佳解的计算方法，它以数学线性规划单纯形算法为开端，随着计算机的高速发展和优化计算方法的进步，规模越来越大的优化问题得到解决，最优化广泛应用于经济计划、工程设计、生产管理等领域。[①] 可以说，数学的本质特征之一就是广泛的应用性，它是人类生活、学习不可或缺的工具。《2022年版数学课标》在课程性质中开宗明义地指出：数学是自然科学的重要基础，在社会科学中发挥着越来越重要的作用，数学的应用渗透到现代社会的各个方面，直接为社会创造价值，推动社会生产力的发展。随着大数据分析、人工智能的发展，数学研究与应用领域不断拓展。[②]

（二）作为跨学段和跨学科核心素养的应用意识

作为数学语言表达现实世界的主要核心素养表现，应用意识相对于模型意识更具一般性，是所有学科的教学目标之一，反映了学以致用的教育观念。应用意识与创新意识一样，不仅跨学科，而且贯穿从小学、初中到高中的各个学段。作为数学核心素养之一的应用意识，主要是指有意识地利用数学的概念、原理和方法解释现实世界中的现象与规律，解决现实世界中的问题。应用意识有助于学生用学过的知识和方法解决简单的实际问题，养成理论联系实际的习惯，发展实践能力。

义务教育阶段，应用意识的主要表现在两个方面：①能够感悟现实生活中蕴含着大量的与数量和图形有关的问题，可以用数学的方法予以解决。学生需要具备应用意识，以便能够感悟在现实生活中存在着大量与数量关系和空间形式相关的问题以及各种数学模型。例如，在"数与代数"领域，通过创设问题情境，让学生认识到现实生活中蕴含大量和数与运算、数量关系紧密相关的问题，经历现实问题"数学化"和建立数与代数的数学模型的过程；还可以设计巩固练习，让学生感悟到运用数与运算、数量关系等知识和方法可以解决数学问题及现实问题。又如，在"图形与几何"领域，要让学生感悟现实生活中蕴含着大量与数量和图形有关的问题，鼓励学生从生活中发现并提出问题，规划问题解决方案，寻求合理解决问题的策略。例如，设计真实问题："学校准备在空地上铺一块平行四边形的草坪，平行四边形的底边长6米，邻边长5米，高3米"，引导学生根据数学信息提出问题"这块草坪的面积是多少？"让学生在现实生活的问题情境中，感悟探索平行四边形面积的现实意义。②初步了解数学作为一种通用的科学语言在其他学科中的应用，通过跨学科主题学习建立不同学科之间的联系。[③] 也就是说，跨学科主题学习是发展学生应用意识的重要途径，义务教育阶段的学生也应该了解数学在其他学科的应用。例如，知道物理中的杠杆原理可以用简单的数学公式表示，欣赏对称

---

① 丁尔陞. 现代数学课程论 [M]. 南京：江苏教育出版社，1997：81-82.
② 中华人民共和国教育部. 义务教育数学课程标准（2022年版）[S]. 北京：北京师范大学出版社，2022：1.
③ 中华人民共和国教育部. 义务教育数学课程标准（2022年版）[S]. 北京：北京师范大学出版社，2022：10.

在艺术、建筑设计中的广泛运用，知道海王星的发现是数学计算的结果等。

（三）在跨学科的主题活动或项目式学习中发展应用意识

在中小学数学学习过程中，数学的应用包括数学内部的应用和数学外部的应用。传统的数学教学主要关注数学内部的应用，即用所学的数学知识与思想方法解决数学本身的问题。但《2022年版数学课标》意图加强数学跨学科的综合应用，这在课标各学段目标中都有阐述（表2—7）。因此，发展学生的应用意识要通过设计跨学科的主题活动或项目式学习，让学生认识真实世界、解决真实问题，揭示知识产生的实际背景和知识的实际应用。

表2—7 《2022年版数学课标》学段目标节选

学段目标	跨学科主题活动或项目式学习发展应用意识相关阐述
第一学段（1~2年级）	在主题活动中认识货币单位、时间单位和基本方向，尝试用数学方法解决问题，积累数学活动经验，形成初步的量感和应用意识
第二学段（3~4年级）	在主题活动中进一步认识时间单位和方向，认识质量单位，尝试应用数学和其他学科知识与方法解决问题，积累数学活动经验，形成量感、推理意识和应用意识
第三学段（5~6年级）	在主题活动或项目式学习中了解负数，应用数学和其他学科知识与方法解决问题，积累数学活动经验，形成数感、量感、模型意识、应用意识和创新意识

在跨学科主题活动或项目式学习中，虽然主题是一个跨学科统整的结合点，但真正围绕的中心是真实性问题，这是基于真实性学习理念而提出的。真实性学习也就是为真实而考，为真实而教，为真实而学。"为真实而考"的典型例子就是第一章提到的PISA，其指向测试学生解决问题的能力，无论是阅读、科学和数学，所有试题都联系了一个真实情境。"为真实而教"就是要创设真实的问题情境，调动学生生活体验，建构完整思维流，培养解决真实问题的专家素养。通过真实问题情境为学生的学习创造一个遵循思维规律、符合真实的学习过程。"为真实而学"是真实性教育的目标，就是要将学生培养成一个自觉的终身问题解决者。"为真实而学"能激发学生学习的动机，通过探究、发现、调查等活动给予学生成为学习主体的机会，增强学生的创造能力和元认知能力，有利于他们成长为自觉的终身问题解决者。纵观当前世界范围内悄然兴起的真实性教育浪潮，大部分都是围绕真实性问题的跨学科课程和项目。例如，艾奥瓦大学开展的"大概念"课程由天文学、化学、生物、地球学、人类学等不同学科教师组成团队，利用专题式课程设计来鼓励学生从跨学科角度考虑复杂问题。发现他们对新领域的兴趣，培养他们的专家思维。又如，英国为11~14岁学生开设了"设计与技术"必修科目，要求学生解决真实情境中与技术关联的设计问题。[①] 培养应用意识必须挖掘真实情境的价值，让学生认识真实世界，解决真实问题。在跨学科主题活动或项目式学习活动中，学生将获得更丰富、更接近真实世界的体验，体验数学在其他学科中的应用。所

---

① 洪俊，刘微. 跨学科统整：国家课程的校本化实施［M］. 上海：华东师范大学出版社，2020：20—22.

以，跨学科主题活动或项目式学习是发展学生应用意识的重要途径。

【思考与讨论】

请扫描二维码完成习题。

第三章 基于核心素养的小学数学课程内容变化

【本章要点】

1. 《义务教育数学课程标准（2022年版）》将小学划分为三个学段，并保持四大领域不变。三个学段依次为第一学段（1~2年级）、第二学段（3~4年级）、第三学段（5~6年级）；四大领域即数与代数、图形与几何、统计与概率和综合与实践。但是对各领域下属的主题内容进行了增加、删除，以及跨领域整合等相应结构化调整。

2. 数与代数领域整合为"数与运算"和"数量关系"两个主题。其中，将"探索规律""式与方程"和"正比例"等内容整合到"数量关系"主题；将"百分数"作为统计量整合到统计与概率领域；将"常见的量"整合到综合与实践领域；将"反比例"调整到初中阶段。

3. 图形与几何领域整合为"图形的认识与测量"和"图形的位置与运动"两个主题。其中，将"图形的位置"内容整合到综合与实践领域；在第二学段增加"会用尺规作一条线段等于已知线段"，在第三学段增加"会用尺规作三角形"。

4. 统计与概率领域整合为"数据分类""数据的收集、整理与表达""随机现象发生的可能性"三个主题。其中，将"百分数"整合到第三学段"数据的收集、整理与表达"主题中，突出其统计意义。

5. 综合与实践领域强调解决实际问题和跨学科的主题学习，将数与代数领域和图形与几何领域的部分内容调整到综合与实践领域，整合为"融入数学知识学习""应用数学知识"和"跨学科知识实践"三个主题活动。

【框架导读】

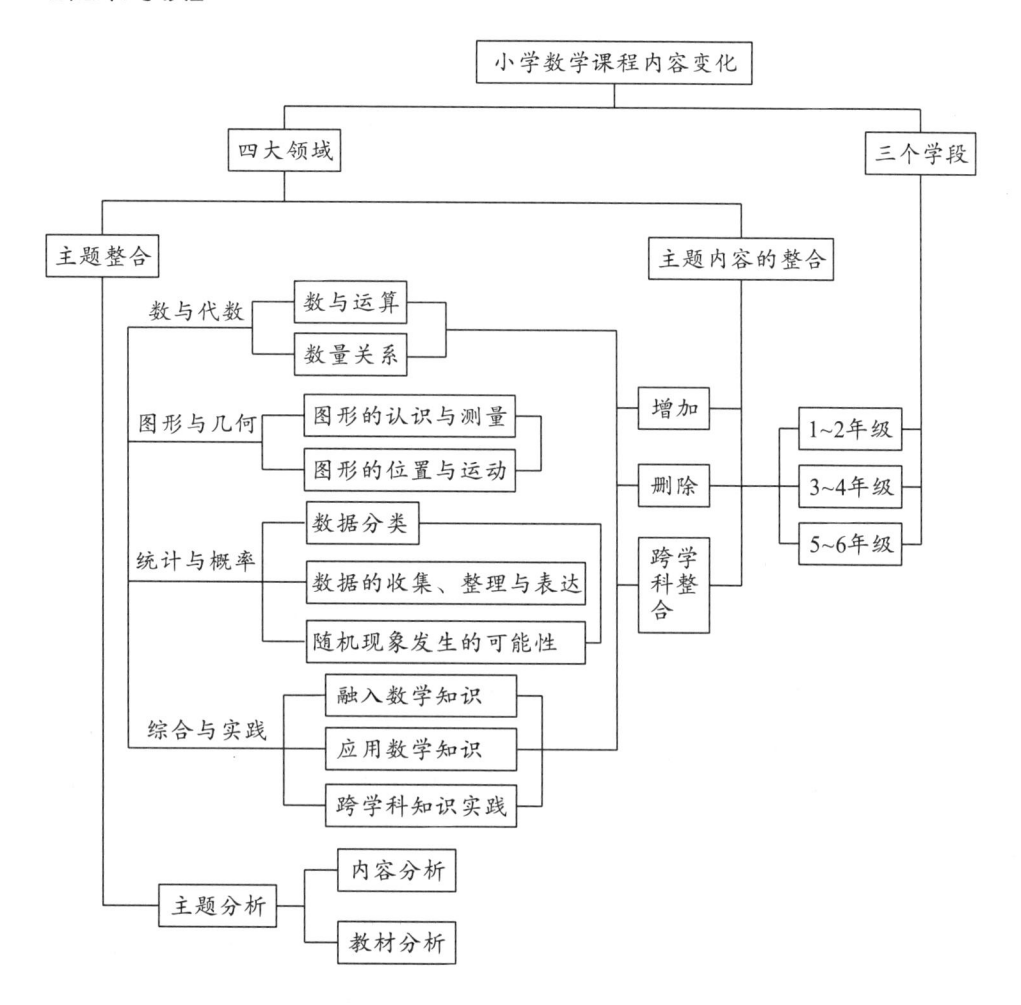

```
                      小学数学课程内容变化
                    ┌──────────┴──────────┐
                  四大领域                三个学段
         ┌──────────┤                    │
       主题整合              主题内容的整合
         │   数与代数 ── 数与运算
         │            └─ 数量关系
         │                                增加          1~2年级
         │   图形与几何 ─ 图形的认识与测量
         │              └ 图形的位置与运动   删除          3~4年级
         │   统计与概率 ─ 数据分类
         │              ├ 数据的收集、整理与表达   跨学科整合   5~6年级
         │              └ 随机现象发生的可能性
         │   综合与实践 ─ 融入数学知识
         │              ├ 应用数学知识
         │              └ 跨学科知识实践
         └─ 主题分析 ─ 内容分析
                     └ 教材分析
```

第一节　课程内容结构化变化

一、课程内容结构化

《2022年版数学课标》更新的基本思路与《2011年版数学课标》相比较，重点是对内容进行结构化整合，探索发展学生核心素养的路径。具体表现为两个方面：一是对小学原有的两个学段进行调整并细化为三个学段；二是在知识内容划分上依然沿用了《全日制义务教育数学课程标准（实验稿）》整合的四个领域，即数与代数、图形与几何、统计与概率和综合与实践。但是，《2022年版数学课标》对各领域下属的主题进行了增删和跨领域整合等相应结构化调整，以便课程实施者和学生更好地理解学科本质和相应数学核心素养的培养。

在《2011年版数学课标》中，将小学阶段分为两个学段：1~3年级为第一学段，4~6年级为第二学段。而在《2022年版数学课标》中，将小学阶段进一步细分为三个学段：1~2年级为第一学段，3~4年级为第二学段，5~6年级为第三学段。相应地，各学段的主题变化较大，主要表现在两个方面：主题整合、主题所包含内容的增删和调整。以下将对小学各学段各领域的主题变化进行重点分析。

二、课程内容结构化在四大领域的体现

（一）数与代数领域

1. 主题整合

在《2022年版数学课标》中，小学阶段数与代数领域将原来的六个主题"数的认识""数的运算""常见的量""探索规律""式与方程""正比例、反比例"整合为"数与运算"和"数量关系"两个主题。具体地，一是将"数的认识"和"数的运算"整合为"数与运算"，这样的主题整合能更好体现学科内容的本质，有助于从整体上理解数与运算，体现数的概念和运算的一致性，为学生从整体上把握和理解数学知识与方法，形成数感、符号意识、推理意识等核心素养提供条件。二是将"探索规律""式与方程"（"方程"调整到初中阶段）和"正比例、反比例"（"反比例"调整到初中阶段）整合到"数量关系"。主要内容包含运用四则运算的意义解决实际问题，理解和运用常见的数量关系解决问题，从数量关系的角度理解字母表示数、比和比例等内容，旨在突出问题解决的内容和问题解决能力的培养。

2. 主题内容的调整

在《2022年版数学课标》中，一是将"常见的量"调整到综合与实践领域，常见的量主要包括时间单位、货币单位和质量单位等，主要运用于解决现实问题的活动中，这样的安排顺理成章，并且有助于体现跨学科主题学习的课程设计；二是将"用字母表示数"由原来"数的认识"调整到"数量关系"，并且加强了这部分内容，以便更好地运用符号表示数量关系和一般规律，发展学生的符号意识；三是将"百分数"主题整合到统计与概率领域，凸显百分数的统计意义，有助于学生数据意识和应用意识的形成。

（二）图形与几何领域

1. 主题整合

在《2022年版数学课标》中，小学阶段图形与几何领域将原来的四个主题整合为现在的两个，即将"图形的认识""测量"整合为"图形的认识与测量"，贯穿三个学段的学习，二者无法完全分割。例如，认识长方形的面积，可以用摆满面积单位（边长为1cm的小正方形）来测量，这与长方形的四个角都是直角有关；将"图形的运动""图形的位置"整合为"图形的位置与运动"，在第二、三学段学习。这样的主题整合更加

凸显各主题之间的紧密联系，有助于学生更好地理解。

2. 主题内容的调整

在《2022年版数学课标》中，对各主题包含内容的调整相对较少。一是将《2011年版数学课标》的"图形的位置"主题包含的内容"会用上、下、左、右、前、后描述现实生活中物体的相对位置""会用东、南、西、北描述物体所在的方向"整合到综合与实践领域，有助于学生结合实际情境描述物体的位置，增强空间观念和应用意识；二是增加内容"会用直尺和圆规作一条线段等于已知线段"，借助尺规作图，感受线段长度的可加性，理解三角形的周长；三是增加"会用直尺和圆规作三角形，探索并说明三角形任意两边之和大于第三边的道理"，增加尺规作图，有助于学生几何直观、空间想象和推理意识的形成。

（三）统计与概率领域

1. 主题整合

在《2022年版数学课标》中，小学阶段统计与概率领域在各学段明确了三个主题，由第一学段到第三学段依次是"数据分类""数据的收集、整理与表达""随机现象发生的可能性"。具体地，第一学段明确提出"数据分类"主题，强调从事物的分类过渡到数据的分类。事物的分类本质上属于数据的整理，其为后面学段进行数据的收集奠定了基础。第二、三学段将"简单数据统计过程"修改为"数据的收集、整理与表达"，体现统计的学习重点是数据分析；保留了原主题"随机现象发生的可能性"作为第三个主题，侧重定性研究随机现象发生的可能性。

2. 主题内容的调整

在《2022年版数学课标》中，比较典型的是将《2011年版数学课标》中数与代数领域"数的认识"和"数的运算"两个主题所包含的百分数内容，作为统计量突出百分数的统计意义，整合到小学阶段统计与概率领域的"数据的收集、整理与表达"主题中，更有助于学生数据意识、应用意识和推理意识的形成。同时，百分数更多地应用于对随机量的表达，如命中率、中奖概率和玩游戏获胜的概率等，有助于学生感受数据的随机性，为后续学习概率奠定基础。

（四）综合与实践领域

1. 主题整合

在《2022年版数学课标》中，小学阶段综合与实践领域虽然不存在主题整合上的问题，但强调解决实际问题和跨学科的主题学习。主题活动主要包含两类：一是融入数学知识学习和运用数学知识的主题活动，二是和其他学科知识的主题活动。在主题活动中，要让学生经历发现问题、提出问题、分析问题和解决问题的过程，感悟数学知识之间、数学与其他学科知识之间的联系。相应地，主题活动主要包含三个方面的学习内容，即融入数学知识学习的内容、运用数学知识的内容和凸显跨学科实践的内容。

2. 主题内容的调整

在《2022年版数学课标》中，综合与实践领域主题所包含内容的调整，主要涉及《2011年版数学课标》中有关运用所学数学知识解决实际问题的相应内容的调整，并以主题活动的形式呈现。一是数与代数领域的"常见的量、负数"等内容，调整到综合与实践领域，有助于在学生的数学实践、探究活动中实施相应教学建议，达成学业要求；二是图形与几何领域的"会用上下、左右、前后描述现实生活中物体的相对位置""会用东、南、西、北描述物体所在的方向""测量步长，利用步长估测教室的面积""认识东北、西北、东南、西南四个方向"等内容，整合到综合与实践领域，有助于积累活动经验，感悟思想方法，发展学生的量感、应用意识、创新意识，提高学生解决实际问题的能力。

第二节 数与代数领域内容变化及主题分析

一、数与代数领域内容的变化

（一）数与代数领域内容的结构化整合

依据《2022年版数学课标》提出的"对内容进行结构化整合，探索发展学生核心素养的路径"的理念，小学阶段数与代数领域通过主题整合的方式实现内容结构化。内容结构化不只是形式上的变化，更是从学科本质和学生学习视角对相关内容的统整，更好地体现了学科内容的本质特征和学生学习的需要。[①] 内容结构化主要体现在主题的重整上，整合后小学各学段数与代数领域包含"数与运算"和"数量关系"两个主题，具体内容见表3-1。

表3-1 小学各学段数与代数领域的内容结构

学段	主题	
	数与运算	数量关系
第一学段	整数（万以内数）的意义、比较大小、理解算理和算法及会整数加减法和简单的乘除法	运用数和数的运算解决简单的实际问题，用数或符号表达变化规律

[①] 史宁中，曹一鸣.《义务教育数学课程标准（2022年版）》解读［M］.北京：北京师范大学出版社，2022：117.

续表

学段	主题	
	数与运算	数量关系
第二学段	整数（万以上数）的意义、计数法、多位数乘除法及整数四则混合运算；初步认识小数和分数，同分母分数的加减法和一位小数的加减法；理解运算律，用字母表示运算律	运用数和数的运算、借助计算器计算、利用常见数量关系解决简单的实际问题，对结果作出解释及探索简单的规律；选择合适的单位进行估算；等量的等量相等
第三学段	倍数和最小公倍数、因数和最大公因数，奇偶数、质数（素数）和合数；小数和分数的意义及其互化，整数除法与分数除法的关系，简单的小数、分数四则运算和混合运算	具体问题中感受等式的基本性质，选择合适的方法进行估算，用字母表示事物的关系、性质和规律，描述成正比的量的规律或变化趋势；运用比和比例、常见数量关系解决简单的实际问题

两个主题按照知识系统的扩展安排，从"数与运算"到"数量关系"形成了一个连贯的体系，从第一学段到第三学段呈现数学知识由浅入深、由表及里、层层递进的螺旋上升排布方式，构成了相对系统的知识结构。"数与运算"主要包括整数、小数和分数的认识及其运算的相关知识；"数量关系"主要是运用相应知识解决实际问题和探索规律。这样的安排，一方面可以让学生掌握系统的知识技能；另一方面，这一连贯的体系让学生学会在具体情境中从数学的角度发现和提出问题，探索事物的变化规律，并能从不同角度分析和寻求解决问题的方法，最后解决问题。这有助于提升数感、符号意识、模型观念，形成和发展抽象能力、运算能力、推理能力及初步的应用意识与创新意识。[①]

内容结构化的本质是将具有相同属性的内容整合到一起，体现知识的整体性和一致性。整体性以主题的形式呈现。例如，将数与代数领域原来的六个主题"数的认识""数的运算""常见的量""探索规律""式与方程"和"正比例、反比例"整合为两个主题"数与运算"和"数量关系"，是从学科本质和学习者的视角对相关内容的统整，有利于学生对相关主题的核心概念和学习内容的理解和迁移，有助于学生核心素养的培养。"数量关系"主题的整合，同样体现知识的整体性。

在"数与运算"主题下，"数的认识"在不同学段的内容要求表现出一致性。"数的认识"从整数的认识开始，学生在第一学段认识万以内的数，理解数位的含义；在第二学段扩展到认识万以上的数，进一步认识十进制计数法，以及初步认识小数和分数，学习分数单位；第三学段探索并理解小数和分数的意义，感悟分数单位。数的认识重点在于数的意义和表示。整数认识的关键是数位，通常采用十进制计数法，小数的表示和整数相似，采用十分位、百分位等，分数的大小由分数单位决定，而小数是特殊的十进制分数。它们在第三学段统一用"计数单位"表示，大小用"数量+计数单位"表示，体现了数的认识的一致性。

相应地，"数的运算"表现出一致性。第一学段主要是整数的运算，重点了解四则

---

① 史宁中，曹一鸣.《义务教育数学课程标准（2022年版）》解读［M］.北京：北京师范大学出版社，2022：117－118.

运算的意义，感悟运算之间的关系，探索加法和减法、乘法和除法的算理与算法。算理是进行相应运算的依据，体现四则运算的意义。具体运算过程根据整数的意义是相同数位上的数相加减和乘除，其体现算法。第二学段开始小数和分数的初步认识，要求会同分母分数的加减法和一位小数的加减法，以及理解四则运算的意义，进行整数四则混合运算，运用运算律。第二学段是对第一学段学习算理和算法的拓展。第三学段认识小数和分数的意义，要求能进行简单的小数、分数四则运算和混合运算，感悟运算的一致性。整数、小数和分数的四则运算本质上是相同计数单位上的数的加减乘除运算。

（二）数与代数领域内容变化在各学段的表现

内容结构化以主题整合的形式呈现，这将必然会引起各领域具体内容的变化，在各学段具体表现如下。

1. 第一学段

"数与运算"要求学生认识万以内的数及其运算，并做好从幼儿园阶段到小学阶段的学习过渡。因此，在第一学段"数的认识"教学应充分考虑学生在幼儿园阶段形成的活动经验，遵循本阶段学生的思维特征和认知规律，为学生提供生动有趣的活动，运用数和运算的知识解决实际问题；"数量关系"将"常见的量"整合到综合与实践领域。同时，增加核心素养方面的要求，帮助学生形成初步的符号意识、数感、运算能力、模型意识、推理意识和应用意识等。具体地，在内容变化上既有增加的内容，也有整合到其他领域的内容。

（1）数与代数领域增加的内容。

①"感悟运算之间的关系"。

- 《2011年版数学课标》【数的运算】1. 结合具体情境，体会整数四则运算的意义。
- 《2022年版数学课标》【数与运算】（3）在具体情境中，了解四则运算的意义，感悟运算之间的关系。

在四则运算的意义学习基础之上，增加"感悟运算之间的关系"，主要针对在具体问题情境让学生经历用图形表示数量关系的过程，理解乘法运算以及乘法和加法的关系。强调对加法和乘法的感悟，有利于学生形成初步的模型意识。

②"通过数的大小比较，感悟相等和不相等关系"。

- 《2011年版数学课标》【数的认识】3. 理解符号<，=，>的含义，能用符号和词语描述万以内数的大小。
- 《2022年版数学课标》【数与运算】（2）了解符号<，=，>的含义，会比较万以内数的大小；通过数的大小比较，感悟相等和不相等关系。

在了解大于、等于和小于符号的含义，以及进行万以内数的大小比较基础之上，增加"通过数的大小比较，感悟相等和不相等关系"，强调让学生感悟数的两个基本关系（相等和不相等）以及大小关系的传递性，为学生将来理解代数基本事实作感性铺垫。

（2）数与代数领域整合的内容。

将《2011年版数学课标》数与代数领域的"常见的量"主题包含的内容整合到《2022年版数学课标》综合与实践领域，并以主题活动的方式学习。

- 在现实情境中，认识元、角、分，并了解它们之间的关系。
- 能认识钟表，了解24小时计时法；结合自己的生活经验，体验时间的长短。
- 认识年、月、日，了解它们之间的关系。
- 在现实情境中，感受并认识克、千克、吨，能进行简单的单位换算。
- 能结合生活实际，解决与常见的量有关的简单问题。

2. 第二学段

第二学段整合了《2011年版数学课标》第一学段和第二学段的部分内容。"数与运算"包括整数、小数和分数的认识与运算，运算律等内容。"数量关系"的内容有所增加，将"估算"作为问题解决整合进来。两个主题都增加了核心素养的要求，主要是形成数感、运算能力和初步的模型意识、推理意识和应用意识等。

（1）数与代数领域增加的内容。

① "感悟从未知到已知的转化"。

- 《2011年版数学课标》【数的运算】3. 能计算两位数乘两位数的乘法……
- 《2022年版数学课标》【数与运算】（1）探索并掌握多位数的乘除法，感悟从未知到已知的转化。

在知道两位数乘一位数的基础上，引导学生探索两位数乘两位数的方法，增加"感悟从未知到已知的转化"。重点是理解从一位数乘法到两位数乘法算理和算法的迁移，引导学生从未知转化到已知的过程，有助于培养运算能力和推理意识。

② "感悟分数单位"。

- 《2011年版数学课标》【数的认识】5. 能结合具体情境，初步认识小数和分数，能读、写小数和分数。
- 《2022年版数学课标》【数与运算】（2）结合具体情境，初步认识小数和分数，感悟分数单位。

初步认识分数后，把两个同样大小的圆平均分成不同的若干份（2份和3份），通过各自取1份面积大小的方法，引导学生直观比较分数的大小（异分母分数）。进一步将这两个圆都平均分成6份，化为同分母分数直接比大小，帮助学生理解分数单位之间的关系，只有在相同单位下才能直接比大小。强调分数单位在理解和表示分数时的作用。

③ "总量＝分量＋分量"。

- 《2011年版数学课标》【数的运算】7. 在具体情境中，了解常见的数量关系：总价＝单价×数量、路程＝速度×时间，并能解决简单的实际问题。
- 《2022年版数学课标》【数量关系】（3）在具体情境中，认识常见数量关系：总价＝单价×数量、路程＝速度×时间、总量＝分量＋分量；能利用这些关系解决简单的实际问题。

在两个常见数量关系的基础上增加"总量＝分量+分量",形成三个常见数量关系。这三个数量关系本质上体现了数学的模型思想,突出让学生在真实情境中发现常见数量关系,并利用其解决简单的实际问题,培养模型意识、应用意识,提高解决问题的能力。

(2) 数与代数领域删除的内容。

《2011年版数学课标》第一学段数与代数领域"数的运算"主题第5条内容"会进行同分母分数(分母小于10)的加减运算以及一位小数的加减运算"中,删除"分母小于10"的规定,将"会进行同分母分数的加减运算以及一位小数的加减运算"作为《2022年版数学课标》第二学段数与代数领域"数与运算"主题的第2条内容。

(3) 数与代数领域整合的内容。

主要是对《2011年版数学课标》部分整合到《2022年版数学课标》中的内容描述进行如下修改,突出相应调整目的。

- "会应用运算律进行一些简单运算"改为"能用字母表示运算律",突出运算律作为运算性质的一般表述。
- "了解等量关系,并能用字母表示"改为"了解等量的等量相等",尝试运用这一基本事实进行推理,形成初步的推理意识。
- "结合具体情境,体会整数四则运算的意义"改为"在解决简单实际问题的过程中,理解四则运算的意义,能进行整数四则混合运算",强调在解决问题的过程中获得对四则运算的理解和运用。

3. 第三学段

第三学段将《2011年版数学课标》第二学段的内容进行了增删和整合,主要目的是做好小学阶段与初中阶段的衔接。删除简易方程内容,要求感悟通过字母运算和推理得到结论具有一致性;删除了反比例,将其调整到初中阶段,保留了探索规律或变化趋势。同样,增加核心素养方面的要求,主要是通过小数和分数的意义及四则运算和混合运算的学习,进一步发展数感和符号意识、运算能力、推理意识和应用意识,逐步形成模型意识和几何直观,提高解决问题的能力。

(1) 数与代数领域增加的内容。

① "探索小数和分数的意义"和"感悟计数单位"。

- 《2011年版数学课标》【数的认识】7. 结合具体情境,理解小数和分数的意义,理解……
- 《2022年版数学课标》【数与运算】(2)结合具体情境探索并理解小数和分数的意义,感悟计数单位。

在"理解小数和分数的意义"的基础上,增加了"探索小数和分数的意义"和"感悟计数单位"的内容,强调对计数单位的理解以及发展数感和符号意识。

② "结合具体情境理解整数除法与分数的关系"。

在《2022年版数学课标》中增加"结合具体情境理解整数除法与分数的关系",有助于学生理解分数的意义。

③ "感悟运算的一致性,发展运算能力和推理意识"。

- 《2011年版数学课标》【数的运算】5. 能分别进行简单的小数和分数（不含带分数）的加、减、乘、除运算和混合运算。
- 《2022年版数学课标》【数与运算】(4) 能进行简单的小数、分数四则运算和混合运算，感悟运算的一致性，发展运算能力和推理意识。

小数和分数"运算的一致性"主要体现在"计数单位"，即小数的表达使用位值制，分数表达的基本方式是分数单位，二者都可以用"数字+计数单位"的方式来表示。在进行简单的小数和分数的四则运算与混合运算学习的基础上，让学生感悟"计数单位"的表达是算理和算法的基础，强调理解整数、小数和分数运算的一致性。

(2) 数与代数领域删除的内容。

在"进行简单的小数、分数（不含带分数）四则运算"中删除"不含带分数"的规定。另外，删除"简易方程"和"反比例"的内容，将该部分内容移到初中阶段。

(3) 数与代数领域整合的内容。

将"百分数"整合到统计与概率领域的"数据的收集、整理与表达"主题中，突出百分数的统计意义。

二、数与代数领域的主题分析

（一）数与运算

1. 内容分析

"数与运算"主题由"数的认识"和"数的运算"两部分构成，是小学阶段涉及内容最多、学习时间最长的主题。学习内容主要包含整数、小数和分数的认识及其运算。核心概念主要有位值制、计数单位、相加、相等和运算律。[1] 其中，在位值制中，数是由"数字符号+数位"的表达，不同数位上的数字表示不同的数值。计数单位则是数的表达更为一般的概念，整数和小数的计数单位是十进制，分数的计数单位是分数单位。计数单位也是运算的核心概念，如加减运算就是相同计数单位上的数的"累加"。相加也是数的运算的核心概念，这是因为加法是一切初等运算的基础，减法、乘法等所有运算都可以从"相加"推演。相等是运算的一个基本逻辑，既可以表示运算的结果，又可以表示一种相等关系。当表示等量关系时，相等是"数的运算"和"数量关系"主题共同的核心概念。运算律是计算过程的算理依据。

"数与运算"的关键内容主要包含20以内数的认识、十进制计数法、分数的意义、加法的认识、20以内的加减法、乘法的认识、两位数加减法、两位数除法、运算律、异分母分数加减法、小数除法、分数除法。[2] 并在小学数学教材中以单元的形式针对相

---

[1] 史宁中，曹一鸣.《义务教育数学课程标准（2022年版）》解读 [M]. 北京：北京师范大学出版社，2022：134-135.

[2] 史宁中，曹一鸣.《义务教育数学课程标准（2022年版）》解读 [M]. 北京：北京师范大学出版社，2022：135-136.

应年级编排，有助于相应知识的教学和核心素养的达成。

2. 教材分析

以现行北师大版数学教材为例，对"数与运算"主题在教材中的呈现做进一步分析，见表3-2。

表3-2 "数与运算"主题的教材内容

学段	单元	主要内容
第一学段	一（上）	生活中的数、比较、加与减（一）、加与减（二）	10以内数的认识、大小比较，10以内的加减，20以内的加减（不退位减法）
	一（下）	加与减（一）、生活中的数、加与减（二）、加与减（三）	十几减几的退位减法，100以内数的读写及大小比较，100以内不进位/不退位加减法，100以内的进位加法和退位减法
	二（上）	加与减、数一数与乘法、2~5的乘法口诀、分一分与除法、6~10的乘法口诀、除法	100以内的连加连减以及加减混合运算，认识乘法，除法的意义和除法算式，倍的认识，利用乘法口诀求商
	二（下）	除法、生活中的大数、加与减	有余数的除法竖式（两位数除以一位数），万以内数的认识与比较，三位数加减法
第二学段	三（上）	混合运算、加与减、乘与除、乘法、认识小数	乘加乘减、除加除减、带小括号等，三个数连加减、结合律和交换律，口算乘除法（整十/百/千乘除以一位数→两位数乘除以一位数），两位/三位数乘一位数（不进位→一次进位→连续进位），小数的认识及其加减法（不进位/不退位→进位/退位）
	三（下）	除法、乘法、认识分数	两位/三位数除以一位数，连除/乘除等，两位数乘整十数/两位数（不进位→进位），认识分数及大小比较（同分母）、加减法
	四（上）	认识更大的数、乘法、运算律、除法	万以上数的认识与比较，三位数乘两位数等，交换律、结合律、分配律等，三位数除以两位数等
	四（下）	小数的意义和加减法、小数乘法	小数的意义、比大小、加减法等，小数乘整数、小数乘小数
第三学段	五（上）	小数除法、倍数与因数、分数的意义	除数是整数/小数，找倍数/因数（认识质数/合数），真分数与假分数、分数与除法的关系、分数的基本性质
	五（下）	分数加减法、分数乘法、分数除法	异分母分数加减及混合运算等，分数乘整数（分数）、倒数的认识，分数除以整数、除数是分数
	六（上）	分数混合运算	括号的作用，乘法结合律，分配律（用字母表示运算律）

对于"数的认识"，在第一学段先学习万以内的数，在教材中又进一步细分为在一年级陆续认识10以内、20以内、100以内的数。尤其是20以内数的认识，数位是关键的概念，以及十进制计数法的引入，为后续学习更大的数奠定基础。第二学段初步认识小学和分数，以及认识万以上的大数，在教材中进一步编排在三年级、四年级学习。初

步认识小数，是对整数认识的拓展，数位对小数的读写同样重要，小数同样采用十进制，如十分位、百分位；分数则采用分数单位，在五年级学习中将分数单位与数位统一到计数单位来认识。在教材中同样体现了数的认识的一致性。

"数的运算"与"数的认识"一致。在一年级陆续学习10以内、20以内、100以内数的简单运算，尤其是20以内数的加减法是核心，对于学生理解算理、掌握算法非常重要。例如，加法运算是相同数位上的数的累加，这对减法、乘法和除法运算同样适用。在二年级学习100以内连加连减运算及加减混合运算，是对20以内数的四则运算的拓展。同样，二年级学习乘法、两位数除法，四年级学习运算律，五年级学习异分母分数加减法、小数除法、分数除法等，都是对20以内数的运算的拓展，其核心是理解算理、掌握算法，本质上都是相同计数单位上的数的四则运算。

（二）数量关系

1. 内容分析

"数量关系"主题重点在于用数和符号对现实情境中数量之间的关系和规律的表达，也就是用数学模型解决现实情境中的问题。主要包含用四则运算的意义解决实际问题，理解和运用常见数量关系解决问题，用字母表示数、比和比例等内容。核心概念有加法模型和乘法模型、相等、比。其中，加法模型和乘法模型在小学阶段可以归纳为"总量＝分量＋分量""总价＝单价×数量"以及"路程＝速度×时间"三种常见的数量关系。运用模型解决问题时的基本思路就是寻找数量之间的相等关系。比是一种特殊的数量关系，是两个数量之间倍数关系的表达。

"数量关系"主题的关键内容和"数与运算"密切相关，主要包含加减法的认识、加减法的实际问题，乘除法的实际问题、"路程＝速度×时间"的理解与运用，加法和乘法混合运算问题，用字母表示关系、比的认识等。[1]

2. 教材分析

在现行北师大版数学教材中，"数量关系"主题包含的内容贯穿小学阶段的学习。"数与运算"主题包含的有关运用四则运算的意义和四则混合运算解决实际问题、运算律的内容，同时属于"数量关系"主题的学习内容。

认识方程的内容原本安排在三年级下册学习，但在新课标中将方程的内容调整到初中阶段，保留了用字母表示数的内容。小学阶段要求学生能够在具体情境中用字母表示数。用字母表示数是发展数感与符号意识的重要过程，体现了一定的代数思维，这为学生在六年级学习用字母表示关系奠定了基础。

第三学段比的认识、比例和正比例等内容安排在六年级学习。比是对两个数量的倍数关系的表达，也是一种数量关系，小学阶段只涉及成正比例的量。建议成正比例的教学

---

[1] 史宁中，曹一鸣.《义务教育数学课程标准（2022年版）》解读［M］. 北京：北京师范大学出版社，2022：139.

要在具体情境中呈现两个成正比例的量的变化规律，引导学生理解把规律表示为 $\frac{y}{x}=k$，$y=kx$ 两种形式，感悟这两个表达式的共性和差异。而现行教材中的反比例内容被调整到了初中阶段。

第三节　图形与几何领域内容变化及主题分析

一、图形与几何领域内容变化

（一）图形与几何领域内容的结构化整合

依据《2022年版数学课标》提出的"对内容进行结构化整合，探索发展学生核心素养的路径"理念，小学阶段图形与几何领域通过主题整合的方式实现内容结构化，主要体现在内容主题的重整上，重整后包含"图形的认识与测量"和"图形的位置与运动"两个主题具体内容见表3-3。

表3-3　小学各学段图形与几何领域的内容结构

学段	主题	
	图形的认识与测量	图形的位置与运动
第一学段	认识简单的立体图形和平面图形；认识长度单位米、厘米；估测并测量物体的长度	
第二学段	认识线段、射线和直线；认识长度单位千米、分米和毫米，认识面积单位平方厘米、平方分米、平方米；认识角和用量角器测量；估测并测量物体的长度和面积；认识三角形和四边形及其分类；认识周长和面积以及长（正）方形周长和面积的计算公式	图形的平移、旋转和轴对称现象
第三学段	三角形的性质与内角和、平行四边形、三角形和梯形的面积计算公式；尺规作图描述圆和扇形的特征，以及圆的周长和面积计算公式；长方体、正方体和圆柱的特征、展开图及其表面积和体积的计算，以及圆锥的特征和体积计算公式；不规则物体的面积估计和体积测量	确定物体的位置及用有序数对表示点的位置；图形按比例放大和缩小、简单平移和旋转（借助方格纸）；轴对称图形和对称轴

（二）图形与几何领域内容变化在各学段的表现

主题变化必然会引起相应内容的变化，内容变化在各学段的主要表现如下。

1. 第一学段图形与几何领域整合的内容

第一学段主要是"图形的认识与测量"主题内容，没有对原有内容进行增加或删除，只是将《2011年版数学课标》"图形的认识"包含的相关内容整合到第二学段；"图形的位置与运动"主题内容在第一学段没有编排，而是将原来主题"图形的位置"

和"图形的认识"包含的相关内容调整到后面两个学段,并跨领域整合到综合与实践领域。这样的内容编排和调整目的主要是做好学生从幼儿园到小学阶段的学习过渡。

> 《2011年版数学课标》的内容,调整到第二学段:
> 【图形的认识】2. 能根据具体事物、照片或直观图辨认从不同角度观察到的简单物体。6. 结合生活情境认识角,了解直角、锐角和钝角。
> 【测量】4. 结合实例认识周长,并能测量简单图形的周长,探索并掌握长方形、正方形的周长公式。5. 结合实例认识面积,体会并认识面积单位平方厘米、平方分米、平方米,能进行简单的单位换算。6. 探索并掌握长方形、正方形的面积公式,会估计给定简单图形的面积。
> 整合到综合与实践领域:
> 【图形的位置与运动】1. 会用上下左右前后描述现实生活中物体的相对位置。2. 给定东南西北四个方向中的一个方向,能辨认其余三个方向。

2. 第二学段图形与几何领域的内容变化

(1) 图形与几何领域增加的内容。

在认识了线段、射线和直线以及知道两点之间线段最短的结论之后,《2022年版数学课标》要求学生运用尺规作出一条与给定线段长度相等的线段。其目的之一是通过具体几何作图方法,引导学生将三角形的三边画到一条直线上,感知线段长度的可加性,理解三角形的周长;目的之二是引导学生发挥想象力,探究线段长度与两点之间的距离关系,用尺规构建其他可以实现的图形。例如,引导学生自主作出一个给定长度的等边三角形。

(2) 图形与几何领域整合的内容。

《2022年版数学课标》将"认识东北、西北、东南、西南四个方向"整合到综合与实践领域。这些内容与现实生活紧密相关,新课标调整其所在领域,一方面有助于综合与实践领域内容教学的实施,另一方面也有助于发展学生的核心素养。

3. 第三学段图形与几何领域增加的内容

> • 《2011年版数学课标》【图形的认识】6. 了解三角形任意两边之和大于第三边,三角形内角和是180°。
> • 《2022年版数学课标》【图形的认识与测量】(1) 知道三角形任意两边之和大于第三边,知道三角形内角和是180°。

《2022版数学课标》要求学生会用直尺和圆规作三角形,探索三角形的任意两边之和大于第三边的道理。对于三角形的三边关系定理"三角形任意两边之和大于第三边",在《2022年版数学课标》的内容要求是"知道",学业要求是"探索并说明道理",并且在课例32中描述为"用直尺和圆规作三角形直观感受"。其目的是引导学生在操作中发现一般规律,用"两点之间线段最短"这一基本事实来论证,形成推理意识。

二、图形与几何领域主题分析

（一）图形的认识与测量

1. 内容分析

"图形的认识与测量"主题包含图形的认识和图形的测量两部分内容，见表3-4。图形的认识重点是图形特征的探索与描述，图形的测量是对图形大小的度量，二者无法完全分割。对图形特征的把握直接影响图形测量的学习，测量是反映其大小的重要方式。

表3-4 "图形的认识与测量"在各学段的内容分析

学段	图形的认识与测量
第一学段	通过实物和模型辨认简单的立体图形和平面图形，能对图形分类；结合生活实际，体会建立统一度量单位的重要性，认识米、厘米，能进行简单的估测和测量等
第二学段	认识线段、射线和直线，认识角，认识三角形和四边形；认识千米，知道分米、毫米；认识平方厘米、平方分米、平方米，能进行简单的单位换算；结合实例认识周长和面积；探索并掌握长方形、正方形的周长和面积的计算公式等
第三学段	认识圆和扇形，长方体、正方体、圆柱和圆锥；知道面积单位平方千米、公顷，体积（或容积）单位立方米、立方分米、立方厘米，以及容积单位升、毫升；探索并掌握平行四边形、三角形和梯形的面积计算公式，圆的周长和面积计算公式，以及长方体、正方体、圆柱和圆锥体积的计算公式，能解决简单的实际问题等

2. 教材分析

以现行北师大版数学教材为例，对"图形的认识与测量"主题在教材中的呈现做进一步分析（以下对教材的分类不是绝对的，可以根据不同的逻辑架构对个别同时涉及两个主题的内容进行不同方法的分类），见表3-5。

表3-5 "图形的认识与测量"主题的教材内容

学段	单元		主要内容
第一学段	一（上）	认识图形	认识长方体、正方体、圆柱和球
	一（下）	有趣的图形	初步认识认识长方形、正方形、三角形和圆
	二（上）	测量	厘米、米的认识，简单的估测和测量
	二（下）	测量、认识图形	认识分米、毫米、千米，简单单位换算，比大小；初步认识角，辨认直角、锐角和钝角；了解长方形特征；直观认识平行四边形

续表

学段	单元	主要内容
第二学段	三（上）周长	认识周长，多边形周长的计算，长（正）方形周长的计算
	三（下）面积	认识面积，面积单位及换算，长、正方形的面积计算
	四（上）线与角	认识线段、射线和直线；平行线；相交与垂直；角的再认识，认识平角与周角
	四（下）认识三角形和四边形	图形的分类，三角形的分类，探索发现三角形、四边形内角和，探索发现三角形边的关系，四边形的分类
第三学段	五（上）多边形面积、组合图形的面积	拼、凑、移、补比较图形面积，认识底和高，探索平行四边形面积和四角形面积，分割法、添补法求面积等
	五（下）长方体（一）、长方体（二）	认识长方体，长、正方体展开图，长、正方体表面积，认识物体体积与容积，体积和容积的意义及换算
	六（上）圆	认识圆，对称性，圆的周长和面积，圆周率
	六（下）圆柱与圆锥	面的旋转，圆柱表面积和体积，圆锥体积

由表3-5可知，"图形的认识与测量"主题包含的内容在教材中主要呈现两条学习路径：一是从生活到数学，先认识立体图形的特征，再认识平面图形的特征，紧接着学习简单平面图形，最后学习立体图形，由浅入深，从整体到局部，不断拓宽学生认识图形的视野，有利于学生的学习从现实生活过渡到数学。二是先认识图形，再学习相应周长、面积和体积计算公式。具体来说，第一学段先根据实物或模型认识简单的立体图形和平面图形的特点并测量；第二学段开始学习长方形和正方形的周长和面积计算，认识线与角，认识三角形和四边形；第三学段开始学习平行四边形、三角形和梯形的面积计算，以及组合图形和不规则图形等平面图形的面积和体积计算，认识长方体、正方体和圆等立体图形并学习其周长和面积的计算，认识圆柱和圆锥等立体图形并学习圆柱表面积、圆柱和圆锥体积的计算。

（二）图形的位置与运动

1. 内容分析

"图形的位置与运动"主题内容在第一学段没有涉及，主要安排在第二、三学段。其中，图形的位置重点是用一对有序数对描述一个点的位置，图形的位置是由图形边上无数个点的坐标确定；图形的运动的关键内容是图形的平移、旋转和轴对称，运动本质是图形上点的坐标变化。所以，图形的运动与图形的位置有密切的关系。

"图形的位置与运动"主题在第二学段的主要内容是结合实例，感受平移、旋轴、对称现象。在第三学段的主要内容是能根据参考点的方向和位值确定物体的位值；能用有序数对（自然数）表示点的位置；了解比例尺；能在方格纸上进行简单的平移和旋转，认识轴对称图形和对称轴；能从平移、旋转和轴对称的角度欣赏生活中的图案等。

2. 教材分析

以现行北师大版数学教材为例，对"图形的位置与运动"主题在教材中的呈现作进一步分析，见表3-6。

表3-6 "图形的位置与运动"主题的教材内容

学段		单元	主要内容
第一学段	一（上）	位置与顺序	认识前后、上下、左右
	一（下）	观察物体	观察物体的前后、左右、上面
	二（上）	图形的变化	轴对称图形、平移
	二（下）	方向与位置	辨认东、西、南、北
第二学段	三（上）	观察物体	同一位置观察物体，相对位置观察物体，不同位置观察两个物体的相对位置
	三（下）	图形的运动	初步认识轴对称图形，平移与旋转
	四（上）	方向与位置	描述简单的路线图，用数对确定位置
	四（下）	观察物体	正面、上面和左面观察物体
第三学段	五（上）	轴对称与平移	认识、判断和画出轴对称图形，平移的性质
	五（下）	确定位置	根据参考点的方向与距离确定位置
	六（上）	观察物体	不同位置和方向观察同一物体，观察范围
	六（下）	图形运动	图形的旋转和平移，轴对称图形

根据表3-6，"图形的位置与运动"主题主要包含确定图形的位置和图形运动两个内容。图形的位置的重点是确定点的位置，图形的运动主要是通过图形的平移、旋转和轴对称等现象呈现。在《2022年版数学课标》中，第一学段没有设置"图形的位置与运动"主题内容，在现行北师大版数学教材中，在第一学段涉及了简单的认识图形的位置和平移的内容，在第二、三学段陆续从同一位置，相对位置，正面、上面和左面，以及不同位置和方向观察物体，用数对、参考点确定位置，利用平移与旋转、轴对称来描述物体的运动。

第四节 统计与概率领域内容变化及主题分析

一、统计与概率领域内容变化

（一）统计与概率领域内容的结构化整合

依据《2022年版数学课标》提出的"对内容进行结构化整合，探索发展学生核心素养的路径"的理念，小学阶段统计与概率领域通过主题整合的方式实现内容的结构化。主要体现在内容主题的重整上，重整后包括"数据分类""数据的收集、整理与表达"和"随机现象发生的可能性"三个主题，具体内容见表3-7。

表3-7 小学各学段统计与概率领域的内容结构

学段	数据分类	数据的收集、整理与表达	随机现象发生的可能性
第一学段	数据分类		
第二学段		数据的收集，统计图表达数据（条形统计图、折线统计图），统计量表达数据（平均数）	
第三学段		数据的收集，统计图表达数据（条形统计图、折线统计图和扇形统计图），统计量表达数据（百分数）	简单随机现象及其结果发生的可能性，定性分析简单随机现象发生可能性的大小

数据是统计的基本要素。第一学段"数据分类"主要是对事物的分类。一方面让学生经历和体验对身边事物的分类，感受分类的必要性；另一方面，事物分类本质上属于数据整理，为后面学习"数据的收集、整理与表达"作铺垫。"数据的收集、整理与表达"作为小学阶段的核心内容，是第二、三学段共同学习的主题，主要包括数据的收集、用统计图和统计量表达数据等。其中，百分数作为描述统计量的一种形式，既可以表达确定数据，又可以表达随机数据，如命中率、中奖概率等，当作为随机量时与第三学段"随机现象发生的可能性"建立联系。在小学阶段主要侧重对数据的定性描述与分析，以及定性研究随机现象发生的可能，培养学生的数据意识、应用意识、几何直观、推理意识等统计与概率素养。

（二）统计与概率领域内容变化在各学段的表现

《2022年版数学课标》统计与概率领域明确了各学段的主题，调整了各领域下属主题的表达方式，但是在第一学段的主题"数据分类"和第二学段的主题"数据的收集、整理与表达"都没有增加和删除的内容。最大的调整是在第三学段增加了"百分数"的内容，将其作为统计量纳入第三学段的主题"数据的收集、整理与表达"，凸显百分数的统计意义。

二、统计与概率领域主题分析

《2022年版数学课标》中统计与概率领域在小学阶段的主题主要是"数据分类""数据的收集、整理与表达"和"随机现象发生的可能性"，强调感悟数据收集、整理、表达与分析的过程，发展学生的数据意识。

（一）数据分类

1. 内容分析

将原来的"分类"改为"数据分类"，更加明确了作为收集、整理数据中的分类。

数据分类在第一学段学习，主要要求从事物分类逐步过渡到数据分类，即在一组事物中把具有相同属性的作为一类，如按照物体的颜色、大小等进行分类。分类的目的是数据化，例如，将蓝色类别变成数字"1"，红色类别变成数字"0"。这种对事物的分类体现了抽象概括的过程，也体现了产生数据的过程。

2. 教材分析

在现行北师大版数学教材中，"数据分类"是一年级上册学习的内容，主要是对学生熟悉的生活情景中实物的分类，了解分类的含义与方法，以及自己制定标准进行分类，感受分类标准的多样化，见表3-8。

表3-8 小学各学段在统计与概率领域的教材内容

学段	单元		主要内容
第一学段	一（上）	分类	分类的含义与方法，分类标准的多样化
	二（下）	调查与记录	调查收集数据，记录数据
第二学段	三（下）	数据的整理与表示	收集、整理和分析数据，画统计图表示数据
	四（上）	可能性	不确定性，分析、判断可能性的大小
	四（下）	数据的整理与表示	经历统计过程，认识条形统计图、折线统计图；平均数
第三学段	五（上）	可能性	规则公平性，初步感受数据的随机性
	五（下）	数据的表示与分析	复式条形图、复式折线统计图及其特点，平均数的再认识
	六（上）	百分数 数据处理	百分数的意义，与小数、分数互化，百分数的应用题，条形、折线、扇形统计图的特点、区别和作用，绘制三类统计图

（二）数据的收集、整理与表达

1. 内容分析

"数据收集、整理与表达"是第二、三学段学习的重要内容，收集、整理与表达数据是数据处理的主要方式。第二学段的"数据收集、整理与表达"包含的数据分类是对调查获得数据的分类。在解决问题时，学生经常需要经历调查研究，收集、整理、表达和分析数据，挖掘数据蕴含的信息，最终作出预测和决策。

2. 教材分析

在现行北师大版教材中，"数据收集、整理与表达"主题内容安排在三年级下册至六年级上册，分别在"数据的整理与表示""数据的表示与分析"和"数据处理"单元学习。第二学段主要让学生经历数据的收集和整理的过程，学会用三类统计图表示数据，用平均数反映一组数据的集中趋势，用百分数作为统计量表示一个量占另一个量的百分比。

（三）随机现象发生的可能性

在《2022年版数学课标》"内容要求"中，"随机现象发生的可能性"是在第三学段学习。在现行北师大版教材中，"随机现象发生的可能性"安排在了四年级上册和五年级上册，用来表示不确定事件发生的可能性以及初步感受数据的随机性。

第五节 综合与实践领域内容变化及主题分析

一、综合与实践领域内容变化

综合与实践领域不是在其他三大领域之外增加新的知识，而是强调数学知识的整体性和现实性，以及现实中数学知识及与其他学科知识的联系。依据《2022年版数学课标》提出的"对内容进行结构化整合，探索发展学生核心素养的路径"的理念，综合与实践领域虽然不存在与其他三个领域相似的主题整合问题，但是数与代数和图形与几何两个领域的个别主题包含的部分内容整合到了综合与实践领域，强调解决实际问题和跨学科主题学习。呈现融入数学知识学习、应用数学知识和跨学科知识实践三种知识类型，并分布于各个学段。通过每个主题活动达成相应目标要求，见表3-9。

表3-9 综合与实践领域的主题活动内容

学段	知识类型	主题活动	目标要求
第一学段	融入数学知识学习	主题活动2：欢乐购物街 主题活动3：时间在哪里 主题活动4：我的教室	量感和初步的金融素养 量感和时间观念 初步的空间观念
	应用数学知识	主题活动5：身体上的尺子	量感
	跨学科知识实践	主题活动6：数学连环画	数学知识与其他学科、现实生活的联系
第二学段	融入数学知识学习	主题活动1：年、月、日的秘密 主题活动2：曹冲称象的故事 主题活动3：寻找"宝藏"	初步的应用意识 量感和推理意识 空间观念
	应用数学知识	主题活动4：度量衡的故事	量感
	跨学科知识实践	制定旅游计划（例58）	数学知识与其他学科的联系
第三学段	融入数学知识学习	主题活动1：如何表达具有相反意义的量 主题活动3：体育中的数学	发展数感 发展"四能"
	应用数学知识	主题活动2：校园平面图	初步的应用意识和创新意识
	跨学科知识实践	项目学习1：营养午餐 项目学习2：水是生命之源	初步的应用意识和创新意识

二、综合与实践领域主题活动分析

（一）融入数学知识

融入数学知识的主题活动一共有 8 个，分布在三个学段，以下从内容要求、学业要求和活动设计要点三个方面，选取部分主题活动进行分析。

1. 第一学段

（1）主题活动 2：欢乐购物街。

- 内容要求（教学内容）：在实际情境中认识人民币，能进行简单的单位换算，了解货币的意义。
- 学业要求（活动目标）：积极投入模拟购物活动，能清晰表达和交流信息，认识元、角、分，以及知道它们之间的换算关系；会在真实（模拟）的情境中合理使用人民币；在教师的指导下能够反思并述说购物的过程，积累使用货币的经验；形成对货币的量感和初步的金融素养。
- 活动设计要点：创设认识人民币的情境：（1）筹备购物街；（2）组织货币小讲堂。

（2）主题活动 3：时间在哪里。

- 内容要求（教学内容）：在生活情境中认识时、分、秒，结合生活经验体会并述说时间的长短，了解时间的意义。
- 学业要求（活动目标）：认识时、分、秒，能说出钟表上的时间；了解时、分、秒之间的关系；能结合生活经验体会时间的长短；能将生活中的事件与时间建立联系，感悟时间与过程之间的关系；形成对时间长短的量感，懂得遵守时间的重要性。
- 活动设计要点：可根据不同学期的教学内容，设置不同的活动内容：（1）时间是什么；（2）时间在哪里；（3）1 分钟能做什么；（4）计时工具。

2. 第二学段

（1）主题活动 1：年、月、日的秘密。

- 内容要求（教学内容）：知道 24 时计时法；认识年、月、日，知道它们之间的关系；能运用年、月、日的知识解释生活中的问题；了解中国古代如何认识一年四季，了解中华优秀传统文化。
- 学业要求（活动目标）：年、月、日的秘密。知道 24 时计时法与钟表上刻度的关系，能用 24 时计时法表示时间；知道年、月、日之间的关系，以及相关的简单历法知识；知道一年四季的重要性，了解中国古代是如何通过土圭之法确定一年四季的，培养家国情怀。
- 活动设计要点：（1）我的一天时间规划；（2）日历中的发现；（3）年、月、日知多少。

(2) 主题活动 3：寻找"宝藏"。

- 内容要求（教学内容）：在生活情境中，认识东北、西北、东南、西南四个方向，了解"几点钟方向"，会描绘物体所在的方向。
- 学业要求（活动目标）：能在平面图上认识东北、西北、东南、西南四个方向；能描绘图上物体所在的方向，判断不同物体所在的方向，以及这些方向之间的关联；能把这样的认识拓展到现实场景中，在简单的实际情境中正确判断方位；进一步理解物体的空间方位及物体之间的位置关系，发展空间观念。了解用"几点钟方向"描述方向的方法及其主要用途，能在现实场景中尝试以站立点为正中心，以钟表盘 12 个小时的点位来说明方向。能尝试设计符合要求的藏宝图，能从他人的藏宝图中发现、提取信息并解决问题，提高推理意识。
- 活动设计要点：设置与方向和位置有关的生活情境：(1) 寻找宝藏；(2) 制作"宝藏图"。

3. 第三学段

(1) 主题活动 1：如何表达具有相反意义的量。

- 内容要求（教学内容）：在熟悉的情境中了解具有相反意义的数量，知道负数在情境中表达的具体意义，感悟这些负数可以表达与正数意义相反的量。
- 学业要求（活动目标）：在真实情境中，通过具体事例体会相反意义的量，如温度、海拔等，能表达具体情境中负数的实际意义，能通过对多个事例的归纳、比较，感悟负数可以表达与正数相反意义的量，进一步感悟量感。
- 活动设计要点：让学生经历分组查找资料、交流信息并解释、交流汇报的活动过程。

(2) 主题活动 3：体育中的数学。

- 内容要求（教学内容）：收集重大体育赛事的信息、某项体育比赛的规则、某运动员的技术数据等素材，提出数学问题，设计问题解决方案；在问题解决的过程中，形成发现和提出、分析和解决问题的能力。
- 学业要求（活动目标）：能结合自己的兴趣，确定所要研究的关于体育的内容与范围；会查找相关资料，提出有价值的数学问题；在教师指导下能与他人交流合作，运用数学或其他学科的知识解决问题；能积极参与小组间的交流，说明小组的问题解决过程，理解其他小组所解决的问题和问题解决的思路；感悟数学在体育中的作用，提高学习数学的兴趣。
- 活动设计要点：创设情景问题，设置体育信息窗、进行体育报告会等活动。

（二）应用数学知识

应用数学知识的主题活动一共有 3 个，分布在三个学段，以下从内容要求、学业要求和活动设计要点三个方面分析主题活动。

1. 第一学段

主题活动5：身体上的尺子。

- 内容要求（教学内容）：运用学过的测量长度的知识，发现自己身体上的一些"长度"；利用这些"长度"作为单位，测量空间或其他物体，积累测量经验。
- 学业要求（活动目标）：能运用测量长度的知识，了解身体上的一些"长度"；能用身体上这些"长度"测量教室以及身边某些物体的长度；能记录测量的结果，能与他人交流、分享测量的经验，发展量感。
- 活动设计要点：创设情境问题（1）发现身体上的"尺子"；（2）用身体上的尺子测量其他物体；（3）交流数学发现。

2. 第二学段

主题活动4：度量衡的故事。

- 内容要求（教学内容）：知道中国在秦朝统一了度量衡，指导学生查阅资料，理解度量衡的意义，知道最初的度量方法都是借助日常用品，加深对量和计量单位的理解。
- 学业要求（活动目标）：会查找资料，理解度量衡的意义，提升学习的意识与能力；了解最初的度量方法都是借助日常用品，理解度量的本质就是表达量的多少，知道计量单位是人为规定的；了解计量单位的发展历史，知道科学发展与度量精确的关系；在教师指导下，能对不同的量进行分类、整理、比较，丰富并发展量感。
- 活动设计要点：（1）了解度量衡；（2）查询成语中的计量单位，例如"半斤八两"在古代的具体意义及换算成现代计量单位。

3. 第三学段

（1）主题活动2：校园平面图。

- 内容要求（教学内容）：在实际情境中，综合应用比例尺、方向、位置、测量等知识，绘制校园平面简图，标明重要场所；交流绘制成果，反思绘制过程。
- 学业要求（活动目标）：结合本校校园的实际情况，能制订比较合理的测量方案和绘图比例；能理解所需要的数学和其他学科的知识，在教师指导下积极有序展开测量；能按校园的方位和场所的位置，依据绘图比例绘制简单的校园平面图；能解释绘图的原则，在交流中评价与反思；提升规划能力，积累实践经验。
- 活动设计要点：（1）明确平面图绘制任务，讨论可能遇到的困难；（2）开展实地测量活动，绘制校园平面图；（3）组织展览，交流反思。

（三）跨学科知识实践

跨学科知识实践的主题活动一共有4个，分布在三个学段，以下从内容要求、学业要求和活动设计要点三个方面，选取部分主题活动进行分析。

1. 第一学段

主题活动 6：数学连环画。

> - 内容要求（教学内容）：结合自己的生活，运用学过的数学知识记录自己的经历，或述说一个含有数学知识的小故事，表达对数量关系的理解，感受数学知识与现实生活的联系。
> - 学业要求（活动目标）：能简单整理学过的数学知识，思考如何运用数学知识记录自己的经历；能结合生活经验或者通过查阅资料，编写含有数学知识的小故事；能用自己的语言表达数学连环画中数学知识的意义及蕴含的数量关系，能理解他人数学连环画中的数学信息及关系，学会数学化的表达与交流。
> - 活动设计要点：提供给学生机会：(1) 说说"我的生活"；(2) 画出"数学故事"；(3) 组织我们的"故事会"，讨论连环画中的数学信息和问题。

2. 第二学段

制订旅游计划（课标例 58）。

> - 内容要求（教学内容）：制订旅游计划，包含多个方面的具体内容，如城市间的交通，旅游城市内的交通、住宿、餐饮、景点等，涉及查找火车、航班信息，查找旅游城市的市内交通信息，规划、描述基本的市内交通线路，规划旅游景区内的参观路线、时间，并做出费用的预算等。
> - 学业要求（活动目标）：在真实情境中，引导学生经历从数学的角度概括事物的关键要素、有条理地制订计划的过程，积累数学实践活动的经验，发展应用意识。
> - 活动设计要点：(1) 讨论如何制订旅游计划；(2) 收集信息并制订旅游计划；(3) 交流评价。

3. 第三学段

项目学习 1：营养午餐。

> - 内容要求（教学内容）：调查了解人体每日营养需求，几类主要食物的营养成分，感受合理膳食的重要性；调查学校餐厅或自己家庭一周午餐食谱的营养构成情况，提出建议；开展独立活动或小组活动，设计一周合理的营养午餐食谱。
> - 学业要求（活动目标）：在对人体营养需求和食物营养物质的调查研究中，进一步理解百分数的意义；会用扇形统计图整理调查结果，分析如何实现营养均衡；经历一周营养午餐食谱的设计过程，感悟在实际情境中方案的形成过程；形成重视调查研究、合理设计规划的科学态度。
> - 活动设计要点：就"营养午饭"主题活动：(1) 结合经验提出项目学习要解决的问题；(2) 查阅资料，了解营养膳食的知识；(3) 计算一周午饭营养食谱的情况；(4) 设计一周营养午餐食谱。

【思考与讨论】

请扫描二维码完成习题。

第四章　基于核心素养的小学数学思想

【本章要点】

1. 数学方法与数学思想都是从具体的数学知识中提炼出来的方法和观点，蕴含在数学知识形成、发展和应用的过程中。数学思想是相应数学方法的结晶和升华，带有理论性的特征；数学方法是数学思想在数学活动中的反映和体现，二者常统称为数学思想方法。数学核心素养是学生在构建数学知识体系、运用数学知识和数学思想方法解决问题的过程中逐步形成的，数学思想方法对于学生数学核心素养的培养发挥着至关重要的作用。因此在小学阶段，教师需要以教材为基础，有意识地渗透数学思想方法，培养学生的数学眼光和数学思维，形成数学语言，从而使学生的核心素养得到全面发展。

2. 数学眼光与数学学科特点有关，它聚焦于抽象的数量关系和空间形式，通过间接方式认识真实世界、解决真实问题。与数学眼光有关的数学思想包括抽象思想、符号化思想、分类思想、集合思想、变中有不变思想以及有限与无限思想，这些思想都是由抽象思想演变、派生、发展而来的。

3. "三会"中的数学思维与一般数学思维不同，侧重于推理。推理是数学思维活动中的重要部分，与数学思维有关的数学思想包括归纳推理思想、类比推理思想、演绎推理思想、转化思想、数形结合思想和极限思想等。这些思想方法帮助人们从特殊到一般、从抽象到具体地解决数学问题。

4. 数学语言是沟通真实世界与数学世界的桥梁、理解数学世界的工具和解决数学问题的载体。与数学语言有关的数学思想包括模型思想、方程思想、函数思想、优化思想、统计思想和随机思想等，这些思想方法帮助人们解决实际问题和理解数学世界。

【框架导读】

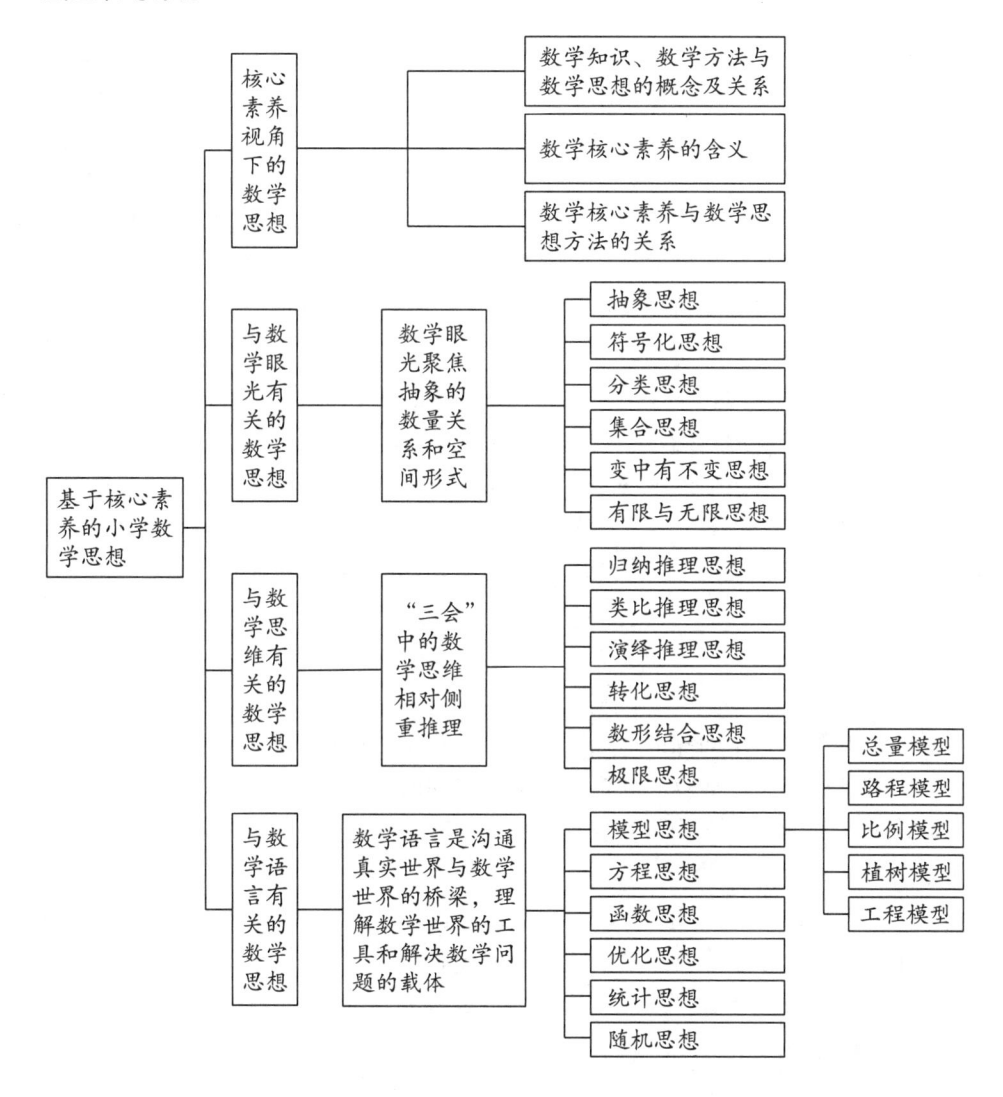

```
基于核心素养的小学数    │─ 核心素养视角下的数学思想 ─┬─ 数学知识、数学方法与数学思想的概念及关系
学思想                                             ├─ 数学核心素养的含义
                                                   └─ 数学核心素养与数学思想方法的关系

                       │─ 与数学眼光有关的数学思想 ── 数学眼光聚焦抽象的数量关系和空间形式 ─┬─ 抽象思想
                                                                                          ├─ 符号化思想
                                                                                          ├─ 分类思想
                                                                                          ├─ 集合思想
                                                                                          ├─ 变中有不变思想
                                                                                          └─ 有限与无限思想

                       │─ 与数学思维有关的数学思想 ── "三会"中的数学思维相对侧重推理 ─┬─ 归纳推理思想
                                                                                   ├─ 类比推理思想
                                                                                   ├─ 演绎推理思想
                                                                                   ├─ 转化思想
                                                                                   ├─ 数形结合思想
                                                                                   └─ 极限思想

                       └─ 与数学语言有关的数学思想 ── 数学语言是沟通真实世界与数学世界的桥梁，理解数学世界的工具和解决数学问题的载体 ─┬─ 模型思想 ─┬─ 总量模型
                                                                                                                                    │           ├─ 路程模型
                                                                                                                                    │           ├─ 比例模型
                                                                                                                                    │           ├─ 植树模型
                                                                                                                                    │           └─ 工程模型
                                                                                                                                    ├─ 方程思想
                                                                                                                                    ├─ 函数思想
                                                                                                                                    ├─ 优化思想
                                                                                                                                    ├─ 统计思想
                                                                                                                                    └─ 随机思想
```

第一节 核心素养视角下的数学思想

一、数学知识、数学方法与数学思想

（一）数学知识

数学知识一般指数学的各个分支相应的概念、性质、法则、公式、公理、定理等具体数学内容。例如，义务教育阶段的数学分为数与代数、图形与几何、统计与概率等分支，每一个分支又有若干的概念、公式、定理、法则等。这些数学知识以显性的结论为

主，是学生必学的课程内容，确实必要，也很重要。学生学习任何一门学科，必然需要首先学习该学科的具体知识。

但是我们进一步思考，还有没有比显性知识更重要的需要学习和掌握的隐性知识呢？事实上，大多数学生离开学校之后，就会忘记老师在课堂上教授的显性知识。英国数学家、哲学家和教育理论家怀海德（1861—1947）说过："忘记课堂上所学的一切，剩下来的就是教育。"当然，怀海德的意思并非指显性知识不重要，他只是强调"知识的细节是很容易忘记的，一旦需要它们，是很容易在书中查到的。所以，把精力放在记住知识的细节，可说是既吃力又无价值。假设你把课堂上所学的东西全部忘记，而结果什么也没有剩下，那就意味着你是白受了教育"。那么剩下来的是什么呢？是学生在学习过程中形成的思维习惯和行为教养。

尤其在今天这一时代，社会迫切需要具有理性思维、科学精神、创新意识和实践能力的人，因此我们需要用新的知识观来重新认识"基本知识"。数学知识不仅是指那些具体的数学内容，还应包括这些内容中蕴含的思想、方法、价值、应用等重要的方面。《2022年版数学课标》明确提出了"通过义务教育阶段的数学学习，学生能获得适应未来生活和进一步发展所必需的数学的基础知识、基本技能、基本思想、基本活动经验"[1]。

（二）数学方法

数学方法是解决数学问题的途径、程序或手段，是用数学语言表述事物的状态、关系和过程，并加以推导、演算和分析，以形成对问题的解释、判断。一般我们把能够普遍性地解决一大类问题的方法称为数学方法，如割补法、消元法、面积法、列举法等。

数学方法大致可分为以下三类：

（1）逻辑学中的方法，如分析法、综合法、反证法、归纳法、穷举法等。

（2）数学中的一般方法，如消元法、图象法、坐标法等。

（3）数学中的特殊方法，如配方法、待定系数法、换元法、割补法等。

（三）数学思想

数学思想是对数学事实与理论经过概括后产生的本质认识，是从某些数学认识过程中提炼的一些观点，它揭示了数学发展中的普遍规律，直接支配数学的实践活动，这是对数学规律的理性认识。数学思想是数学科学发生、发展的根本，是建立数学知识体系、解决数学问题以及运用数学工具解决问题的指导思想。一般地说，基本的数学思想就是那些体现或应该体现于基础数学中具有奠基性、总结性和最广泛性的数学思想，它们具有传统数学思想的精华和现代数学思想的基本特征。为了和一般的数学思想区分，我们把这类数学思想称为数学基本思想，史宁中认为大致有三种，即抽象的思想，推理的思想和模型的思想。[2]

---

[1] 中华人民共和国教育部. 义务教育数学课程标准（2022年版）[S]. 北京：北京师范大学出版社，2022：11.

[2] 史宁中. 数学思想概论（第1辑）：数学与数量关系的抽象[M]. 长春：东北师范大学出版社，2008：1.

(四) 数学知识、数学方法与数学思想的关系

若把数学知识看作一座宏伟大厦，那么数学方法相当于建筑这座宏伟大厦的施工手段，数学思想则是构思巧妙的设计蓝图。数学思想是从具体的数学知识中提炼上升的数学观点，它蕴含在数学知识形成、发展和应用过程中，并被反复运用。数学思想是数学的灵魂和精华，是各类数学知识的桥梁，是数学发展的源泉与动力。数学思想是数学知识中最基础、最概括、最本质的东西。

数学方法是数学活动的行为，是对数学知识过程性和操作性的概括。数学方法与数学思想都以一定的数学知识为基础，数学思想是相应数学方法的结晶和升华，带有理论性的特征；数学方法是数学思想在数学活动中的反映和体现，是在用数学思想解决具体问题时，逐渐形成的程序化操作，实践性更强。一般来说，强调指导思想时，称为数学思想；强调操作过程时，称为数学方法。需要指出的是，由于人们在数学学习与研究活动中，很难把数学思想和数学方法严格区分，因此常统称为数学思想方法。

二、数学核心素养

《普通高中数学课程标准（2017年版）》（以下简称《2017年版高中数学课标》）对数学核心素养的界定如下："数学学科核心素养是数学课程目标的集中体现，是具有数学基本特征的思维品质、关键能力以及情感、态度与价值观的综合体现，是在数学学习和应用的过程中逐步形成和发展的。数学学科核心素养包括：数学抽象、逻辑推理、数学建模、直观想象、数学运算和数据分析。这些数学学科核心素养既相对独立、又相互交融，是一个有机的整体。"[1]

《2022年版数学课标》从数学课程目标的角度，将数学核心素养界定为"会用数学的眼光观察现实世界，会用数学的思维思考现实世界，会用数学的语言表达现实世界"[2]。这是对《2017年版高中数学课标》提出的数学学科核心素养的继承和发展。《2022年版数学课标》阐述了核心素养在小学和初中阶段的具体表现，不仅继承了《2011年版数学课标》"核心词"的合理内核，还从内涵上将核心素养在小学、初中、高中的表现贯通，实现了基础教育阶段核心素养的一致性和阶段性表达。"三会"是数学教育对未来公民数学素养的期望，旨在通过不同阶段的数学教育，使学生获得适应终身发展的正确价值观、必备品格和关键能力。为适应不同阶段学生的发展，我们将核心素养分学段进行了表述。小学阶段数学核心素养的主要表现是数感、量感、符号意识、运算能力、几何直观、空间观念、推理意识、数据意识、模型意识、应用意识和创新意识，其成为基于核心素养的义务教育数学课程目标体系中"三会"的具体支撑。

---

[1] 中华人民共和国教育部. 普通高中数学课程标准（2017年版）[S]. 北京：人民教育出版社，2018：4.
[2] 中华人民共和国教育部. 义务教育数学课程标准（2022年版）[S]. 北京：北京师范大学出版社，2022：5—6.

三、数学核心素养与数学思想方法的关系

《2022年版数学课标》将义务教育数学课程的总目标表述为：通过义务教育阶段的数学学习，学生逐步会用数学的眼光观察现实世界，会用数学的思维思考现实世界，会用数学的语言表达现实世界。学生能：①获得适应未来生活和进一步发展所必需的数学基础知识、基本技能、基本思想、基本活动经验。②体会数学知识之间、数学与其他学科之间、数学与生活之间的联系，在探索真实情境所蕴含的关系中，发现问题和提出问题，运用数学和其他学科的知识与方法分析问题和解决问题。③对数学具有好奇心和求知欲，了解数学的价值，欣赏数学美，提高学习数学的兴趣，建立学好数学的信心，养成良好的学习习惯，形成质疑问难、自我反思和勇于探索的科学精神。[①]

总目标以"三会"为统领，体现基于知识内容学习的"四基"、基于问题解决的"四能"及在学习过程中形成的情感、态度、价值观。其中，"四基"自《2011年版数学课标》提出后已经被广泛接受，并在数学教育教学实践中有较为深入的研究，逐步达成了共识；问题解决能力是国际上公认的数学教育的重要目标，培养学生的"四能"，是培养创新型人才不可或缺的；培养学生良好的情感、态度、价值观，是全面育人教育方针的要求。

数学核心素养是学生在构建数学知识体系、运用数学知识和数学思想方法解决问题的过程中逐步形成的。可以说，数学思想方法对于学生数学核心素养的培养发挥着至关重要的作用。在小学数学教学中，教师要巧妙地抓住数学思想方法对问题解决、知识探究产生的重要影响，通过搭建支架和平台，让学生在思维强化训练的过程中不断提升核心素养，从而真正促进学生的全面发展。发展学生数学核心素养必须以教材为基础，在教学中有意识地渗透数学思想方法，培养学生的数学眼光和数学思维，形成数学语言，从而使学生可以在生活中发现数学，用数学解决在生活中发现的实际问题，让不同的人在数学中得到不同的发展。

数学思想方法贯穿整个数学学习过程，是解决数学问题的灵魂，更是培养数学核心素养的重要前提。可以说，数学核心素养的培养离不开渗透数学思想方法的教学。数学思想方法是数学的灵魂，也是数学知识的精髓和本质，是把数学知识转化为数学能力的桥梁。小学阶段是数学思想方法的启蒙阶段，在这一阶段的教学过程中，教师必须以教材为载体，抓住数学知识和数学思想方法这两条主线，让学生在学习数学知识的过程中感悟数学思想，学会用数学的方法思考问题，从而逐渐培养数学素养。值得注意的是，数学核心素养培养的关键在于发展学生的高阶思维。而类比、转化、模型、统计等数学思想方法的教学，正好能够引导学生在自主探究过程中积极发散思维，使学生学会灵活运用各种数学思想方法解决数学问题，从而使学生思考问题的方式更加科学合理，最终促进学生数学核心素养的形成。

---

① 中华人民共和国教育部. 义务教育数学课程标准（2022年版）[S]. 北京：北京师范大学出版社，2022：11.

第二节　与数学眼光有关的数学思想

数学眼光是一种什么"眼光"？这种眼光与数学的学科特点有关。我们将数学与其他自然科学学科进行对比容易发现，自然科学都是以自然界存在的对象为学习和研究对象的，直接认识真实世界，解决真实问题，并把实践或实验作为检验真理标准的；而数学不是这样的，它是以真实世界里并不存在的抽象数量关系和空间形式为对象，通过一种间接的方式，达到认识真实世界、解决真实问题的目的。

数学的对象虽然也从真实世界中来，但数学不以"真实"本身为对象，这些真实世界中的对象要"剥离"或"去掉""真实"，仅聚焦与数量关系和空间形式有关的要素，在大脑里展开思维活动，从而得到数学的研究对象。如张三有3个苹果，李四有4个苹果，他们一共有几个苹果？在这一真实情境中，我们将张三、李四、苹果等"真实"剥离，仅考虑数量关系，就变成了3和4合在一起是几的问题，这就是数学要研究的问题。

由于数学眼光始终聚集抽象的数量关系和空间形式，在这个意义上，可以把数学眼光理解为我们熟悉的"数学抽象"，但还不能完全等同于数学抽象。相比之下，数学眼光相当于数学抽象的门槛，即没有数学眼光，就走不进数学抽象的大门。数学眼光更接近一种从数学出发看问题的角度，是每个普通公民都应该达到的数学抽象水平。数学抽象的过程蕴含着符号化思想、分类思想、集合思想、变中有不变思想、有限与无限思想等，它们都是由抽象思想演变、派生、发展出来的。

一、抽象思想

"抽象"是什么呢？"抽象是在思维中撇开对象的非特有、非本质属性，从中抽取对象的特有属性或本质属性的方法。"[①] 客观事物具体、形象，可称为"象"，任何"象"的属性都无穷无尽，如水有物理属性、化学属性、作为资源争夺对象时的经济社会属性、被欣赏时的审美属性等。但在某一次认识这一对象时，只需了解其无穷属性中的"特有"部分，如欣赏它的时候只需了解其审美属性，只把它的颜色、形态、质感等审美属性"从中抽取"出来，这就是"抽象"。抽象思想方法并不是数学的特权，无论哪个学科都要用的。但数学的抽象有着与众不同的特点。

《2017年版高中数学课标》将数学抽象作为第一个数学学科核心素养，并对其进行了界定："数学抽象是指通过对数量关系与空间形式的抽象，得到数学研究对象的素养。主要包括：从数量与数量关系、图形与图形关系中抽象出数学概念及概念之间的关系，从事物的具体情境中抽象出一般规律和结构，并用数学语言予以表征。数学抽象是数学的基本思想，是形成理性思维的重要基础，反映了数学的本质特征，贯穿在数学产生、发展、应用的过程中。数学抽象使得数学成为高度概括、表达准确、结论一般、有序多

[①] 杨树森. 普通逻辑学[M]. 合肥：安徽大学出版社，2005：231.

级的系统。数学抽象主要表现为：获得数学概念和规则，提出数学命题和模型，形成数学方法与思想，认识数学结构与体系。通过高中数学课程的学习，学生能在情境中抽象出数学概念、命题、方法和体系，积累从具体到抽象的活动经验；养成在日常生活和实践中一般性思考问题的习惯，把握事物的本质，以简驭繁；运用数学抽象的思维方式思考并解决问题。"[1]

《2022年版数学课标》指出，作为数学核心素养的数学抽象在小学阶段主要包括数感、量感、符号意识和创新意识。实质上，从数学思想的角度来看，不仅数与数量关系是抽象的结果，图形也是抽象的结果，数学的概念、关系和结构都是抽象的结果。可以说，抽象在数学中无处不在。所以，数学抽象是数学教学中一种经常性、普遍性的思维活动，也是数学活动中最基本、最重要的思维方法之一，具有一定的纯粹性和理想化。

（一）数学抽象的纯粹性

数学抽象的纯粹性在于它只是纯粹地考虑事物与现象之间的数量关系和空间形式，同时完全舍弃事物和现象的其他一切属性，对事物与现象进行定量的分析。"这种特殊的抽象内容正是数学与其他科学的根本区别。"[2] 数学抽象的纯粹性不只体现在数学抽象的内容上，更体现在数学抽象的方法上。数学抽象的对象是通过逻辑建构这一方法获得的，而"数学对象的逻辑建构借助于纯粹的数学语言和逻辑语言"[3]。正是这种"纯粹"的数学抽象的内容与方法，在一定程度上保证了数学理论的精确性、逻辑性、严谨性等。另外，数学抽象的纯粹性还体现在其所达到的特殊高度。数学抽象的抽象对象并非像其他学科那样全部依赖于客观世界的事物，更有一部分抽象对象是为了让人们更好地去理解其他事物或现象，由人们的思维直接创造而成的。"数学抽象的这种高度纯粹性，决定了它的抽象程度远高于其他学科的抽象。"[4]

（二）数学抽象的理想化特征

数学抽象具有理想化特征，在数学抽象的过程中，其所面对的数学对象往往是经过一定简化或纯化的，即进行了一定的理想化。这种抽象的结果并非客观事物本身存在的东西，而是从实际事物中分离出来经过思维加工得来的，甚至是假想出来的概念和性质，但这种抽象结果有利于数学研究。例如，几何中"点""直线""平面"等抽象概念，在自然界是不存在的，都是经过人们的智慧加工得来的理想化概念，几何中的"点"是从自然界物体的大小无限减小得到的结果，或者从在物体的大小比较中，大小可以忽略不计的物体中抽象得来，而且把它理想化为无长、无宽、无高的"点"。同样，"直线""平面"等抽象概念，也都是经过这样的理想化而得到的。理想化抽象是人们的主观认识，它虽不代表具体事物，但更接近事物，抓住了事物的本质，是对客观事物更

---

[1] 中华人民共和国教育部. 普通高中数学课程标准（2017年版）[S]. 2020年修订. 北京：人民教育出版社，2020：4.
[2] 郑毓信. 数学抽象的基本准则：模式建构形式化原则 [J]. 数学通报，1990（11）：9-11.
[3] 郑毓信. 数学抽象的基本准则：模式建构形式化原则 [J]. 数学通报，1990（11）：9-11.
[4] 李昌官. 数学抽象及其教学 [J]. 数学教育学报，2017，26（4）：61-64.

深刻、正确、完全的反映。

（三）数学抽象具有层次性

数学抽象对数学对象的抽象是逐级抽象、逐步完善、不断发展的。无论是在数学学习过程中，还是在数学发展过程中，数学抽象一直在不断地深入与丰富。具体表现为数学学习与研究过程都是从基础到复杂、从具体到抽象的，再从初步抽象的数学结果抽象出更为抽象的数学结果。随着抽象层次的不断提高，数学不断地向更高的（高维、多变量）抽象层次发展，使"它包含的内容更深刻，更远离具体现实世界，从而应用与适用的范围也越来越广"[①]。

二、符号化思想

数学离不开符号，数学世界是一个符号化的世界，数学作为人们进行表示、计算、推理和解决问题的工具，符号起到了非常重要的作用。因为有了符号，数学才具有简明、抽象、清晰等特点，同时促进了数学的普及和发展。符号表示也是一种数学抽象，数学符号是抽象的结果。时至今日，数学的发展已无法离开符号，如果说"数学是科学的语言"，那么"符号是数学的语言"。

数学符号语言具有三个主要特征：抽象性、精确性、简洁性。数学符号是人们在研究现实世界的数量关系和空间形式的过程中产生的，它源于生活，但并不是生活中真实的物质存在，而是一种抽象概括。如数字"1"，它可以表示现实生活中任何数量是一个的物体的个数，是一种高度的抽象概括，具有一定的抽象性。一个数学符号一旦产生并被广泛应用，就具有了明确的含义，就能够进行精确的数学运算和推理证明，因而它具有精确性。数学符号语言的简洁性不仅在于用"1""2""3""4""+""−""×""÷"等代替文字语言记录数及其运算，用"△""⊙""∥""⊥"等代替文字语言描述空间图形及其关系，而且表现在表达思想和推理过程的简洁与明了中。例如，加法、乘法服从的交换律、结合律、分配律等基本规律：$a+b=b+a$，$ab=ba$，$a+(b+c)=(a+b)+c$，$a(bc)=(ab)c$，$a(b+c)=ab+ac$。这五个公式被称为整个数学的基础，而这些公式如果不用符号来表示，仅用文字语言来叙述，那么运算的艰难复杂程度是难以想象的。

符号化思想就是用一种符号代替原物，不用原物而用符号进行表示、交流、运算等活动的思想。[②] 可见，符号化思想主要指人们将研究对象抽象、有意识、普遍地运用符号（包括字母、数字、图形和各种特定的符号）去表述数学研究对象、描述数学研究内容的思想方法。

三、分类思想

人们面对比较复杂的问题，有时无法通过统一研究或者整体研究解决，这时就需要根据一定的标准，将整体划分为几个部分（又称为类），这样通过对各个部分的单独解

[①] 吕林海. 数学抽象的思辨 [J]. 数学教育学报，2001（4）：59−62.
[②] 邵光华. 作为教育任务的数学思想方法 [M]. 上海：上海教育出版社，2009：75.

决，各个击破地去实现对整体问题的解决，这种解决问题的思想就是分类思想。分类的实质就是把问题"分而治之，各个击破，综合归纳"。

分类的关键在于正确选择分类标准。一个科学的分类标准，必须要能够将需要分类的数学对象进行不重复、无遗漏的划分。第一，不重复。分类后得到的各部分（类）必须互相排斥，各个类概念的外延之间是不相容的关系。如将三角形分为等腰三角形、等边三角形和不等边三角形就不可以，因为等腰三角形和等边三角形不互相排斥。第二，无遗漏。经分类所得的各部分（类）外延之和必须与整体正好相等。如把三角形分为锐角三角形与钝角三角形就不正确。第三，采用同一标准。在一次分类中只能根据同一标准，否则就会使划分后的结果混淆不清，出现划分结果重复或过宽的逻辑错误。如把三角形分成等腰三角形、不等边三角形、直角三角形的分类标准就不统一。第四，按层次逐步划分。分类应取被分类概念最邻近的概念，有步骤、有层次地逐步进行，不能越级。如把实数分为整数、分数和无理数就不符合要求。

《2022年版数学课标》要求培养学生用理性思维和数学思维思考现实世界，这种思考的部分特征包括有顺序、有层次、有条理、全面、有逻辑地思考，分类就是具有这些特性的思考方法。因此，分类思想是培养学生有条理地思考和良好数学思维品质的一种重要而有效的方法。

分类思想其实是由抽象思想衍化出来的。因为抽象必须关注研究对象的共性，还必须关注研究对象与其他事物的差异。共性和差异是抽象的结果，是抽象的具体体现。把握共性、明晰差异需要具备一双独到的"慧眼"，由此才能将所要研究的对象从总体中"分离"出来。因此，要达成学生对数学的逐步抽象，应在教学中融入分类思想，通过对研究对象的观察与分析，"分"出数学要素，"析"出数学意义，做到"分而治之，各个击破，综合归纳"。

四、集合思想

集合思想的创始人是德国数学家康托尔（1845—1918年）。他于1874年首先提出了集合概念，创立了集合论。自集合论创立以来，它的概念、思想和方法已经成为现代数学的基础。如果把现代数学比作一座大厦，那么集合论就是构成这座大厦的基石。

在数学中，集合是一个原始概念，这如同几何学中的"点""线"，不能用别的概念加以定义。康托尔对集合下过一个朴素的定义：把若干确定的有区别的（不论是具体的或抽象的）事物合并起来，看作一个整体，就称为一个集合，其中各事物称为该集合的元素。[1]

康托尔的定义包含了至少四个方面的内容。第一，组成同一个集合的每个元素存在某种相同的性质；第二，"确定的"事物，指任何一个事物是否在这个集合中是确定的，不应出现模棱两可的情形；第三，"有区别的"事物，指一个给定集合中的元素是互不相同的，即集合中元素不重复出现；第四，"整体"，指集合应该包括所有具有所说性质的一切元素，而不能有遗漏。

---

[1] 韩雪涛. 数的故事［M］. 长沙：湖南科学技术出版社，2014：307.

人们在认识事物和解决问题的实践中,经常把具有某种共同属性的事物放在一起,设为一个整体,并对它们做统一的研究和处理,这就是集合的基本思想。[①] 简单地说,把同一类研究对象作为一个整体进行研究的思想就是集合思想。

在康托尔最初提出的朴素集合论中,主要的思想方法可以归结为三个原则:第一,概括原则。任意给出一个性质 P,就可以把具有性质 P 的所有对象汇成一个整体,构成一个集合。第二,外延原则。一个集合完全由它的元素所决定,而不取决于它所表示的方法或者被构造的途径。例如,"等边三角形"集合与"正三角形"集合是完全相等的集合。第三,一一对应原则。两个集合 A、B,如果存在规则 f,对于集合 A 的每个元素,根据 f,集合 B 都有唯一确定的元素和它对应;并且对于 B 的每个元素,根据 f,也都有 A 中的唯一元素与之对应,则称 A 与 B 的元素之间可以建立一一对应关系。这时我们就称这两个集合有相同的基数,或者说这两个集合对等。

五、变中有不变思想

辩证唯物主义认为事物是运动变化的,事物的运动变化是有规律的。这里的规律就是变化中不变的东西,正所谓"万变不离其宗"。因此,要想在千变万化的物质世界的运动变化中寻找规律,就要从"变"中求"不变"。把这一思想应用到数学领域,就是在千变万化的数学问题中找到不变的性质和规律,发现数学的本质,这就是"变中有不变"的数学思想。变中有不变思想从本质上讲,就是指数学的基本结构、原理、规律是不变的,而承载着这些规律、原理、结构的内容及问题却是变化的。如除法、分数和比表面上有很大不同,除法是一种运算,分数是一种数,比表示一种关系,而本质上它们有一致的方面,都可以表示两个数之间的关系。

变中有不变思想有利于学生透过现象看本质,从而更好地把握数学知识的真正内涵。1980 年,陈省身教授受邀在北京大学的一次讲学中举例说明了这一思想。陈教授说"三角形内角和为 180°"不对,不是说这个事实不对,而是说这种看问题的方法不对,应当说"三角形外角和是 360°"。把眼光盯住内角,只能看到:三角形内角和是 180°,四边形内角和是 360°,五边形内角和是 540°……n 边形内角和是 $(n-2)\times 180°$。这就找到了一个计算内角和的公式,公式里出现了边数 n。如果看外角呢?三角形的外角和是 360°,四边形的外角和是 360°,五边形的外角和是 360°……任意 n 边形外角和都是 360°。这就把多种情形用一个十分简单的结论概括起来了。用一个与 n 无关的常数代替与 n 有关的公式,找到了更一般的规律。这实际上体现了"变中有不变"的数学思想。这个例子充分说明,在研究和讨论数学问题时,从"变"中揭示"不变"就是在某种程度上抓住了数学问题的本质,也就找到了解决问题的关键。

需要说明的是,"变中有不变"中的"不变"是有层次高低之分的。如"三角形内角和为 180°",尽管被陈省身先生认为是一个不好的命题,但其实它其中也已经蕴含了"变中有不变"的规律,因为无论是什么形状的三角形,其内角和都等于 180°。然而,这个命题与"三角形外角和是 360°"相比,是较低层次的变中有不变的规律,因为后

[①] 虞涛. 数学思想方法的人文解读[M]. 上海:上海教育出版社,2011:11.

者经很多次推广之后仍然成立，它所揭示的本质比前者要深刻得多。因此，我们在"变中求不变"的过程中，要尽量找出最深刻揭示事物本质不变的东西。

六、有限与无限思想

有限与无限问题是一个古老而常新的哲学问题，是培养学生辩证观的良好载体。数学中的无限与有限的关系可以概括为：无限是有限的延伸，有限由无限组成，无限可脱离有限存在[①]。有限与无限相比，有限显得具体，无限显得抽象，因此将无限转化为有限，本质上是一种概括与抽象。有限与无限是客观世界中普遍存在的一对矛盾，它们是对立统一的。有限中包含着无限，透过有限可以触摸无限。比如庄子在《庄子·天下》中的一段话"一尺之棰，日取其半，万世不竭"，就很好地体现了有限与无限的关系："一尺之棰"有限，"日取其半"则无限，这包含着有限与无限辩证统一的道理，即任何具体、确定的事物，在时间和空间上都有自己的界限。

辩证唯物主义认为物质、运动、空间、时间是有限和无限的对立统一。整个物质世界在空间和时间上是无限的，但每一个具体事物在空间和时间上是有限的，整个物质世界的无限时间和空间存在于有限的时间和空间中。这就是说，一方面，无限包含着有限，无限是由有限构成的，离开了一个有限的时间和空间，所谓时空的无限性也就不存在了；另一方面，有限包含着无限，任何具体事物在其结构、层次上都是不可穷尽的，任何有限必然被打破趋于无限，这种无限的趋势并不存在于有限之外，而是包含于有限之中。

对有限个对象的研究往往有章法可循，并可以积累一定经验。而对无限个对象的研究，却显得经验不足，往往不知如何下手，于是我们通常把对无限的研究转化为对有限的研究，这就成了解决无限的问题的必由之路。反之，当积累了解决无限问题的经验之后，可以将有限的问题转化成无限的问题来解决，这种无限化为有限，有限化为无限的解决数学问题的方法就是有限与无限的思想。例如，通过分数加法的有限个数例子归纳出算法，解决了分数加法算式有无限个数的问题；再如，推导圆面积公式时，把计算圆的有限面积问题转化为无限个全等的扇形拼成的长方形面积问题。

小学数学中，看起来学习的是有限的数学，但却包含着很多无限的内容。例如，自然数、整数、分数等，虽然都是对其进行有限个数的运算，但是各个数集内元素的个数都是无限的，它们都是无限集；同样，直线也是可以无限延伸的。

第三节　与数学思维有关的数学思想

"三会"中的数学思维与我们一般了解的广义的数学思维不完全一样。广义数学思维活动中的观察、概括、正确阐述等内容，实际上已经分别对应于"三会"中的数学眼光和数学语言了。因此，"三会"中的数学思维相对侧重推理。推理是数学思维活动中

[①] 李浙生. 论数学中的有限与无限[J]. 辽宁教育学院学报，1995（4）：5–10.

最能反映数学独特思维的价值部分。所以一般意义上，思维活动涉及的归纳、比较、猜想、分析、综合等，都应在推理的框架之下，以有条理并言之有据的方式开展，都要有规律可循。与推理有关的数学思想有归纳推理思想、类比推理思想、演绎推理思想、转化思想、数形结合思想、极限思想等。

一、归纳推理思想

归纳推理是一种从特殊到一般的推理方法，即依据一类事物中部分对象的相同性质推理出该类事物都具有这种性质的一般性结论的推理方法。归纳推理是在人们在认识世界的过程中，屡次接触某个事物产生经验，对这些经验加以总结概括形成判断，形成对同一类事物的认识。归纳推理作为一种通过对特殊、具体事物的考察、分析和综合，得出一般性结论的推理方法，可以分为完全归纳法和不完全归纳法。

完全归纳法是根据一类事物中每一个对象（或子类）都具有某种性质，推出该类事物全部具有这一性质的推理方法。完全归纳法考察了所研究某类事物的全部对象，所以其是一种前提蕴含结论的必然性推理。运用完全归纳法时，前提与结论之间的联系是必然的，只要前提真实、形式有效，结论必然真实。但在实际生活中，一些研究对象的数量过于庞大，无法穷尽，只有根据这类事物的部分对象具有的某种属性推出这类事物的全体都具有这种属性，这种归纳推理叫作不完全归纳法。由于不完全归纳法只考察了全部事物的一部分，所以它只是寻找真理与发现真理的一种手段，其所作出的结论未必可靠。其结论是否正确，还需要通过严格的证明方能成为真命题。人类在科学研究中有许多重大发现和猜想都是通过不完全归纳法得到的，如著名的哥德巴赫猜想、地图的四色猜想等。"归纳—猜想—证明"已成为人们发现新结论的重要途径，也是解决数学问题的一个重要方法。当然，运用不完全归纳推理做出错误判断的例子在数学中也有很多。例如，著名的数学家费马曾通过不完全归纳法得出如下猜想：形如 $2^{2^n}+1$（n 为自然数）的数都是质数，当时人们深信不疑。半个世纪之后，数学家欧拉则证明：$2^{2^5}+1=4294967297=641×6700417$ 是合数而不是质数。归纳推理在小学数学中有着广泛的应用。一些公式、法则、性质、规律等的获得往往都是通过几个特殊例子归纳得到的，如五个运算律、长方形面积公式等。

二、类比推理思想

类比是根据两个对象或两类事物的一些相同或相似属性，猜测另一个对象或一类对象的其他属性也相同或相似。数学中处处有类比，数与式可以类比，平面与空间可以类比，面积与体积可以类比，有限与无限可以类比。类比推理是根据两个或两类对象的相似性，其中一个或一类对象具有的已知特征推出另一个或另一类对象也具有这个特征的推理方法。类比推理是一种从特殊到特殊的推理方法，其推理过程为：

甲对象有 A、B、C 属性；

乙对象有 A′、B′属性，而 A 与 A′有相似之处，B 与 B′有相似之处。

所以，乙对象也可能有 C′属性。

依据该方法得到的结论可能为真也可能为假，需要进一步证明结论的可靠性。如根据整数的运算律，小数可以与整数进行类比，得出小数具有同样的运算性质。

类比不同于比较，类比是在比较的基础上进行的推理，而比较则是认识两类事物异同点的一种方法。类比推理与归纳推理都称为"合情推理"，它们的结论都是或然的，即正确与否都是不确定的，有待证明。它们也有不同之处，类比推理是从特殊到特殊的推理，归纳推理是从特殊到一般的推理。

类比推理思想是将某两个具有相似特点的事物放在一起比较，根据两个对象的某些相似性，从一个对象的一个已知性质推出另一个对象也具有这种性质的思想。类比推理在小学数学中有着大量应用，如整数读写法中，亿以内及亿以上的数的读写与万以内的数的读写进行类比，整数的运算法则、顺序和定律和小数、分数进行类比等。

三、演绎推理思想

演绎推理又称为论证推理，是根据已有的事实和正确的结论（包括定义、公理、定理等），按照严格的逻辑法则得到新结论的推理过程，是从一般到特殊的推理，它是以某类事物的一般判断为前提做出这类事物的个别、特殊事物判断的推理方法。演绎推理以形式逻辑或论证逻辑为依据，它的过程正好与归纳推理的过程相反，它的前提与结论之间有着必然的联系，只要前提是真的，推理是合乎逻辑的，就一定能得到正确的结论。

其表达形式为三段论。

大前提：所有 M 都是 P；

小前提：S 是 M；

结论：S 是 P。

在数学教材和教学中，当两个前提中的某个不言自明时，可以省略一个前提。如这个图形是三角形，它的内角和是 $180°$。这个推理省略了大前提"三角形的内角和是 $180°$"。正因为演绎推理是一种结果为必然的推理，所以所有严格的数学证明采用的都是这样的推理模式。这是一种非常严谨、科学的推理，因而被用来肯定数学知识，建立严格的数学体系。演绎推理作为数学中一种严格的论证方法，可以对数学的合情推理中由归纳、类比所得结论进行证真或证伪。在数学学习中，不但有大胆猜想、发现问题、探求新知的合情推理，更有小心验证、仔细论证的演绎推理。例如，在"乘法分配律"教学中，通过类比推理，将法则拓展到三个数或更多数的和与一个数相乘，即 $(a+b+c)\times d=a\times d+b\times d+c\times d$。这是一个大胆、有意义的猜想，它是正确还是错误的呢？我们可以用演绎推理的思想加以验证，具体的推理过程如下：

因为 $a+b+c$ 这三个数的和可以运用曾经学习的加法结合律进行运算，即 $(a+b)+c$，由于 $a+b$ 又是一个新的数，假设等于 e，问题就转变为 $(e+c)\times d$ 的情况了，这仍旧是法则中两个数的和与一个数相乘的情况，即 $(a+b+c)\times d=[(a+b)+c]\times d=(a+b)\times d+c\times d=a\times d+b\times d+c\times d$。所以，猜想的结论是正确的。

演绎推理思想是指从一般原理或理论出发，依据这一理论推导出一些具体的结论，然后用这些结论说明和解释具体现象的思想。演绎推理思想是数学的一种重要的证明方法，在小学数学中虽然没有出现类似初中阶段的数学证明那样严密规范的演绎推理，但在很多结论的推导过程中还是应用了演绎推理的省略形式。如推导出平行四边形的面积公式之后，三角形的面积公式的推导过程是先把两个同样的三角形拼成一个平行四边形，再根据平行四边形的面积公式推出三角形的面积公式。这实际上就应用了演绎推理，其过程为，平行四边形的面积等于底乘高，两个完全相同的三角形的面积等于平行四边形的面积，则两个同样的三角形的面积等于底乘高，因而一个三角形的面积就等于底乘高的积除以 2。

四、转化思想

转化思想又称为化归思想。法国数学家、哲学家笛卡尔认为：一切问题都可以转化为数学问题，一切数学问题都可以转化为代数问题，而一切代数问题又都可以转化为方程。因此，一旦解决了方程问题，一切问题将迎刃而解。他通过建立坐标系，使得几何问题和代数问题互相转化，从而创立了解析几何。很多数学问题的成功解决常常依赖于转化思想的成功运用。如第二节中的案例 2"七桥问题"正是运用转化思想的典范，欧拉将问题中的"四处地点"转化为"四个点"，将"七座桥"转化为"七条线"，化繁为简，将实际问题转化成了一个"一笔画问题"，成功地解决了问题。

匈牙利女数学家罗莎·彼得曾提出一个有趣的例子："在你面前有煤气灶、水龙头、水壶和火柴，你想烧开水，应当怎样去做？"她的学生说："将壶中的水注满，再把壶放在煤气灶上，点燃煤气。"她会认为默许已经解决了这个问题，但是她接下来又提出一个问题："现在壶中已经注满水，其他条件没变，你应当怎样去做？"这时，她的学生有信心地回答："把壶放在煤气灶上，点燃煤气。"然而，这个回答却不能让罗莎满意，因为她认为："只有物理学家才会这样做，数学家会倒掉壶中的水，并宣称他已经把后边的问题转化为先前已经解决的问题了。"

罗莎的这一回答道出了数学家不同于物理学家思考问题和解决问题之处，就是特别善于运用转化的思想。的确，数学中的问题千变万化，遇到新问题，数学家不会事事从头再来，而是想方设法把它转化为一个已知的、熟悉的、能够解决的问题；对于困难的问题，数学家往往也不对问题实行正面攻击，而是不断地将它转化、变形，达到解决问题的目的。将问题化难为易、化繁为简、化大为小、化曲为直……是数学家的习惯和智慧，更是有力武器。

综上所述，转化思想就是在解决数学问题时，将待解决问题 A，通过某种转化手段归结为另一问题 B，而问题 B 是相对较易解决或已有固定解决程序，通过问题 B 的解决可得到原问题 A 的解答。这是一种具有普遍意义的思想方法，它的实质是通过由未知到已知、由难到易、由复杂到简单的转化达到解决问题的目的。

五、数形结合思想

数学研究的对象是数量关系和空间形式，即数与形两个方面，数与形是客观事物不可分离的两个数学表象。华罗庚先生曾说过："数缺形时少直观，形少数时难入微。"数与形表示在互相转化和互相结合上。数形结合主要指数与形之间的一一对应关系。数形结合就是把抽象的数学语言、数量关系与直观的几何图形、位置关系结合起来,通过"以形助数"或"以数解形"即通过抽象思维与形象思维的结合,可以使复杂问题简单化,抽象问题具体化,从而实现优化解题途径的目的。常见的数与形之间的一一对应关系有实数与数轴上的点的对应、函数与图象的对应、曲线和方程的对应、复数与复平面上的点的对应等。

数形结合思想就是通过数与形之间的对应关系和相互转化来解决问题的思想方法。在解题中应用数形结合思想就是要把数与形结合,相互渗透,把代数式的精确刻画与几何图形的直观描述相结合,使代数问题、几何问题相互转化,使抽象思维和形象思维有机结合。常见的应用方式有"以形助数""以数解形"和"数形互变"。"以形助数"是指把"数"的对应——"形"找出来,把数量问题转化为图形问题,并通过对图形的分析、推理解决数量问题;"以数解形"是指把"形"正确地表示成"数"的形式,进行分析计算;"数形互变"则是指在有些数学问题中需要"形""数"互相变换,不仅要想到由"形"的直观变为"数"的精确,还要由"数"的精确联系到"形"的直观,解决这类问题往往需要从已知和结论同时出发,认真分析,找出内在的"形""数"互变,实质就是"以数解形""以形助数"的结合。

数形结合思想的应用就是要充分考查数学问题的条件和结论之间的内在联系,既分析其代数意义,又揭示其几何意义,将数量关系和空间形式巧妙结合,来寻找解题思路,使问题得到解决。运用这一数学思想,要熟练掌握一些概念和运算的几何意义及常见曲线的代数特征。

六、极限思想

我们知道,传统的小学数学四则运算是有限个数的计算,经过有限的运算次数可以得到一个确定的结果。小学数学中直边几何图形的面积计算,一般都可以转化为长方形。但是,当我们遇到不同于上述情况的更复杂的数学问题时,应如何解决呢?例如,计算 $\frac{1}{2}+\frac{1}{4}+\frac{1}{8}+\frac{1}{16}+\cdots$ 的结果,这是无限个数相加,答案是唯一确定的吗?如何计算呢?又如,圆、椭圆这些不是直线围成的图形,不能直接转化成长方形,如何精确计算它们的周长和面积呢?这些问题的解决就要用到极限思想。

所谓极限思想,是指用极限概念分析问题和解决问题的一种数学思想,它是在无限变化过程中用无限逼近的方式考察变量变化趋势的思想。其中,"变化的量是无穷多个"与"无限变化的量趋向于一个确定的常数"两个要素缺一不可。如自然数列尽管是无限的,但是它趋向于无穷大,不趋向于一个确定的常数,因而自然数列没有极限。所以"无限≠极限",无限的结果有两种可能,可能是收敛的,也可能是发散的。只有收敛的无限过程才能存在极限。对于要考察的未知变量,首先用某种方法构造一个与它相关的变量;然后确认这个变量通过无限过程的变化趋势就是要求的未知量;最后再用极限思想计算得到这个结果。这是用极限思想解决数学问题的一般步骤。

第四节　与数学语言有关的数学思想

在如今的信息时代，数学语言已经成为人们日常交流不可或缺的组成部分。在这个时代，一个人想要公平地获得信息和有理有据地做出判断，几乎都离不开数学语言。在数学课程领域，如果想要别人了解你从一个问题情境中观察到了什么，就必须用数学语言把这个结果表达出来，使个人的主观意识转化为一个客观和可视化的存在。没有数学的表达就无法形成概念，也就无法揭示数学的本质，更谈不上用数学去分析问题、解决问题了。数学语言是沟通真实世界与数学世界的桥梁、理解数学世界的工具和解决数学问题的载体。与数学语言有关的数学思想有模型思想、方程思想、函数思想、优化思想、统计思想、随机思想等。

一、模型思想

数学模型是用数学语言概括或近似地描述现实世界事物的特征、数量关系和空间形式的一种数学结构，即运用数学的语言和工具，对现实世界的一些信息进行适当简化，经过推理和运算，对相应的数据进行分析、预测、决策和控制，并且要经过实践的检验。如果检验的结果是正确的，便可以指导我们的实践。数学建模就是对实际问题的一种数学表述，是对现实原型的概括，是数学基础知识与数学实际应用之间的桥梁，简而言之，就是将当前的问题转化为数学模型。数学建模是一种数学的思考方法，是使用数学的语言和方法，通过抽象、简化建立能近似刻画并"解决"实际问题的一种强有力的数学手段。

《2022年版数学课标》把小学阶段与模型思想有关的核心素养称为模型意识，描述为"指对数学模型普适性的初步感悟。知道数学模型可以用来解决一类问题，是数学应用的基本途径。能够认识到现实生活中大量的问题都与数学有关，有意识地用数学的概念与方法予以解释"[1]。模型思想与符号化思想有相似之处，都是在经过抽象后用符号和图形表达数量关系和空间形式的。但是符号化思想更注重数学抽象和符号表达。模型思想则更加重视如何联系真生活、创设真情境，经过分析与抽象建立模型；更加重视如何应用数学解决生活和科学家研究中的各种问题，包括跨学科的综合问题。

小学数学中常见的模型主要有以下几个方面：数的表示模型（自然数列模型和数轴模型）、数的运算模型、运算定律模型、方程模型、数量关系模型（总量模型、路程模型、比例模型、植树模型、工程模型）、公式模型（周长公式、面积公式、体积公式）、统计图表模型等。下面以数量关系模型为例进行详细阐述。

（一）总量模型

顾名思义，总量模型讨论的是总量与几个部分量之间的关系，其中部分量之间的地

---

[1] 中华人民共和国教育部. 义务教育数学课程标准（2022年版）[S]. 北京：北京师范大学出版社，2022：10.

位是平等的，是并列关系，因此这种模型的运算要用加法。如果单纯从数学计算的角度考虑，还可以称这个模型为加法模型。这种模型可以具体表示为"总量＝部分量＋部分量"。显然，可以用这个模型来解决现实中一类涉及总量的问题，这样的问题在小学低年级的数学教学中屡见不鲜。比如，图书室各种类型书的总和是多少？在商店中买几样商品的总花费是多少？等等。进一步来说，针对现实生活中具体问题背景的不同，可以引导学生灵活地使用这种模型，如把加法运算变为减法运算"部分量＝总量－部分量"。

（二）路程模型

这种模型讲述的是距离、速度、时间之间的关系，如果假设速度是均匀的（或者平均速度），可以得到模型的形式"距离＝速度×时间"。虽然说是路程问题，但这个模型适用于一类现实中的问题，比如，还可以解决"总价＝单价×数量""总数＝行数×列数"的问题等。因为这种模型强调的是乘法，所以单纯从数学角度考虑，还可以称其为乘法模型。针对具体问题的不同，还可以把总量模型和路程模型结合使用，在结合的过程中，方程就成了有力的数学工具。通过对模型的构建和理解，我们可以逐渐认识到：数学不仅仅是对现实世界中数量关系和图形关系的抽象，以及逻辑推理的典范，数学所形成的概念、方法和命题还是描述现实世界强有力的工具。

（三）比例模型

比例是由两个比值相等的比组成的等式，表示相等关系，由4个数（量）组成。它的价值主要有两个：一是比例的应用非常广泛，包括解决量之间成比例的实际问题，而且将来在中学数学中也会经常运用，如相似三角形对应线段成比例；二是为正比例和反比例，为函数的学习打下基础。例如，买5个作业本花了10元，那么18元可以买多少个作业本？解决这一问题可以用路程模型，先求出一个作业本的单价为10÷5＝2元/个，再用路程模型求出可买作业本的个数为18÷2＝9个。还可以用比例模型，得18∶10＝个数∶5，从而可求得作业本个数为9。显然路程模型偏向于算术思维，而比例模型偏向于代数思维。

（四）植树模型

植树模型的问题背景是：在直线或平面上有规律地挖一些洞（也可以假设有一些洞），在洞中植树。在一般情况下，植树的数量小于洞的数量，这就可以提出两类问题：一类问题是按一定规律在一部分洞中植树，问可以植树多少颗；另一类问题是确定植树的棵数，探索植树的规律。可以想象，在现实生活中这类问题是层出不穷的，也是非常有趣、有意义的。显然，在平面设计这类问题要比在直线上困难得多，因此在小学阶段的数学教学中，问题的背景应当主要针对直线而不是平面。植树模型涉及长度、间隔（间距）、棵数三个数量，长度就是一条直路两个端点之间的距离，间隔就是相邻两棵树之间的距离，棵数就是栽树的数量。在只栽一排树的情况下，一般分为三种类型：一端栽一端不栽、两端都栽、两端都不栽。

（五）工程模型

工程模型的问题背景是：有一个工程，甲工程队和乙工程队单独完成分别需要 A 天和 B 天，考虑两个工程队合作完成这个工程所需要的时间。解决这样的问题，一个简便方法是假设工程为 1，因为有了这个假设就可以确定甲工程队和乙工程队一天分别能完成工程的 $1/A$ 和 $1/B$。正因如此，人们又称这样的问题为归一问题。当然，在具体使用这个模型时，可以假设两个工程队合作会提高效率或降低效率，也可以假设甲工程队先工作几天之后乙工程队再参加，还可以假设有三个或者更多的工程队来完成这个工程。工程模型的传统问题还可以是注水问题：有几个水管向一个池子中注水，还可以考虑一边注水一边放水的情况等。

二、方程思想

方程是解决实际问题的重要工具，它可以用来描述现实世界中的各种等量关系。方程思想的核心是将问题中的未知量用数字以外的符号（常用 x、y 等字母）表示，根据相关数量之间的相等关系构建方程模型。方程思想体现了已知和未知的对立统一。史宁中认为，方程是要讲两个故事，两个故事的主人公是同一个量，每个故事都可以用已知数和未知数表达这个量，然后用等号连接起来。一般地，运用方程思想的基本步骤为：在解决数学问题时，从分析问题中的已知量和未知量之间的数量关系入手，通过设元，寻找已知和未知之间的等量关系，运用数学符号将相等关系转化为方程，再通过解方程使问题获得解决。在建立方程时，需要围绕问题解决的既定目标，将现实情境抽象概括为等价的自然语言，再用数学符号等价地表达出来，这种抽象过程体现的正是建模思想；解方程时，需要将新出现的方程问题转化为已经解决的方程问题，回归到已知算法，这正是化归思想的运用。

按照《2022 年版数学课标》的要求，小学阶段不再学习方程的内容，但是保留用字母表示数和数量关系这部分内容，并学习等式的性质。表面上看，方程不安排在小学学习，但实际上，用字母表示数量关系，加上等式的性质，相当于学习最简单的初等代数，其中包括代数式、方程和函数思想。也就是说，要求学习初步的代数思想，总体上称为数量关系，比只学习方程站位更高，原来用方程解决的问题，用数量关系完全可以解决。用字母表示数量关系是重要的数学思想方法，用含有字母的等式表示数量的相等关系，不仅能体现代数的应用价值，也有助于学生形成模型思想。

三、函数思想

现实世界的数量关系纷繁复杂，某一个自然现象可能涉及多个变量的变化，但是这几个变量并不是孤立地独自变化的，而是相互之间有一种依赖关系。如果一个变量 x 变化，另一个变量 y 随之变化，对于 x 的每个确定的值，y 都有唯一确定的值与其对应，那么称 y 是 x 的函数。中学学习的函数都是这类函数。事实上，现实生活中还有很多情况是一个变量会随着几个变量的变化而相应变化，这样的函数是多元函数，如圆柱的体积 V 与底面半径 r 和圆柱的高 h 的关系。

函数描述并刻画了变量之间的联系及其规律。函数思想是指用函数的概念和性质去分析问题、转化问题和解决问题。由于函数描述的是自然界中变量之间的数量关系，因此，函数思想方法也是指用运动变化的观点去分析和研究变量之间的数量关系，建立函数关系或构造函数，再运用函数的图象与性质去分析、解决相关问题。函数思想是对函数内容在更高层次上的抽象、概括与提炼，在研究方程、不等式、数列、解析几何等其他内容时起着重要作用。函数思想的最大特点就是从变化运动的观点来认识数学对象和它们性质之间的关系。

函数思想蕴含着以下重要观点和思想：①世界是普遍联系的，各个量之间总有互相依存的关系；②在"变化"中寻求"规律"；③"变化"有快有慢，有时"变化"的速度是固定的，有时是变动的；④根据"规律"判断发展趋势等。函数思想的核心是刻画变化中的不变，其中变化的是"过程"，不变的是"规律"。函数思想的本质在于建立和研究变量之间的对应关系。函数思想主要体现在构造函数、建立函数关系的数学模型。小学数学中函数思想主要体现在四则运算、变化规律、正比例、面积体积公式等内容上。如加法运算中，一个加数不变，和随着另一个加数的变化而变化；乘法运算中，一个因数不变，积随着另一个因数的变化而变化等。

四、优化思想

在日常生活中，人们常常会遇到"极大与极小""最大与最小"等问题，如用料最省、利润最大、效率最高、投入最少、产量最大、路程最短、运费最省、时间最少等，希望以最低的付出获得最好的收益，而且风险最小，这些问题都可以称为最优化问题，解决这些问题运用的就是优化思想。这样的问题一般具有两重含义：一是指所研究目标与"最优"有关；二是解决问题的方法要求"最优化"，最后求得一个合理运用人力、物力和财力的最优方案。

简言之，优化思想就是运用数学模型或方法，建立各种可行方案并遴选出最优方案的思想。具体步骤概括为，通过搜集大量的统计数据，建立与其相应的数学模型，再通过研究相应函数的性质，提出优化方案，使问题得到解决。在小学数学中，优化思想的体现是初步的，主要有以下几个方面：①在多样化的计算和解题方法中，比较不同方法的特点和优劣；②解决类似于最省钱、省时间等方面的实际问题；③合理安排时间，在较短的时间内，尽可能地做更多的事情；④通过简单的例子，感悟函数的极值思想。

五、统计思想

"统计"指对某一现象有关的数据进行搜集、整理、计算和分析等，也指总括地计算。统计学家李金昌认为，统计就是"统而计之，计而统之"的总和。所谓"统而计之"，就是选定研究主题，确定统计目的，观察计量，搜集资料。所谓"计而统之"，就是整理统计资料，开展计算分析，或者归纳，或者演绎，推理判断，得出结论。概括地说，统计就是根据一定的理论和方法，客观地搜集所需要的统计资料并进行科学的加工整理和推断分析，得出我们所需要的有用结论的活动。①

现实生活中有大量的数据需要分析和研究，如人口数量、物价指数、商品合格率、种子发芽率等。有时需要对所有数据进行全面调查，如为了掌握人口的真实情况，进行全国人口普查。一般情况下，不可能也不需要考察所有对象，如物价指数、商品合格率等，这就需要采取抽样调查方法收集和分析数据，用样本来估计总体，从而进行合理的推断和决策，这就是统计的思想方法。统计思想是统计学的精华，是统计方法的灵魂。统计思想的本质是从局部数据的特征来推断整体状态的思想方法，是收集数据、整理数据、对数据进行分析的判断，然后探知某个系统的规律性的思想方法。

当今社会，人们每天的日常工作和生活都会面对纷繁复杂的信息和数据，如何收集、整理和分析数据，学会运用数据说话，做出科学的推断和决策，是每一个公民必须具备的数学素养和思维方式。《2022年版数学课标》中，关于小学阶段统计领域的核心素养表现为数据意识："主要是指对数据的意义和随机性的感悟。知道在现实生活中，有许多问题应当先做调查研究，收集数据，数据感悟数据蕴含的信息；知道同样的事情每次收集到的数据可能不同，而只要有足够的数据就可能从中发现规律；知道同一组数据可以用不同方式表达，需要根据问题的背景选择合适的方式。形成数据意识有助于理解生活中的随机现象，逐步养成用数据说话的习惯。"②

在小学数学中，统计思想的应用大体上可分为两种：一是统计作为四大领域知识中的一类知识，安排了很多独立的单元进行统计知识的教学；二是在学习了一些统计知识后，在其他领域知识的学习中，都不同程度地应用了统计知识，作为知识呈现的载体和解决问题的方法进行教学。因而，统计思想在小学数学中的应用是比较广泛的。小学数学中统计的知识点主要有象形统计图、单式统计表、复式统计表、单式条形统计图、复式条形统计图、单式折线统计图、复式折线统计图、扇形统计图、平均数、百分数等。这些知识作为学习统计的基础是必须掌握的，但更重要的是能够根据数据的特点和解决问题的需要选择合适的统计图表或统计量来描述和分析数据，做出合理的预测和决策。

六、随机思想

生活中除了有很多确定性现象，还有很多不确定性现象。经常有人说"天有不测风云"，其本意是指天气变化无常，人们很难事先预料一些自然灾害的发生；后指生活中充满了不确定性，人们很难事先预料一些事情的发生，这些事情的发生有随机性。这些具有不确定性的现象，称为随机现象。随机现象发生的结果具有"随机性"，是偶然的；同时，大量重复相同的随机事件，每次事件发生的结果又具有频率的"稳定性"，是必然的。这种在"偶然"中寻找"必然"，然后再用"必然"的规律去解决"偶然"的问题，体现的数学思想就是随机思想。简单来说，探求随机现象发生所具有的概率规律，就是随机思想。

具体来说，随机思想是指随机事件在实验之前，无法确定其结果，任何一种可能结

---

① 李金昌. 关于统计思想若干问题的探讨［J］. 统计研究，2006（3）：31-37.
② 中华人民共和国教育部. 义务教育数学课程标准（2022年版）［S］. 北京：北京师范大学出版社，2022：9.

果都有可能出现。但是各种可能结果出现的可能性是有大小的。某一事件发生的可能性大小是针对大量的重复实验而言，可能性大的结果，未必会在一次或几次实验中出现；可能性小的结果，未必会在一次或几次实验中不出现。随机事件在重复多次后会表现出规律性。

随机思想与统计、概率思想研究的都是随机现象，但随机思想更基本，因为无论是对概率还是统计的研究，都必须建立在事件的发生具有随机性这一前提下，没有随机思想，就没有统计与概率。而概率与统计思想则更深刻、精确，是对随机思想的量化发展。随机思想既具有偶然性，又具有必然性，然而必然性并不会自动显现出来，它总是隐藏在偶然现象背后，那么如何来发现和把握偶然现象背后的必然性呢？这就需要运用统计和概率的方法来准确把握——显示其统计规律和概率规律。

【思考与讨论】

请扫描二维码完成习题。

下篇：聚焦核心素养的新课堂

第五章　核心素养导向的小学数学课堂改革

【本章要点】

1. 从中华人民共和国成立初偏重"双基"、21世纪初强调"三维目标"到当前以核心素养为导向的新课标修订，我们已经迈入核心素养教育的新时代。小学数学课堂教学随之从学科内容转向了核心素养、从知识本位转向了素养本位。问题的情境性、实践的参与性、知识的整合性和思维的高阶性为我们重构核心素养导向的小学数学课堂教学指明了方向。

2. 重构素养本位的小学数学课堂必须把知识放回真实的问题情境中。问题解决是数学教学的核心。"问题"即"问题情境"，人的认知具有情境性，人们的活动深深根植于他们的情境和文化中。真实性问题情境是数学核心素养发生的场域。素养导向的课堂教学变革要将对数学的理解置于真实性问题情境中，让学生能够具备解决未来现实世界中的复杂问题的综合能力。

3. 重构素养本位的小学数学课堂教学要实施大概念整合性教学。整体生成是学科核心素养发展的基本样态，因而数学课堂应当尽量采取整合形态的教学。大概念作为知识背后隐藏的本质观念，是具有中心性、聚合性、中心性和迁移性的网状活性概念群。大概念统摄下的整合教学有助于学生形成专家思维，发展核心素养。大概念既是整合教学的出发点，也是核心素养的落脚点。基于大概念整合教学是素养导向下小学数学课堂重构的重要途径。

4. 实践参与是数学核心素养发展的根本途径，重构素养本位的小学数学课堂教学必须回归学科实践。小学数学课堂教学应在实践参与性教学中实现以高阶思维为特征的深度学习。因而基于真实性问题情境的实践活动是数学核心素养生成的"熔炉"。

【框架导读】

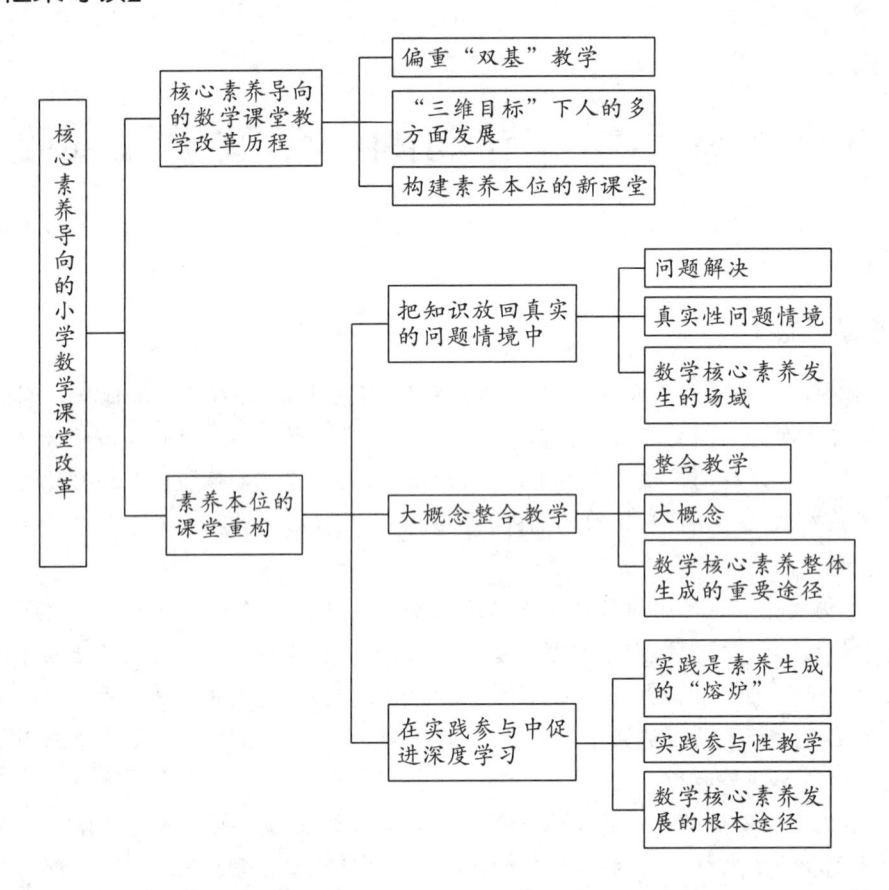

```
核心素养导向的小学数学课堂改革
├── 核心素养导向的数学课堂教学改革历程
│   ├── 偏重"双基"教学
│   ├── "三维目标"下人的多方面发展
│   └── 构建素养本位的新课堂
└── 素养本位的课堂重构
    ├── 把知识放回真实的问题情境中
    │   ├── 问题解决
    │   ├── 真实性问题情境
    │   └── 数学核心素养发生的场域
    ├── 大概念整合教学
    │   ├── 整合教学
    │   ├── 大概念
    │   └── 数学核心素养整体生成的重要途径
    └── 在实践参与中促进深度学习
        ├── 实践是素养生成的"熔炉"
        ├── 实践参与性教学
        └── 数学核心素养发展的根本途径
```

第一节 核心素养导向的数学课堂教学改革历程

一、中华人民共和国成立—20世纪末：偏重"双基"教学

中华人民共和国成立初期，我国的教育理论工作者开始全面系统地学习马克思列宁主义、毛泽东思想，力图以辩证唯物主义和历史唯物主义为指导来建设我国的教学理论体系，明确提出了社会主义教学活动的目的——向学生传授文化科学基础知识和基本技能，发展学生的认识能力和体力，培养学生的辩证唯物主义世界观和共产主义道德品质。[①] 其中，向学生传授文化科学基础知识和基本技能，是教学活动的中心任务。数学教育界当时盛行的教学方法是"讲深讲透"，至20世纪60年代上半期又发展为"精讲多练"。所谓"精讲多练"，就是通过"精讲"解决学习过程中由不知到知的矛盾，通过"多练"解决由知道到巩固掌握、熟练运用的矛盾。"精讲、多练，再精讲、再多练"这

---

① 华中师范学院等. 教育学 [M]. 北京：人民教育出版社，1982：113-114.

种形式循环往复、步步深化,而每一循环,都使学习进入高一级程度,这就构成了当时数学教学主要艺术,带有明显行为主义色彩。[①] 这个时期小学数学课程的主要特点是重视"双基",注重知识的系统性。

20世纪70年代后期,我国迎来数学教育的春天,当时国外的心理学理论主流已经被认知主义取代。认知主义强调学习者的主观能动性,相对于行为主义对学习过程"试误"的强调,认知主义认为学习过程更重要的是"顿悟"。认知主义相对于行为主义能更好地解释问题解决等复杂学习过程,很快对我国数学教育界产生了影响。1978年秋,以"精选、增加、渗透"原则为指导的新编中小学数学教材开始试用。所谓"精选、增加、渗透"原则,即精选传统的算数内容;适当增加代数、几何的部分内容;适当渗透一些现代数学思想。[②]

进入20世纪80年代,中国数学教育界开始积极探索教学方法改革的实验,如以顾泠沅为代表的青浦数学教学改革取得重大成功。20世纪80年代后期,英美数学教育界把问题解决(Problem Solving)作为数学教育核心问题,全美数学教师联合会(NCTM)大胆进行了"把数学课程作为问题解决的数学"的尝试。[③] 我国数学教育界也从研究"解题教学"开始进入"问题解决"的专门研究。我们通常指的解题注重结果、答案,甚至答案的唯一性。问题解决注重的是解决问题的过程、策略以及思维的方法。在问题解决中,相当一部分是实际生活中的例子,从构造数学模型、设计求解模式的方法到回顾整个过程的反思,都是由学生自主去发现、设计、创新、完成的。所以,问题解决与创造性思维密切相关。此外,问题解决还能激发学生的好奇心和求知欲,培养其质疑和研究精神,发挥学生的主体性。所以,这一时期我国数学教育界着重研究如何正确处理教与学关系、知识与能力关系的问题。

从20世纪80年代开始,已经注意到需要、动机、兴趣、情感、态度等非智力因素在学习中的重要性;20世纪90年代,又开始关注学生的主体性发展,明确指出学生是学习的主体,因而要采取恰当的方法使学生的能力得到充分培养和提高。但是从总体上看,课堂教学实践主要还是在"双基"框架下进行的。重视"双基",重视培养学生的数学能力,强调对学生进行思想品德教育等,与我传统文化特点有关。"双基"教学在很大程度上确保了课堂教学的规范性和实效性。

二、进入21世纪:"三维目标"下人的多方面发展

从1999年开始设计,2001年实施的新一轮数学课程改革,是我国启动的第八次基础教育课程改革。从课堂教学的目标追求来看,在"双基"的基础上,增加了"过程与方法"和"情感态度与价值观"两个方面,形成"三维目标"体系,反映了对人的认识的升华。在"三维目标"中,第一维"知识与技能"目标意指人类生存不可或缺的核心知识和基本技能;第二维"过程与方法"目标的"过程"意指应答性学习环境与交往体

[①] 张奠宙. 数学教育研究导引[M]. 南京:江苏教育出版社,1998:130-131.
[②] 马云鹏. 小学数学教学论[M]. 北京:人民教育出版社,2013:16-17.
[③] 马忠林. 数学课程论[M]. 南宁:广西教育出版社,1996:174-175.

验,"方法"指基本学习方式和生活方式;第三维"情感、态度与价值观"目标意指学习兴趣、学习态度、人生态度以及个人价值与社会价值的统一。① 可以说,"三维目标"是对传统"双基"目标的超越,它突破了"双基"只关注知识本身的局限,体现了对学生人格发展的要求。

"三维目标"致力于全面改变课程过于注重知识传授的倾向,强调学生形成积极主动的学习态度,使获得基础知识与基本技能的过程同时成为学会学习和形成正确价值观的过程。《2011年版数学课标》从知识技能、数学思考、问题解决、情感态度四个方面具体阐述了"三维目标"。具体来说,数学学习使学生对数学与现实世界的联系、数学的探索过程、数学的文化价值以及数学知识的特征有所认识,使学生在兴趣与动机、自信与意志、态度与习惯等方面有所发展,使学生在形象思维和抽象思维、空间观念、合情推理和演绎推理等方面有所发展,使学生在发现、提出、分析和解决问题及交流反思方面获得发展。总之,要通过数学学科的学习促进学生整体素质的发展。因为,教育面对的是完整的人,强调"三维目标"教学,其实是强调课堂的多方面育人,以及学生作为人的多方面发展。

三、2014年至今:构建素养本位的新课堂

2014年,《教育部关于全面深化课程改革落实立德树人根本任务的意见》提出"落实立德树人工程"的十大关键领域,在国家课程改革的文件中明确使用"核心素养"一词,确定了以学生核心素养发展为导向的课程改革思路,标志着中国基础教育进入核心素养教育的新时代。素养蕴含着人的本质规定性和全面完整性,核心素养反映着学生适应自身终身发展和实现社会发展必需的正确价值观、必备品格和关键能力。最新颁布的《义务教育课程方案(2022年版)》明确指出,"要基于核心素养发展要求,遴选重要观念、主题内容和基础知识,设计课程内容,增强内容与育人目标的联系,优化内容组织形式。设立跨学科主题学习活动,加强学科间相互关联,带动课程综合化实施,强化实践性要求"。新的课程方案将"聚焦核心素养,面向未来""加强课程综合,注重关联""改革育人方式,突出实践"确立为义务教育课程应遵循的基本原则。具体来说,主要体现在以下几个方面:①设计综合课程和跨学科主题学习以强化学科内知识整合;②注重培养学生在真实情境中综合运用知识解决问题的能力;③开展跨学科主题教学,强化课程协同育人功能;④加强知行合一、学思结合,倡导"做中学""用中学""创中学";⑤积极探索新技术背景下学习环境与方式的变革。②

因此,从学科内容转向核心素养是当下小学数学课堂教学改革发展的方向。重构素养导向下的小学数学课堂必须明确,知识虽然不是素养,但素养却源于知识。所以,知识唯有成为学生探究与实践的对象,学习过程才可能成为素养发展过程。可以这么说,知识+实践=素养。实践乃素养之母,一切实践又根植于情境中。③ 因此,素养的形成

---

① 钟启泉. 三维目标论[J]. 教育研究,2011(9):62—67.
② 中华人民共和国教育部. 义务教育课程方案(2022年版)[S]. 北京:北京师范大学出版社,2022:4—5.
③ 张华. 论核心素养的内涵[M]//钟启泉,崔永漷. 核心素养研究. 上海:华东师范大学出版社,2018:24—36.

和发展与情境存在必不可分的关系。素养依赖于情境,素养是一种复杂、高级、综合和人性化的能力。素养的形成与发展只能在智力、情感和道德的真实情境中。但素养又超越情境,在知识日益情境化、情境日益复杂化的信息社会,唯有将知识根植于情境,才能找到知识学习的意义,促进素养的发展。因此,建构素养本位的小学数学课堂要从问题的情境性、实践的参与性、知识的整合性和思维的高阶性探寻新的路径与方向。

第二节 素养本位的课堂重构(一):
把知识放回真实的问题情境中

人类掌握知识的目的在于解决所面临的问题,事实上我们每个人都是问题解决者。从某种意义上说,教学的目的最终是要让学生自主地解决各种问题。著名数学家哈尔莫斯(Halmos)曾说,问题是数学的心脏。数学家波利亚(Polya)更是把数学视为一门问题解决的学科,并把问题解决作为数学教学的核心。自20世纪80年代起,问题解决(Problem Solving)作为世界潮流迅速成为各国数学教育的核心。从实用出发选择教材,把数学应用于现实世界,解决实际问题,把教育重点放在培养数学思考能力上成为各国数学教育的共识。毋庸置疑,问题解决已经成为数学学习中最重要的一种活动。问题解决是一个发现、探索和创新的过程。问题解决也是一项基本的整合技能,包括提出问题、建构数学模型、设计求解方法和检验答案等各类技能。在现代数学教育改革中,问题解决教育已经成为数学教育的重要目标之一,也被列入我国数学课程目标中。希望通过数学学习,学生在提出问题、分析问题、解决问题以及交流和反思等方面获得发展。

一、数学教学中的问题解决

(一)问题解决是数学教学的核心

问题解决是数学教学中最重要的一种活动,是数学教学的一个目的。正如贝格(Begle)所说:"教授数学的真正理由是,数学是应用极广的学科,且特别的,教授数学还有利于解决各种各样的问题。"[①] 问题解决是一个过程。《21世纪的数学纲要》提出,问题解决是学生应用以前获得的知识投入新的或不熟悉的情境中的一个过程。也就是说,不能只教给学生现成的数学知识,而应教给学生把现实中的数量关系或构造给予数学化的解决过程。在这个过程中,其重要价值和意义主要体现在:①学生逐步学会从数学的角度提出问题和理解问题;②有利于发展探索与创新精神、体验解决问题策略的多样性;③学会与他人合作,能比较清楚地表达和交流解决问题的过程与结果;④通过解决问题,逐步形成评价与反思的意识。问题解决不同于日常数学教学中所说的"解题"。我们通常所指的解题是注重结果和答案的,而且答案往往是唯一的。但是,问题

---

① 张奠宙,唐瑞芬,刘鸿坤. 数学教育学[M]. 南昌:江西教育出版社,1991:223.

解决注重解决问题的过程、策略和思维方法。

(二) 问题即"问题情境"

在日常生活中，我们每时每刻都会遇到问题，并且都知道什么是问题。《国际教育词典》指出，问题解决的特性是用新颖的方法组合二个或更多的法则去解决一个问题。[1] 对于问题解决中问题的理解，有人认为问题解决就是解题，那么问题解决中的问题就是教材中的练习题。也有人认为，问题解决主要是解决非常规的问题。所谓非常规问题，也称为开放性问题，就是课程中没有确定解决这类问题的准确程序或一般规则的那类问题。解决这类开放性问题时，学生不得不使用与已学过算法不同的方法。还有人认为，问题解决是解决现实生活中的问题，因而问题就是那类情境题，如："刷一个房间所有墙壁和天花板所用的油漆需要多少钱？"目前，多数人比较赞同的对问题的理解还是来自纽厄尔（Newell）和西蒙（Simon）对问题的定义。他们认为，问题表示这样一种问题情境，即个体想做某件事，但不能马上知道完成这件事所要采取的一系列行动。每一个问题包含目标、给定信息和障碍三种成分。第一是目标，即有关问题结果状态的描述；第二是给定信息，即有关问题初始状态的一系列描述；第三是障碍，即在解决问题的过程中会遇到的种种需解决的因素。由此看来，"问题"的原意虽然是障碍、阻力，给人造成困惑，但问题解决中的"问题"除这层意思外还有另一层含义。那就是，问题解决中的"问题"实际还表示一种"问题情境"，即给定信息与目标之间有某些障碍需要加以克服的情境。[2]

二、真实性问题情境

(一) 情境认知与学习

人的认知具有情境性，这就是情境认知（Situated Cognition）。情境认知与学习是20世纪90年代以来西方学习理论研究的主流。情境认知的突出特点是把个人认知放在更大的物理和社会的情境脉络中，这一情境脉络是互动性的，包含了文化建构的工具和意义。从学习环境建构的视角来看，情境认知把认知研究的关注点从环境中的个人转向人和环境。学生的学习是一种认知过程，为了让学生真正理解并运用知识，就应该为其创设相应的认知情境，这就是情境学习（Situated Learning）。

情境学习理论强调学习过程中个体与其所依存的物理和社会文化历史情境的相互作用。学习的实质是什么？认知理论认为，学习的实质就是获得符号性的表征或结构并应用这些表征或结构的过程。学习更多的是发生在学习者个人内部的一种活动。情境学习理论则认为，知识是基于社会情境的一种活动，而不是一个抽象具体的对象；知识是个体与环境交互作用过程中建构的一种交互状态，而不是静态的事实；知识还是一种人类

---

[1] 张奠宙，唐瑞芬，刘鸿坤. 数学教育学 [M]. 南昌：江西教育出版社，1991：222—223.
[2] 陈琦，刘儒德. 当代教育心理学 [M]. 北京：北京师范大学出版社，2007：326.

协调一系列行为去适应动态变化发展的环境的能力。[①] 因此，人们不是根据内心关于世界的符号表征活动的，而是直接通过与环境的接触和互动来决定自身活动的。学习不仅仅为了获得一大推事实性的知识，还要求学习者的思维与行动。所以，学习的实质是个体参与实践，与他人、环境等相互作用的过程，是形成参与实践活动的能力、提高社会化水平的过程。学习更多的是发生在社会环境中的一种活动。

（二）真实性问题情境在学习中的重要性

首先，知识、思维和学习境脉是密切联系的，学生不是利用只有一个正确答案的标准流程解决问题，而是去创造独特的方法来解决有多个观点和多种方法的复杂问题。人们的活动深深根植于他们的情境和文化中，情境促使人们通过日常活动发展基于直觉推理、解决问题和确认意义的一般策略，促进人们在情境和文化中形成相关知识和概念、确认意义并建构个人理解。其次，情境影响学习迁移。学习迁移是解决问题、创造思维以及一些高级心理加工过程必不可少的重要组成部分和期望出现的现象。最新研究表明，知识与技能的获得均高度依赖于获得它们的情境，迁移更多地由学生当前所处的情境引起。学习迁移是新颖情境中的重构，它产生于复合而丰富的学习情境。当一个问题是在单一情境而非复合的情境中讲授时，跨情境的迁移就特别困难。但是，来自不同的知识丰富情境的多重例子可能会促进编码多样性，从而更有利于情境化地去学习，并更容易应用于新的领域和跨情境的远端迁移。[②] 所以，真实性问题情境在建立意义与学习者经验的结合以及促进知识、技能和体验的联结关系上具有重要的影响，对学生学习具有重要作用。

情境认知理论指出，学习依赖于真实行为所发生的社会网络和活动系统。而真实性问题情境反映知识在真实世界的运用方式，它是真实活动的先行组织者，帮助学习者接近专家解决问题的模式通路，并提供多样化的角色和前景。真实性问题情境支持知识的合作建构，促进反思、形成抽象，以便使缄默知识最终被清晰地表达。丰富、有意义的情境供应不仅可以反映知识在真实生活中的应用方式，保持真实生活情境的复杂性，而且能为学习者提供反映不同观点的信息源。真正完整的知识是"学"和"做"相结合的知识，它们必须在真实性问题情境中获得。所以，超越学校场景的真实性问题情境能够沟通知识与事物的联系、知识与行动的联系、行动与思维的联系以及事物与自我的联系，从而促进学生发展知识建构能力、问题解决能力，形成正确价值观、必备品格和关键能力，发展核心素养。

三、数学核心素养发生的场域——真实性问题情境

（一）真实性情境中问题解决的特征

在真实性情境中，问题解决要经历识别问题、探测信息、设计方案、实施方案（图

[①] 王文静. 情境认知与学习 [M]. 重庆：西南师范大学出版社，2005：12-20.
[②] 王文静. 情境认知与学习 [M]. 重庆：西南师范大学出版社，2005：6-10.

5-1)。① 真实性情境中的问题解决一般没有完全相同的原型可以匹配，需要学习者从零开始进行设计，或把相似相近的原型进行改造得到新的方案。真实性情境中的问题要素一般比较模糊，学习者要从信息庞杂的情境中识别出问题，确定要达到的目标。在一些情境中，有时看起来似乎有很多问题，而实际上有些是虚假问题，是已知条件被遮蔽了的缘故，所以并不是一个"真"问题。所以，在真实性问题情境中，问题解决具有三个基本特征，即具有现实意义、问题具有开放性、复杂的情境脉络。

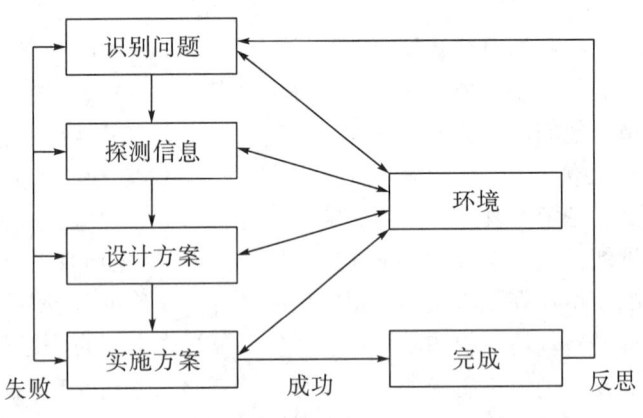

图 5-1 真实性问题解决的一般过程模式

1. 具有现实意义

真实性问题情境根植于现实世界，具体表现为问题解决中任务活动的现实保真度。保真度是计算机模拟领域中的常用术语，用以描述某个模拟场景和现实的接近程度。某个问题解决的任务越是能够原汁原味地再现目标情境中该任务的情形、要求和实施条件，该任务就越真实。

2. 问题具有开放性

真实性问题情境根植于现实，因而它必然是开放的。真实性问题情境多为结构不良的问题（Ill-structured Problem）。结构不良问题的初始状态、目标状态和中间状态是不完整的，问题一般有多重解，并且不确定哪些概念、规则和原则是解决问题所必需的。② 而现实世界的问题多为这类结构不良的问题，因为它们的目标、条件和途径一般都需要人们自己去界定和寻找，解决问题的方式和途径也多是开放的。

3. 复杂的情境脉络

正是真实性问题情境与外界环境始终保持交流，决定了它必然是复杂的。随着信息技术的突飞猛进与大数据时代的迅速发展，社会生活的不确定性也加剧了现实世界真实

---

① 蔡亚萍. 基于真实情境问题解决的教学设计［J］. 电化教育研究，2011（6）：73-80.
② Stephen K R. The structure of ill-structured (and well-structured) problems revisited［J］. Educational Psychology Review，2016，28（4）：691-716.

情境的不连贯性和复杂性。真实性情境中的问题来自现实世界的真问题，复杂性、不连续性和涌动性是真实性问题情境的根本特征。

（二）在基于真实性情境的问题解决中发展数学核心素养

课堂是素养培养的主要场所，数学核心素养的培养最终落到课堂教学中。素养不是知识，但素养却源于知识。传统课堂教学是去境脉化的，学生从中获得的知识大部分是只适用于学校场景的"惰性知识"。"惰性知识"不具备可迁移性，它无法迁移到未来真实的问题解决中，从而阻碍素养的养成。《2022年版数学课标》专门强调要"注重发挥情境设计与问题提出对学生主动参与教学活动的促进作用，使学生在活动中逐步发展核心素养"。新课标要求注重创设真实情境，具体来说包括以下几个方面：①真实情境创设可从社会生活、科学和学生已有数学经验等方面入手，围绕教学任务，选择贴近学生生活经验、符合学生年龄特点和认知加工特点的素材。②注重情境素材的育人功能，如体现中国数学家贡献的素材，帮助学生了解和领悟中华民族独特的数学智慧，增强文化自信和民族自豪感。③注重情境的多样化，让学生感受数学在现实世界的广泛应用，体会数学的价值。[1] 著名的国际学生测评项目PISA将数学素养视为个体在真实世界的不同情境下进行数学推理，并能表达、应用和阐释数学以解决问题的能力。PISA数学素养测评框架一直将学生在"真实世界"中解决数学问题的能力作为核心，一以贯之地重视现实世界中的真实情境，关注现实世界的数学化，强调数学知识与真实情境的关联。PISA的四种问题情境（个人情境、职业情境、社会情境和科学情境）不仅全面，而且从最贴近学生的个人生活情境、即将面对的职业情境、日常生活中遇到的社会情境到指向未来发展的科学情境。

因此，素养导向的课堂教学变革要将对数学的理解置于现实世界的真实情境中，让学生能够具备解决未来现实世界中的复杂问题的综合能力。新修订的课程方案和数学课标要求教学中大力开展基于真实问题情境的跨学科主题活动或项目式学习，因为这类综合实践性学习能加强数学与现实世界的关联，充分唤起学生的生活体验、发展数学核心素养。正如建构主义知识观指出那样，任何知识都有其赖以产生意义的背景。要理解并灵活运用某一知识，就应该知道知识的适用范围，也就是应当理解知识赖以产生意义的背景。[2] 因此，素养导向的课堂教学必须将知识放回它产生的背景中，即真实性问题情境中。

第三节 素养本位的课堂重构（二）：
大概念整合教学

整体生成是学科核心素养发展的基本样态。学科核心素养对具体学科素养具有统摄

---

[1] 中华人民共和国教育部. 义务教育数学课程标准（2022年版）[S]. 北京：北京师范大学出版社，2022：87.

[2] 徐斌艳. 数学教育展望[M]. 上海：华东师范大学出版社，2001：249.

和整合作用，因而对学生学习与发展更具整体效应。强大的统摄力与整合性是学科核心素养的基本特征。[①] 学科核心素养是在对学科基础知识、基本技能、必备品格、活动经验等的整体把握和综合运用中，逐渐建构和发展起来。学科核心素养具有整合性，因而数学课堂应当尽量采取整合形态的教学。当前，整合与发展已经成为基础教育课堂改革的核心理念之一。《义务教育课程方案（2022年版）》要求中小学课堂的教学改革要充分探索大单元教学改革，积极开展主题化、项目式学习等综合性的教学活动。[②] 通过课堂教学重构，促进学生举一反三、融会贯通，加强知识间的内在关联、促进知识结构化。

一、为什么需要整合形态的教学

（一）基于整体论的整体教育思潮

整合形态的教学也称为整体性教学，它是相对碎片化的教学而提出教学设计理念。"整体论"（Holism）是整体性教学的哲学基础。1926年，哲学家斯马茨（Smuys）在《整体论与进化》一书中指出："即使积累了某部分，也不能达到整体。这是因为，整体远比部分之和大。"因而借助分析的方法是不能理解整体的。20世纪50年代，科学哲学家奎因（Queen）提出了知识整体论的主张，认为知识体系的各类命题构成彼此关联、相互依赖的整体网络。[③] 伴随系统论的思想，整体论得到迅速发展。它使人们认识到，整体虽然由部分组成，但是它一旦成为独立的事物，就有了特定的结构和功能。我们在看待某个事物的时候，不应将其分离成各个碎片去研究其特征，而应将其看作一个整体来研究考察。整体意味着完整、全面和复杂。

20世纪80年代，在"整体论"哲学观的影响下，整体教育思潮在世界范围内兴起。整体教育的基本观点是，人是一种活生生的机体，是相互联系的一切生命交织的现象，是不能断然地还原为任何东西的拥有复杂多样的、丰富性的一种整体。因此，不能对认识活动作片面、狭窄的理解。要解决问题，就得采取多种多样的研究方法，包括隐喻的、表象的方法，不能束缚于问题解决法的阶段性步骤。在整体教育中，学习者不是种种具体能力的集合体，也不是单纯知识的抽象化，而是作为一个人，作为具有丰富体验的整体的人来对待。[④]

（二）整体主义教学观

整体主义教学观反对传统的"原子论"支配下的教学。原本复杂的教学现象在"原子论"支配下变成了预设的、机械的、简单化的设计过程。在信息爆炸的时代，知识正以指数级增长，教学设计开始指向真实情境脉络中的问题解决学习。传统的教学设计已

[①] 李松林. 学科核心素养的发展机制与培育路径 [J]. 课程・教材・教法, 2018, 38 (3)：31—36.
[②] 中华人民共和国教育部. 义务教育课程方案（2022年版）[S]. 北京：北京师范大学出版社, 2022：14.
[③] Colin W E, Gabriele L. Doing educational administration: a theory of administrative practice [M]. Amsterdam: Elseier Science Ltd., 2000：141—154.
[④] 钟启泉. "整体教育"思潮的基本观点 [J]. 全球教育展望, 2001 (9)：11—18.

不适合学生完成来自复杂学习任务的挑战。传统教学设计一般是把复杂的任务分解为简单成分,所以它特别关注某个特定的学习领域,如认知领域、动作技能领域或情感领域,而这些领域分别对应知识、技能和态度学习。但是,当我们实际关注现实生活和工作中特定专业领域的业绩表现时,这种对学习领域的划分是毫无意义的。例如,一个外科医生如果不具备关于人体机构和其运行机理的渊博知识,或者对病人没有好的态度,许多复杂的外科手术是难以完成的。[①] 又如,当我们面临现实生活中的实际问题和困境时,我们并不会去追究哪部分情境是语文、数学或历史。我们不会去考虑学科界限,反而会应用一些适合或相关的知识来处理。[②] 复杂学习并不是简单地将学习分解为孤立的知识碎片,而是将知识、技能和态度综合为一个整体,协调运用各种复杂认知技能来完成实际的学习任务,促使学生有能力把所学知识应用到真实的实际工作问题解决的实践中。

(三)整合教学的实质

整合教学的实质是经验整合、社会整合和知识整合的统一体。第一,从人是"完整的人"这一本体意义出发,整合形态的教学是将学生视为具有丰富体验的整体。也就是说,人不仅追求知识与技术,而且寻求意义的存在。正因如此,学习不仅是学生发现自我的内部活动,也是同他人的协作活动过程;教学是完善人性的活动,更是一种复杂现象,分辨善恶的价值问题是整合形态教学的核心问题。第二,从整体认识论的角度出发,教学的整合实质是基于知识的统整。孤立片段的知识是学校教学深度结构的一部分,知识统整就是将知识置于情境脉络中,以便使学习者更容易感受到它的意义;同时,将知识等看成一个整体,并运用它解决真实性问题。因而整体性教学设计追求学习的整体性、复杂性和真实性。第三,从方法论的角度来说,大概念是整合教学的出发点。大概念集中体现了学科结构和学科本质,它是知识的自我生长点,又能促进知识的迁移。大概念本身是一个蕴含丰富内涵的意义模式,所以它能够让更具实质内涵的整合性教学成为可能。基于大概念的整合教学有利于学生获得像专家那样围绕重要概念组织起来的、有结构关联的知识体系,最终促进学生核心素养的发展。

二、大概念的含义及特征

大概念作为知识背后隐藏的本质观念,是整体认知网络中的联结点。大概念统摄下的整合教学有助于让学生形成专家思维,发展核心素养。因而大概念既是整合教学的出发点,也是核心素养的落脚点。基于大概念整合教学是素养导向下小学数学课堂重构的重要途径。

---

① 冯锐,李晓华. 教学设计新发展:面向复杂学习的整体性教学设计——荷兰开放大学 Jeroen J. G. van Merrienboer 教授访谈 [J]. 中国电化教育,2009(2):1—4.
② James A B. 课程统整 [M]. 单文经,译. 上海:华东师范大学出版社,2003:12.

（一）大概念的含义

1. 大概念溯源

大概念（big ideas）也称大观念、大思想、大想法、核心概念等。2018年，我国颁布的《普通高中课程标准（2017年版）》提出，各学科要"精选学科内容，重视以大概念为核心，使课程内容结构化，以主题为引领，使课程内容情境化促进学科核心素养的落实。统整各学科课程内容"[①]。这是我国课标中首次正式提出大概念结构化课程内容，引领课程与教学改革。其后，素养导向下基础教育课程改革向纵深发展，基于大概念探索大单元教学、主题和项目式教学已成为义务教育课堂教学的新方向。

追溯起来，大概念的思想并不陌生。赫尔巴特的"观念"、布鲁纳的"学科结构"、奥苏贝尔的"先行组织者"都有大概念的内涵和意蕴。赫尔巴特研究统觉理论时指出，思维是通过强有力的"观念"活动进行的，而学习正是产生于新观念与旧观念建立联系并被吸收的过程中。布鲁纳也认为，正是学习者同化了那些构成其理解力的观念（学科结构）以后，他们才能获得更为复杂的知识。[②] 奥苏贝尔提出了"先行组织者"策略，其主要是用一种适当相关、包摄性广和清晰稳定的引导性概念对认知结构要素协调整合。[③] 可见，关于大概念的研究早已有之。

2. 大概念的内涵

自20世纪90年代以来，大概念基本被视为处于更高层次的、代表学科学习核心的、有组织结构的认知框架和意义模式。首先，所谓"更高层次的"，是指大概念作为统摄下位概念群的"上位概念"，其在更大范围内具有普适性的解释力。维金斯和麦克泰格提出，大概念是处于课程学习中心位置的观念、主题、辩论、悖论、问题、理论或原则等，能将多种知识有意义地联结起来，是不同环境中应用这些知识的关键，并指出大概念在完成"为理解而教"这一教学目标中所具有的整合性作用。[④] 其次，大概念是学科学习的核心概念、关键概念，就是具体的经验事实忘掉后还剩下的部分。再次，大概念是"认知框架"，它本身就是有组织、有结构的知识和模型，所以能为学习者提供认知框架。最后，大概念是一个蕴含丰富内涵的意义模式，它是高度抽象概括出来的结果，具有更广泛的迁移能力。正如埃里克森和兰宁指出，大概念是指向学科中的核心概念，是基于事实基础上抽象出来的深层次、可迁移的概念。[⑤]

[①] 中华人民共和国教育部. 普通高中课程方案（2017年版）[S]. 北京：北京师范大学出版社，2022：4.
[②] 威廉 F. 派纳. 理解课程（上）[M]. 北京：教育科学出版社，2003：78—154.
[③] 施良方. 学习论——学习心理学的理论与原理[M]. 北京：人民教育出版社，1994：251.
[④] 林恩·埃里克森，洛伊斯·兰宁. 以概念为本的课程与教学：培养核心素养的绝佳实践[M]. 鲁效孔，译. 上海：华东师范大学出版社，2018：28—29.
[⑤] 格兰特·维金斯，杰伊·麦克泰格. 追求理解的教学设计[M]. 闫寒冰，宋雪莲，赖平，译. 上海：华东师范大学出版社，2017：67—70.

3. 大概念的界定

我们可以从认识论、方法论和价值论来全面界定大概念。从认识论来看，大概念是在事实和经验基础上对概念之间共同本质特征的抽象概括。它常是一门学科中处于更高层次的上位概念、居于中心地位的核心概念和藏于更深层次的本质概念。从方法论来看，它为人们认识事物和建构知识提供了一个认知框架或结构。从价值论意义来看，大概念对各种具体的事实、经验、事物和概念具有连接与整合作用，能促进学习者的持久记忆、深度理解和广泛迁移。总之，大概念是处于更高层次、居于中心地位和藏于更深层次、更能广泛迁移的活性观念，认知结构和意义模式是大概念的根本特性。[①]

（二）大概念的特征

大概念不是孤立的事实或点滴信息，它是在经验、事实基础上抽象概括出来的聚合概念，也是对事实和技能赋予意义联结的概念关系。大概念是具有中心性、可持续性、可迁移性和网络性的概念集合，如图5-2所示。[②]

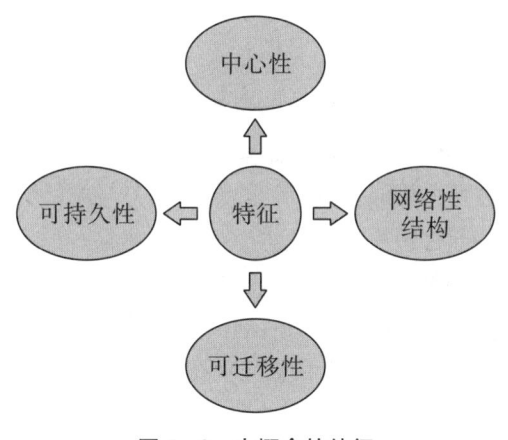

图5-2 大概念的特征

1. 中心性

大概念是高度抽象的聚合概念，大概念就如同一个"认知文件夹"，提供了归档无限小概念的有序结构或合理框架。埃里克森和兰宁用"概念性视角"来刻画大概念。他们指出，知识正在以指数级数量增长，我们必须向更高层次的抽象度（概念）迈进，以聚焦和处理信息，这样知识才能被完整和有效地存取和利用。运用概念性视角能帮助学生聚焦单元学习，并开展事实性知识层面和概念性知识层面的协同思考，促进他们认知

---

① 李松林. 以大概念为核心的整合性教学 [J]. 课程·教材·教法，2020，40（10）：56—61.
② 李刚，吕立杰. 大概念课程设计：指向学科核心素养落实的课程架构 [J]. 教育发展研究，2018，38（2）：35—42.

结构化和深度学习。① 正是有限大概念的相互联结，才构成了学科的连贯整体，使学科不再被视为一套断断续续的概念、原则、事实和方法。而大概念居于学科的中心位置，集中体现了学科结构和学科本质。

2. 可持续性

大概念是对学科的深入理解，是学生在忘记了那些事实性知识后还剩下的，是经验和事实消失之后还留存的核心概念。例如，我们不只是让学生记住蝴蝶发育的各个阶段，即卵、幼虫、蛹、成虫，而是理解"生命周期"。事实上，卵、幼虫、蛹、成虫并不是重要的概念，核心概念是所有的生物都有一个由出生、生长、繁荣和死亡组成的生命周期，而卵、幼虫、蛹、成虫只是蝴蝶这一特定有机体的生命周期。很多人都学习了这些具体细节，却错过了最主要的信息——大概念。在这里，"生命周期"这个大概念就是学生忘掉事实性知识后还剩下的，是经验和事实消失后还留存的。因为，大概念不是暂时保存的记忆，而是具有可持久性。大概念能用于解释学生在学校学习中和毕业以后的生活中遇到的物体、事件和现象，贯穿学生的一生。

3. 可迁移性

迁移是教育过程的核心，迁移是创新的机制。简单来说，迁移就是把在一个情境中学到的东西迁移到新的情境的能力。事实上，迁移也有不同的类别和层次，区分的依据主要是新任务和原任务之间的相似性。例如，当新任务与原任务相似时，完成的是低通路迁移。在教学实践中，有教师通过大量练习让学生熟悉各种题型，这种方式也能让学生完成对知识的无意识自动迁移。但是，这种迁移实现的是低通路迁移。在高度不相似任务之间，在具体—抽象—具体的不同情境之间，知识表征及其应用的灵活转换则属于高通路迁移。② 大概念是一种认知框架和意义模式，能被应用于学科内、学科间以及学校以外的新情境。因此，大概念本身具有更为一般和广泛的迁移性，能在高度不相似的学习任务之间发生高通路迁移。

4. 网络性

大概念并不无序游离在学科结构中，而是呈现出网络状结构，包括学科内网络结构（纵向联结）和学科间网络结构（即跨学科网络结构，横向联结），每一个大概念则是完成网络结构间通信的基站。学科内网络结构是指将某一学科进行纵向联结，不同学段以大概念为中心进行课程内容的选取和组织，是课程设计的关键线索。学科间网络结构是指将某些学科进行横向联结，跨越两个或更多个知识领域，不同学科之间基于某一个共同的大概念进行合理对接，有效地模糊了学科之间的边界。

---

① 林恩·埃里克森，洛伊斯·兰宁. 以概念为本的课程与教学：培养核心素养的绝佳实践［M］. 鲁效孔，译. 上海：华东师范大学出版社，2018：75—95.
② 刘徽. "大概念"视角下的单元整体教学构型——兼论素养导向的课堂变革［J］. 教育研究，2020，41（6）：64—77.

三、数学核心素养整体生成的重要途径——大概念整合教学

数学核心素养要求会用数学的眼光观察现实世界，会用数学的思维思考现实世界，会用数学的语言表达现实世界。"三会"数学核心素养本身就含有整合自身、融合学科以及统整数学世界与现实世界的内在要求。中心性、可持续性、可迁移性、网络性是大概念的特征，都源于大概念的根本特性——认知框架和意义模式。整合通常指在概念或组织上将分立的相关事物合在一起或关联起来，使其成为有意义的整体。作为认知结构工具，大概念能有机地促进课程组织逻辑的融合；作为意义模式，大概念能有效促进学生对结构化整合的深度理解。因此，基于大概念整合教学有利于数学核心素养的整体生成。

（一）大概念整合：认知框架促进课程组织逻辑重构与融合

《2022年版数学课标》在教学建议中要求选择能够引发学生思考的教学方式，尤其提到"改变过于注重以课时为单位的教学设计，推进单元整体教学设计，体现数学知识之间的内在逻辑关系，以及学习内容与核心素养表现的关联"。[1] 进行单元整体教学设计需要整体分析数学内容本质，合理整合教学内容，确定单元教学目标。归根到底，整体设计必须重构课程组织逻辑、重新规划学习单元的整合逻辑。学科逻辑和心理逻辑是课程组织的两种基本方式。学科逻辑是对学科领域专家有意义和重要关系的逻辑组织，心理逻辑则是对学习者自身有意义的心理组织。[2] 教材单元是一种学科单元，它是以学科框架内的模块式学习来组织内容单位的。经验单元打破学科框架，其主要借助学习者经验活动的模块和心理逻辑组织学习内容。[3] 整体设计是对课程组织逻辑的重构，即对教材单元和经验单元的整合。

作为认知框架，大概念不仅有助于学生基于学科逻辑进行学科内知识结构的优化，而且大概念整合的教学形式往往要求学生参与主题活动、项目式学习等，从而帮助其获得综合的跨学科经验，并以此构建学科知识间的联系和意义。在大概念这种高度抽象和聚合的概念性视角，知识统整的实质就是基于学科逻辑和心理逻辑的视域融合，打破学科内的纵隔和学科间的壁垒，将分离的相关知识建立联系，构建意义整体。

（二）大概念整合教学：意义模式促进结构化整合的深度理解

埃里克森和兰宁在以概念为本的教学中指出，事实性层面的知识总是分散、独立的元素或点滴信息，只有概念性层面的知识才能以复杂、有序的形式组织起来并能在适当的时候再现。传统以目标为本的教学设计囿于内容和技能目标，导致学生的学习仅仅滞留在事实性知识层面。以概念为本的教学能够清晰地分辨出事实层面必须知道的、概念

---

[1] 中华人民共和国教育部. 义务教育数学课程标准（2022年版）[S]. 北京：北京师范大学出版社，2022：86.
[2] 泰勒. 课程与教学的基本原理 [M]. 北京：中国轻工业出版社，2016：103.
[3] 崔永漷. 如何开展指向学科核心素养的大单元设计 [J]. 北京教育，2019（2）：11-15.

层面必须理解的和过程策略能够做到的，因而它更有利于知识的联结、迁移和创新。①埃里克森和兰宁提出的以概念为本的教学实质就是一种基于大概念的整合形态教学，大概念也被他们称为"概念性视角"。他们以此来说明，学生能借助大概念将事实性知识纳入自身的思考和认知框架中，从而达成整体性、浸润性和联结性结构化认知和深度理解。脑科学研究指出，真正的理解必须建立在学习者浸润性的主动参与的基础上，通过建构动态的、整体性的知识间联结形成结构化整体，进而实现深度学习。② 大概念本质上是一种有意义的模式，它能使原本分散独立的元素通过意义联结形成更为复杂的、有组织的认知结构。正因如此，基于这种负责认知结构的大概念整合教学能增进知识在事实性层面与概念性层面互动。在这个过程中，学生也就不断地从事实形态的浅层"知道"走向结构整合意义上的深度"理解"。

（三）数学核心素养的整体生成：在整合逻辑与结构化整合的深度理解中

整体生成是学科核心素养发展的基本样态。强大统摄力与整合性、广泛迁移性与适应性、持续影响力与建构性是学科核心素养三大基本特性。③ 数学核心素养亦是如此。"三会"数学核心素养提出的数学眼光、数学思维、数学语言是一个有机整体，它们之间分别体现了数学的抽象性、严谨性和一般性，代表着数学抽象、数学推理和数学模型三大思想基础。而且，数学眼光、数学思维和数学语言也只能在数学世界与现实世界建立联系及互动的数学化过程中获得。所以，我们才将"会用数学的眼光、思维、语言去观察、思考、表达现实世界"作为学生通过数学学习后终身必备的关键能力、品质追求与价值态度。所以，"三会"数学核心素养只能是整体生成。

作为数学素养的核心，"三会"数学核心素养对具体学科素养具有统摄整合作用，因而对学生学习与发展具有整体效应。例如，会用数学的眼光观察现实世界体现的是数学的抽象性，数感、量感、符号意识、空间观念、几何直观、创新意识都是数学眼光的具体体现。"三会"数学核心素养也具有广泛迁移性与适应性。数学眼光、数学思维、数学语言一旦形成，学生就能在沟通数学世界和现实世界的联系中，在后续学习和问题解决过程中发挥广泛迁移作用，并能在真实性问题情境中广泛应用。"三会"数学核心素养还具有持续影响力和建构性，是学生面对未来复杂社会生活必备的关键能力、品格和价值观。即使忘掉了具体的数学知识，但形成的核心素养（数学眼光、数学思维和数学语言）会持续地影响他们日后的学习和发展。正因如此，传统的课堂教学难以适应数学核心素养培养的要求。数学核心素养所具有的统摄整合、迁移与适应、持续影响和建构性更依赖于整合形态的新课堂。大概念作为认知框架和意义模式，不仅促进数学学科逻辑与数学学习心理逻辑的视域融合和有机统整，而且在以概念为本的结构化整合中构建意义和深度理解。所以，基于大概念整合是小学数学课堂重构的重要路径。

---

① 林恩·埃里克森，洛伊斯·兰宁. 以概念为本的课程与教学：培养核心素养的绝佳实践［M］. 鲁效孔，译. 上海：华东师范大学出版社，2018：75－82.
② 吕林海. 数学理解性学习与教学：文化的视角［M］. 北京：教育科学出版社，2013：32－35.
③ 李松林. 以大概念为核心的整合性教学［J］. 课程·教材·教法，2020，40（10）：56－61.

第四节　素养本位的课堂重构（三）：
　　　在实践参与中促进深度学习

　　进入 21 世纪，知识的创新、科技的发展成为信息时代的主要特征，综合国力的竞争越来越取决于人才的创新精神和实践能力。始于世纪之交的新课程倡导"自主、合作、探究"的学习方式，强调"过程与方法"目标。新课程实施以来，过去课堂中普遍存在的被动、单调与机械的学习方式在很大程度得到改善，"一言堂""满堂灌"的课堂形态也得到改变。在新课改的推动下，中小学课堂取得较为成功的转型。但随着立德树人根本任务的提出以及核心素养课程改革的推进，中小学课堂教学又迎来了新的挑战。《义务教育课程方案（2022 年版）》明确提出，深化教学改革，强化学科实践，倡导"做中学"，引导学生参与学科探究活动。[①]"学科实践"首次作为学科育人方式变革的新方向被明确提出。学科实践是学生用实践的方式把握和改造学科世界的活动。学科实践强调真实情境下的问题解决，要求体现"源于实践、在实践中、为了实践"的真正的学科探究。[②] 提升课堂教学的实践性品质，是当前课堂教学改革的根本诉求。强化学科实践也为素养导向下小学数学课堂的重构指明方向——在实践参与性教学中实现以高阶思维为特征的深度学习。

一、实践是素养生成的"熔炉"

　　学习具有实践属性，实践属性是学习的基本属性。[③] 相对于传统的教学形式，参与探究式学习的学生更能够从学习实践中获益。他们更能将所学知识有效地迁移到新情境和新问题中，具有更严谨的思维能力、问题解决能力、批判精神，在学习上更自信，合作、社会参与意识都有更大发展。[④] 人的实践能力总是在具体的实践活动中体现和发展的，一切知识唯有成为学生探究与实践对象时，其学习过程才是有意义的。形象地讲，真实性问题情境是学科核心素养生成的"场域"，而基于真实性问题情境的实践活动则是学科核心素养生成的"熔炉"。

　　之所以说实践活动是学科核心素养发展的"熔炉"，有以下两个主要原因：第一，学科核心素养具有广泛迁移性和实践性，其天然地与复杂问题情境紧密结合在一起，并在解决真实情境的复杂问题过程中整体生成。核心素养本身就是各种经验、知识、能力和品格在问题解决过程中的综合运用，因而它是在整合形态的教学中融合创生、整体生成的。第二，相对于以学科知识为线索和以知识获得为目的的累积性学习，学科核心素养是在问题解决的整合性学习中深度建构的。也就是说，学科核心素养的培育要联系现

[①] 中华人民共和国教育部. 义务教育课程方案（2022 年版）[S]. 北京：北京师范大学出版社，2022：14.
[②] 崔永漷. 学科实践：学科育人方式变革的新方向[J]. 人民教育，2022（9）：30—32.
[③] 伍远岳. 论学习的实践属性与实践性教学[J]. 全球教育展望，2015，44（12）：23—29，80.
[④] 张紫屏. 论素养本位学习观[M]//钟启泉，崔永漷. 核心素养研究与教学改革. 上海：华东师范大学出版社，2018：94—102.

实的实践活动，设计出更具挑战性的复杂问题。[①] 素养导向的新课程改革倡导主题活动和项目式学习，这两种实践活动就是更具有挑战性的、基于复杂问题情境的综合实践学习方式。在这样的实践学习中，学生才有可能沟通知识与知识之间的内在联系，探究具有开放性的实践问题，进而获得充分的实践创新空间，更大限度地促进学生学科核心素养在数量、质量上的扩展以及结构、质态上的实质性改变。

二、实践参与性教学的内涵

实践参与性教学是在实践活动中通过实践活动进行的教学。实践参与性教学的实质就是为学生设计出更具综合性、实践性与开放性的复杂问题，让学生在问题解决的过程中学习，通过"做中学""学中思"增强实践能力，发展核心素养。实践参与可以是基于课时的实践参与、基于单元的实践参与和跨单元的实践参与。实践参与性教学注重学生在学习过程中的体验、探究、操作、交往、应用等。《2022年版数学课标》提出，数学教学改革要进一步加强综合与实践，以解决实际问题为重点，以跨学科主题学习为主，以真实问题为载体，适当采取主题活动或项目学习的方式呈现。数学课堂教学要创设情境，让学生通过综合运用数学和其他学科的知识与方法解决真实问题，着力培养学生的创新意识、实践能力、社会担当等综合品质。[②]

当前，新课程改革已明确了素养导向、问题导向及实践导向。这三个方面相辅相成，发展素养是目标，问题解决是达成目标的主要手段；实践是素养生成的"熔炉"，问题解决是实践的重要方式。总之，实践才是促进理论深化以及落实核心素养的根本途径。美国《州际核心数学课程标准》专门提出"数学实践标准"，其目的就是通过基于数学推理、数学意义建构的问题解决过程培养学生批判性思维、创新思维、合作能力和交流能力，即美国学生的核心素养。所以，数学实践的核心是问题解决。数学实践就是以数学核心素养为导向，运用数学概念、数学思想、数学方法等解决真实情境中的问题，发展高阶思维，促进深度学习。因此，实践参与是小学数学课堂重构的重要方向。

三、实践参与性教学的基本特征

（一）情境的真实性

随着信息时代的到来，知识的情境性日益增强。传统的认知理论认为，学习的实质是获得符号性的表征或结构，并应用这些表征或结构。学习是发生在学习者内部的一种活动。情境学习理论则认为学习的实质是个体参与实践。学习的过程与他人、环境等相互作用的过程，是形成实践活动能力、提高社会化水平的过程。所以，学习更多地发生在社会环境中，学校中的学习也应发生在基于真实性情境的问题解决中。可见，人们对学习本质的看法逐渐从获得知识表征的认知观转向参与实践的情境观。素养是一种复

[①] 李松林. 学科核心素养的发展机制与培育路径[J]. 课程·教材·教法，2018，38（3）：31—36.
[②] 中华人民共和国教育部. 义务教育数学课程标准（2022年版）[S]. 北京：北京师范大学出版社，2022：87.

杂、高级、综合、人性化的能力，其形成与发展只能在智力、情感和道德的真实情境中。倘若离开真实情境，可能有知识技能的熟练，但却绝没有素养的发展。[①] 实践乃核心素养生成发展的根本途径，而一切实践都根植于情境之中。素养的形成和发展与情境的存在密不可分。实践参与性教学强调将知识与真实的现实世界的情境联结起来学习，情境的真实性是实践参与性教学的基本特征。

（二）参与的探究性

参与是一种积极主动的状态。参与性的教学是在民主平等的氛围中，教师和学生充分发挥主体能动性，积极地交往和互动，并能创造性地完成教学目的的实践活动。自我国启动新一轮课程改革开始，新的课程方案就提出，要改变课程实施过于强调接受学习、死记硬背、机械训练的现状，倡导学生主动参与、乐于探究、勤于动手。所以，参与既是目的也是手段，即通过民主平等的参与方式实现探究真知的目的。杜威提出，学习是人的经验的改造与生长。经验的生成与生长是一个互动过程。经验一定是在人与环境的互动中生成和生长的。人主动地对环境做些什么，环境必然做出相应的反馈，人对自己的行动与行动的结果之间的关系进行反思即是经验的生成和生长。"做"和"反思"的结合与统一是经验的核心。因此，在杜威的心目中，学习等同于问题解决和探究，没有问题解决和探究的"学习"不值得提倡。实践课堂的基本特征就是"做中学"，"学"与"做"密切联系，这里的"做"必然是探究式的。参与探究性是实践参与性教学的基本特征。

（三）思维的高阶性

实践参与性教学是在实践活动中通过基于真实性情境的问题解决促进学生探究式学习，发展学生高阶思维、实现课堂深度学习的过程。从教学内容来看，实践参与性教学摒弃了理论教学"授—受"式的单向传递，将真实性情境要素纳入教学的互动过程中，形成了更加多维、开放和复杂的课堂。原有封闭、静态和不平等的课堂环境被打破，开放性视野、高阶思维和深度理解是实践性教学顺利实施的基础。高阶思维是发生在较高认知水平层次上的心智活动或认知能力，包括问题解决、决策制定、分析评价、批判思维、创造思维等思维能力。[②] 高阶思维的发展是一个社会性建构过程，因而开放性问题情境、探索性对话、建构式互动以及引导式参与是孕育高阶思维的温床。实践参与性教学创设基于真实情境下的复杂现实任务，学生在开放性问题情境中与他人进行探索性对话和建构式互动，在教师引导式参与中形成高阶思维能力，课堂也就不断走向深度学习。思维的高阶性是实践参与性教学的基本特征。

[①] 张华. 论核心素养的内涵 [M]//钟启泉, 崔永漷. 核心素养研究. 上海：华东师范大学出版社, 2018：24—36.

[②] 林勤. 思维的跃迁：高阶思维能力的培养及教学方式 [M]. 上海：华东师范大学出版社, 2015：3.

四、数学核心素养发展的根本途径——在实践参与中促进深度学习

问题是数学的心脏,问题解决是数学教学的核心。数学课堂教学要落实核心素养的培育目标,就必须将知识放回真实的问题情境中。所以,我们说真实性问题情境是数学核心素养发展的场域。"三会"数学核心素养从数学眼光、数学思维、数学语言沟通数学世界与现实世界,它们从数学的抽象性、严谨性和一般性共同刻画数学本质。因此,数学核心素养不是知识、技能或经验的简单积累,而是在整合形态的教学中融合创生、整体生成。实践是素养生成的"熔炉",实践参与是数学核心素养发展的根本途径。实践参与既是目的,也是手段。通过实践参与,学生经历真实性情境的复杂问题解决,发展高阶思维,实现数学课堂的深度学习。

(一)深度学习

数学核心素养的发展不仅与学习过程有关,而且与学习结果的质量高度相关。从过程来看,数学核心素养的培育离不开真实性复杂问题的解决、大概念整合形态的教学过程。从结果来看,素养本位的课堂必然是高质量的,其重要指标就是深度学习的发生。深度学习的概念最早由马顿等在1976年发表的《学习的本质区别:结果和过程》一文中提出。他们发现,采用浅层学习方式的学生一般通过机械记忆、简单重复和孤立信息完成阅读任务;而采用深层学习方式的学生会将知识建立联系并构建深度理解。于是,他们提出了两个判断学生学习方式的标准——浅层学习和深层学习(深度学习)。[1] 相对于浅层学习将知识看作不相关信息的死记硬背的学习方式,深度学习是一种以理解意义为目的的主动学习方式。它是在教师引领下,学生围绕具有挑战性的学习主题,全身心地积极参与、体验成功、获得发展的有意义的学习过程。所以,深度学习是学习者能动地参与教学的总称。在深度学习中,学习者能动地围绕问题,引导出种种思考与解决问题的方法,教师则判断他们此时"知道了什么""能够做什么",从而规约学习规则,并展开一系列旨在问题解决所需的知识与技能的探究活动。[2]

(二)深度学习的基本特征

在核心素养培育的视域中,对"深度学习要深到哪里去"这个关键问题的解答,揭示了深度学习的三个基本特征。这三个"深"分别是:深度学习是要构建知识的深层意义,应"深"到知识的内核中去;深度学习要进现实的生活世界,应"深"到现实的问题中去;深度学习要触及学生作为人的根本部分,应"深"到学生的心灵中去。[3] 这三个"深"界定了深度学习三个层面的内涵:深度学习是深入知识内核的学习,深度学习是通达现实世界的学习,深度学习是触及心灵深处的学习。这三个"深"也反映了深度

---

[1] Marton F. On qualitative differences in learning: I—Outcome and process [J]. British Journal of Educational Psychology, 1976 (46): 4—11.
[2] 钟启泉. 深度学习:课堂转型的标识 [J]. 全球教育展望, 2021, 50 (1): 14—33.
[3] 李松林, 张丽. 深度学习设计的框架与方法——核心素养导向的分析视角 [J]. 中国教育学刊, 2022 (9): 46—57.

学习的三个基本特性：整合与结构化、探究性实践以及复杂问题解决。

1. 整合与结构化

深度学习是深入知识内核的学习。在深度学习中，通过教学活动对经验和知识进行整合与结构化，使学习内容不再是孤立的，而是在结构、系统中的知识，能够被唤醒、被调用。布鲁纳说过："掌握事物的结构，就是以允许许多别的东西与它有意义地联系起来的方式去理解它。简单地说，学习结构就是学习事物是怎样相互关联的。"[1] 在深度学习中，学科的基本结构是以联想、结构的方式去学习；知识也不是零散、杂乱的信息，而是被有机整合成为有逻辑、有结构、有体系的认知框架和意义模式。因此，整合与结构化是深度学习的重要特征。

2. 探究性实践

人类的认知是大脑—身体—环境三者耦合构成的一个复杂、动态的自组织系统。信息加工理论将人类认知活动机械地简化为人脑中抽象的信息处理与符号计算过程，摒弃认知者身体、经验和所处环境在整个认知过程中的功能与作用。在这种身心二元论的离身认知下，知识往往被异化为独立于个人身体、感官、经验和情境的普适规律，也因此滋生灌输主义、传递主义等教学观。相反，具身认知则主张具体情境中身体参与所获得的经验认识。[2] 也就是说，学习不仅是理性思维的演绎，而且是情感与态度、直觉与想象、感受与体验等非理性思维的生成。脱离身体实践的纯思辨难以触及知识的本质，也难以触及人的心灵。学习如果没有触及学习者心灵，就没有实质发生。我国新一轮基础教育课程改革明确提出，要改变传统被动接受式的学习方式，让学生积极主动、生动活泼地学习，在教学中要大力提倡探究式、体验性、实践性教学。新课标也要求在中小学数学课堂中设计更多数学实践活动，让学生经历猜想、实验、探究、验证的过程，激发数学好奇心和求知欲，在"做中学""学中思"的过程中达到身心合一。在深度学习中，学生是学习的主体而不是被动的知识接收器。在探究性实践中，学生能体验数学问题解决后带来的乐趣——由创造思维的心流体验带来的高峰体验和精神上的满足感、成就感和价值感。深度学习是触及学生心灵的学习，探究性实践是深度学习的本质特征。

3. 复杂问题解决

深度学习并不是从传递特定知识内容的教科书开始，而是从解决问题开始的，问题探究是深度学习的特征。在深度学习中，问题都是具有真实性情境的复杂问题或现实问题。复杂问题解决又被称为动态决策，是指与动态的任务环境成功地互动，通过探索和整合环境中全部或部分规则来解决问题。[3] 问题解决是数学教学的核心。复杂问题解决

---

[1] 布鲁纳. 教育过程 [M]. 上海师范大学外国教育研究室，译. 上海：上海人民出版社，1973：5.
[2] 瓦雷拉，汤普森，罗施. 具身心智：认知科学与人类经验 [M]. 李恒威，李恒熙，译. 杭州：浙江大学出版社，2010：138-140.
[3] Brehmer B. Dynamic decision making: Human control of complex systems [J]. Acta Psychologica, 1993, 81 (3): 211-241.

中的问题是能够激发学生学习兴趣和需要的某种驱动问题或真实问题。复杂问题解决是对复杂、真实问题的探究过程。在数学学习中，真实性问题情境能提升学生"数学化"和"再创造"能力，运用数学知识构建现实世界数学模型，解决问题并回到现实世界解释现象。复杂问题解决是发展数学抽象、推理能力和模型意识的重要方式。在复杂问题解决过程中，学生需要将原理性知识与一定的问题情境联系起来，这样便促进了问题图式的深化发展，提高了知识的可迁移性。布鲁姆曾将认知过程由低到高分为记忆、理解、应用、分析、评价和创造6个层级，其中，应用、分析和评价属于高阶思维范畴。复杂问题解决需要迁移应用、批判创造、元认知等思维能力，而这些多是高阶思维所涵盖的思维品质。所以，深度学习的"深"是深到现实世界中去解决真实问题。复杂问题解决是深度学习的重要特征。

（三）在实践参与中促进深度学习

核心素养的生成蕴含着深度学习，深度学习是核心素养的生成路径。素养导向下小学数学课堂重构要积极探索实践参与性教学的各种具体实施模式，在实践参与中促进学生走向深度学习。由于深度学习强调对知识本质的理解和对学习内容的批判性利用，追求有效的学习迁移和真实问题解决，需要以高阶思维为主的高投入学习。深度学习具有知识整合与结构化、探究性实践和复杂问题解决的基本特征。因此，在小学数学课堂中的实践参与应以主题活动、课题式学习或项目式学习方式来实施。这类实践参与性教学是针对分科教学体系封闭、孤立的弊端提出来的跨学科教学形式，旨在打破传统的学科界限，需要教师根据学生的认知发展水平、兴趣、经验、需要和课程标准的要求，选定一个核心问题，合理化整合多门具有内在逻辑或价值关联的学科，将培养学生的多向思维能力和综合能力的基本价值追求贯穿于教学系统的每一个环节，让学生从不同学科角度切身体验深层次学习，养成综合运用知识解决实际问题的能力。

在实践参与教学中，无论是主题活动还是项目式教学，其教学系统的轴心都是问题。《2022年版数学课标》指出，教学设计要"重视设计合理问题"，要求在真实情境中提出能引发学生思考的数学问题或引导学生提出合理问题。[①] 所谓合理问题，就是问题的提出应引发学生认知冲突，激发学生学习动机，促进学生积极探究；合理问题应是一个问题链条，在探究性、阶梯性教学中，学生经历数学观察、数学思考、数学表达、概括归纳、迁移运用等学习过程，体会数学是认识、理解、表达真实世界的工具、方法和语言；合理问题应基于真实性问题情境，是具有现实意义和价值的问题，它增强学生认识真实世界、解决真实问题的能力，有利于学生树立学好数学的自信心，养成良好的学习习惯。当然，作为实践参与性学习的轴心，合理问题能够加强各学科之间的联系，"向内"能够整合表层知识，"向外"能够整合实践经验，从而实现中介知识的转化，生成一种能够适应更大范围和更高层次问题情境的广泛迁移力，使彼此关系更加密切，在教学内容的深度融合中实现深度学习。

---

① 中华人民共和国教育部. 义务教育数学课程标准（2022年版）[S]. 北京：北京师范大学出版社，2022：87.

【思考与讨论】

请扫描二维码完成习题。

第六章　核心素养导向的小学数学教学新模式

【本章要点】

1. 整体生成是学科核心素养发展的基本样态。实施大概念统摄的整合教学是以整体性教学重构小学数学课堂的重要途径。整合教学以大概念作为核心素养的落脚点和单元整体设计的出发点。大概念整合教学 SRDIR 模式是课程改革进入核心素养新时代以来，学校探索数学课堂实施整体性教学改革的实践成果。SRDIR 模式的设计流程包括五个步骤，即研读课标、教材和学生，提炼大概念，设计整体性教学目标、融合教学内容，实施整体性教学，反思整合思维框架及教学。

2. 实践是素养生成的"熔炉"。实践性是跨学科主题学习的根本属性。跨学科主题学习以实践目标、实践主题、实践内容和实践活动作为基本设计逻辑。跨学科主题学习是核心素养导向下的学习方式及教学模式变革，体现知识统整的综合性和基于问题解决的社会实践性。跨学科主题活动分为单学科、多学科、跨学科和超学科多种形式，可依据问题解决、学习投入和学科整合程度评判跨学科主题学习的水平。

3. 聚焦跨学科概念的融通式教学、基于问题驱动的跨学科项目式学习是探索实践参与性教学以重构核心素养导向下小学数学课堂的实践研究成果。聚焦跨学科概念的融通式教学模式依托真实情境提出核心问题，在数学探究活动中充分体验跨学科概念在数学学科中的表现及运用，培养学生核心素养。基于问题驱动的跨学科项目式学习实践模式以项目式学习为载体，以问题为驱动，让学生在解决真实而复杂的问题中学习不同学科知识，产生整合性的成果与理解，促进学生深度学习。

4. 高质量的学习过程需要高阶思维的参与。高阶思维是发生在较高认知水平层次的心智活动或较高层次的认知能力。高阶思维具有思维的深刻性、整合性和灵活性。在高阶思维教学中，学生通过基于真实性情境的问题解决，发展反思思维、批判思维、整体思维、辩证思维、实践思维、创新思维等高阶思维能力。基于问题驱动的深度学习是实现高阶思维教学的重要路径。

5. 问题链驱动的深度学习和基于问题驱动的小初衔接深度学习是基于学校教学实践探索提出的两种高阶思维教学模式。问题链驱动的深度学习模式基于问题导学促学，从主问题链、子问题群到问题解决，整个学习活动在问题链作用下整合单元知识结构、深入知识本质，让学生习得数学学习的通解通法。基于问题驱动的小初衔接深度学习模式以问题解决活动为载体，在确定小初衔接大概念和衔接点的基础上设计衔接课的核心问题和子问题串，促进学生学会提出问题、分析问题、解决问题、反思问题，发展高阶思维、实现课堂深度学习。

【框架导读】

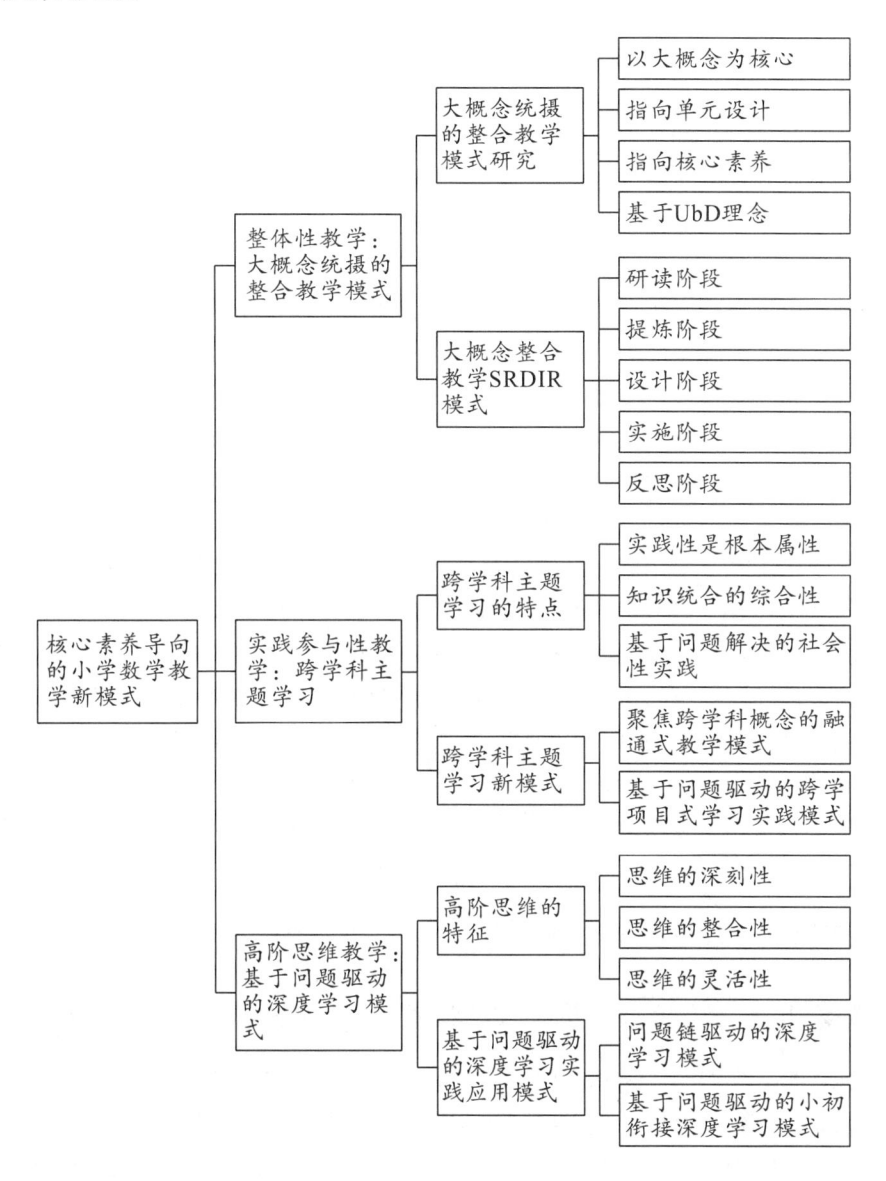

```
核心素养导向的小学数学教学新模式
├── 整体性教学：大概念统摄的整合教学模式
│   ├── 大概念统摄的整合教学模式研究
│   │   ├── 以大概念为核心
│   │   ├── 指向单元设计
│   │   ├── 指向核心素养
│   │   └── 基于UbD理念
│   └── 大概念整合教学SRDIR模式
│       ├── 研读阶段
│       ├── 提炼阶段
│       ├── 设计阶段
│       ├── 实施阶段
│       └── 反思阶段
├── 实践参与性教学：跨学科主题学习
│   ├── 跨学科主题学习的特点
│   │   ├── 实践性是根本属性
│   │   ├── 知识统合的综合性
│   │   └── 基于问题解决的社会性实践
│   └── 跨学科主题学习新模式
│       ├── 聚焦跨学科概念的融通式教学模式
│       └── 基于问题驱动的跨学项目式学习实践模式
└── 高阶思维教学：基于问题驱动的深度学习模式
    ├── 高阶思维的特征
    │   ├── 思维的深刻性
    │   ├── 思维的整合性
    │   └── 思维的灵活性
    └── 基于问题驱动的深度学习实践应用模式
        ├── 问题链驱动的深度学习模式
        └── 基于问题驱动的小初衔接深度学习模式
```

2022年4月，新修订的义务教育课程方案和16个学科课程标准分别颁布实施，标志着基础教育课程改革翻开了崭新的篇章。课程改革的真正效果取决于学校和课堂层面，只有教师自觉地运用有效的方式将课程改革的理念体现在教学过程中，才能真正实现课程改革的目标，达到促进学生发展的目的。在素养本位的课程改革新时代，小学数学课堂教学改革要从问题的情境性、实践的参与性、知识的整合性和思维的高阶性探寻新的变革路径。因此，本章将在整体性教学、实践参与性和高阶思维教学中，聚焦大概念统摄的整合教学模式、跨学科主题学习和基于问题驱动的深度学习模式。

第一节　整体性教学：大概念统摄的整合教学模式

　　整体生成是学科核心素养发展的基本样态，小学数学课堂应当尽量采取整合形态的教学。整体性教学设计是基于整体认识论所形成的一种科学设计观，追求学习的整体性、复杂性和教学设计的整体科学理性。整体科学理性的教学设计观认为，传统的教学设计思想和方法并不利于学生生成整体的知识和学习体验。传统的教学设计通常将复杂的任务分解为简单的成分，主要关注某个特定的学习领域（如认知领域、动作技能领域或情感领域），这些领域又分别对应知识、技能和态度的学习。但这些碎片化、孤立化的知识并不能应用在现实生活的整体任务中，因而学习迁移度低，无法让学习者发展出应对现实复杂任务的综合能力。

　　自20世纪90年代起，基于客观主义认知论的传统教学设计思想和方法受到质疑。人们批判这种"原子论"的设计方法，认为原本复杂的教学现象在"原子论"的支配下变成了预设的、机械的、简单化的设计过程。整体科学理性的教学设计建立在整体认识论的基础上，其主张将事物看作一个完整的事物进行研究和考察，而非将其分离为各个"碎片"，并逐一研究各个"碎片"的特征。[①] "整体"意味着完整、全面和复杂，整体论引领下的教学设计不再追求强操控性和效果的可测量设计，而是追求实践导向下的一种生成向度。因此，它不再将复杂的学习问题简单化处理，而是回归学习的复杂性、问题情境的真实性本质，在追求整体科学理性中整合多种知识和技能，促进应用和迁移，生成核心素养。大概念作为具有中心性、可持续性、可迁移性和网络性的概念集群，不仅是整体性教学的起点，也是核心素养整体生成的落脚点。基于大概念整合的教学是素养导向下小学数学课堂重构的重要途径。近年来，在整体视域下探究大概念整合形态的教学模式研究层出不穷，下面是几个具有代表性的研究。

一、大概念统摄的整合教学模式研究

（一）以大概念为核心的整合教学模式

　　李松林认为，大概念是兼具认识论、方法论和价值论三重意义并能广泛迁移的活性观念。从认识论来看，大概念是在事实和经验的基础上对概念之间共同本质特征的抽象概括。它常是一门学科中处于更高层次的上位概念、居于中心地位的核心概念和藏于更深层次的本质概念。从方法论来看，它为人们认识事物和建构知识提供一个认知框架或结构。从价值论意义来看，大概念对各种具体的事实、经验、事物和概念具有连接与整合作用，能促进学习者的持久记忆、深度理解和广泛迁移。总之，大概念是处于更高层次、居于中心地位和藏于更深层次，能更广泛迁移的活性观念，认知框架和意义模式是大概念的根本特性。因此，以大概念为核心的整合教学模式强调从大概念本身出发，按

[①] 冯锐. 论整体性教学设计的设计观［J］. 远程教育杂志，2009（5）：19—22.

照确定大概念、外显大概念、活化大概念、建构大概念、评价大概念的逻辑进行教学设计（图 6-1）。① 下面结合北师大版小学数学五年级上册第六单元"组合图形的面积"一课为例进行阐释。

确定大概念 → 外显大概念 → 活化大概念 → 建构大概念 → 评价大概念

图 6-1　以大概念为核心的整合教学模式流程图

1. 确定大概念

大概念的确定可从课程标准、教材、教师经验等多个维度进行抽象概括。在"组合图形的面积"一课中，关键在将不规则图形面积计算问题转化为规则平面图形面积计算问题，并抽象概括为一般计算路径。因此，化归思想变成了本课的大概念。为保证大概念的科学性，确定大概念之后需要进行一定的论证。例如，化归思想是否连接了核心素养和核心知识？是否连接本课核心内容与核心过程？是否促进学生的深度理解和迁移？

2. 外显大概念

外显大概念就是对大概念进行描述，将核心概念目标转换成可见的学习目标。例如，可从"知道什么""理解什么""能做什么"和"想做什么"四个维度将抽象的大概念外显为可理解的大概念。按此逻辑，在"组合图形的面积"一课中，化归思想可外显为知道将不规则平面图形的面积计算问题转化成规则平面图形的面积计算问题、明白其背后理由、利用其解决实际问题和内化其解决现实问题四个子概念。

3. 活化大概念

对大概念进行活化的本质在于将大概念转变为高质量的问题，让学生基于问题解决而学习。首先要根据核心大概念的层次细分小概念，其次根据核心大概念和小概念分别设计核心问题和子问题群。在"组合图形的面积"一课中，根据化归思想将核心问题确定为"如何计算三角形、梯形和平行四边形面积"，根据核心问题和子概念，确定子问题为"三角形与长方形、正方形面积计算不同之处""三角形面积计算方法有哪些？方法背后的普遍道理是什么""如何应用道理计算平行四边形和梯形面积"。

4. 建构大概念

建构大概念指学生在学习之后能否形成对大概念的整体把握。活动可作为建构大概念的载体。根据前面大概念的理论架构，"组合图形的面积"一课中的建构大概念过程可分为提出三角形面积计算相关问题、解决三角形面积计算问题、追求三角形面积计算背后道理和应用、迁移三角形面积计算道理至平行四边形和梯形面积计算四个活动。

---

① 李松林. 以大概念为核心的整合性教学[J]. 课程·教材·教法，2020，40 (10): 56-61.

5. 评价大概念

评价大概念需要一定的系统思维。例如，可以按照"知道什么""理解什么""能做什么"与"想做什么"四个维度，设计大概念评价的框架及细则。评价大概念的设计维度可活化大概念中设计的活动。

（二）指向单元设计的大概念单元整合模式

李刚、吕立杰提出立足学科核心素养的七步课程单元设计模型（图 6-2）。[①] 这个设计框架虽然带有线性序列陈述的特征，但本质上也是一个迭代循环的模式。具体为：第一，选择单元主题（Topic）。单元主题确定内容范围，其可来自课程文件，也可以源于现实世界。第二，筛选大概念群（Big Ideas）。根据专家等的意见筛选、保留和删除大概念，提高大概念的有效性和恰当性。第三，确定关键概念（Key Concepts）。关键概念包括要素理解和视角知识。每一个关键概念都是由一个要素体系来支撑的，要素理解有助于更好地实施大概念。视角知识指教师需要了解教授大概念与学生未来知识运用情境之间的关联。第四，识别主要问题（Questions）。主要问题介于大概念和关键概念之间，旨在凝聚学习方向，深化学生对大概念的学习和理解。第五，编写单元目标（Objectives）。一般而言，单元目标是从学生的学习行为角度对大概念、关键概念和主要问题的融合及其阐述。第六，开发学习活动（Activity）。学习活动能让学生主动分享讨论从而形成自己的知识结构。第七，设计评价工具（Assessment）。评价工具可使用 CPRD（Collect-Present-Represent-Demonstrate）四类工具进行综合整体评价。"Collect"指收集学生在任务完成过程中的作品并记录进展，"Present"是学生作品展示、方案介绍等，"Represent"是学生通过工具表征自己对大概念和学习过程的理解程度，"Demonstrate"指教师通过使用观察、访谈等测评学生对大概念和学习过程的真实理解程度。

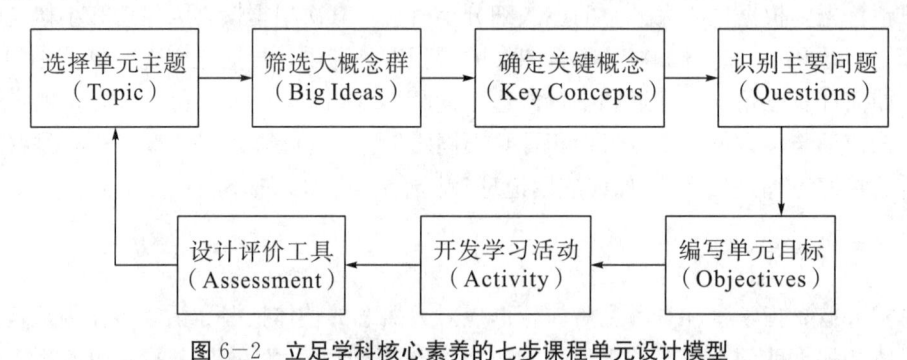

图 6-2 立足学科核心素养的七步课程单元设计模型

[①] 李刚，吕立杰. 大概念课程设计：指向学科核心素养落实的课程架构［J］. 教育发展研究，2018（15）：35-42.

(三)指向核心素养的大概念整合教学模式

邵朝友和崔允漷认为,大概念的理解与运用体现出了核心素养的本质要求,有助于落实核心素养和架构核心素养的教学。因此,大概念与核心素养的培育密切相关。基于教学方案设计的核心素养大概念整合教学模型(图6-3)为:第一,选择核心素养等既有目标。目标的选择基于课程标准、核心素养等国家政策中提取的大概念。第二,从既有目标中确定大概念。常见大概念来源于内容标准中出现频次较高的名词或短语、内容标准含义、匹配内容标准概念和对内容标准的归纳。第三,依托大概念形成一致性目标体系。为理解大概念,教师需要细化大概念,使其成为具有一定逻辑体系的结构。第四,基于大概念的学习要求设计评价方案。评价方案需要围绕学生所知、所能和所成三方面设置表现性任务及其评分规则,并将其穿插于单元教学过程。第五,围绕主要问题创设与组织学习活动。大概念教学注重学生能力表现,需要学生通过探究建构自己的知识理解。在这一方面,需要运用主要问题来组织学习活动,即根据主要问题设计学习问题以驱动学生学习。[①]

选择核心素养等既有目标 → 从既有目标中确定大概念 → 依托大概念形成一致性目标体系 → 基于大概念的学习要求设计评价方案 → 围绕主要问题创设与组织学习活动

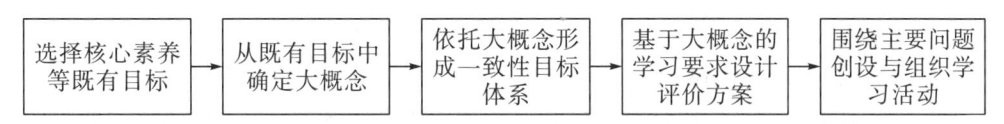

图6-3 基于教学方案设计的核心素养大概念整合教学模型

(四)基于UbD理念的大概念整合教学设计模式

促进理解的教学设计(Understanding by Design,UbD)是格兰特·维金斯和杰伊·麦克泰格在泰勒"目标导向"模式的基础上创新发展而提出的大概念整合教学模式。UbD以"理解"和"逆向"为主要特征,一是强调大概念的理解,要求围绕大概念设计教学目标、基本问题和预期结果;二是提出了教学的逆向设计过程。UbD理念自提出以来,在世界范围内产生了较大的影响,我国不少中小学校也进行了UbD理念下的大概念整合教学探索。

1. UbD逆向设计模式

UbD采取的是逆向设计模式,即在设计起始阶段就清楚结果,并为了达到该结果而进行设计的过程。UbD逆向设计模式具体包括确定预期结果、确定合适的评估证据以及设计学习体验和教学三大步骤(图6-4)。

[①] 邵朝友,崔允漷. 指向核心素养的教学方案设计:大观念的视角[J]. 全球教育展望,2017,46(6):11-19.

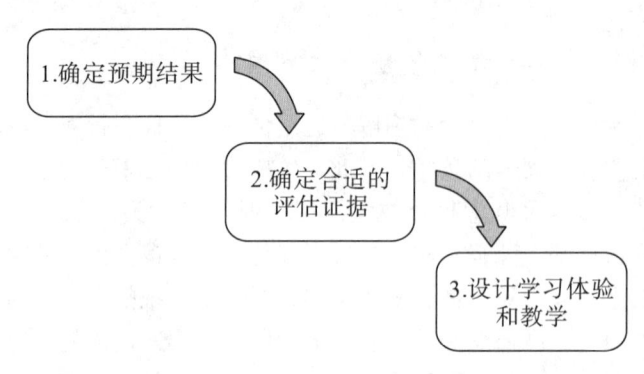

图 6-4　UbD 逆向设计模式

（1）确定预期结果。

预期结果来自对大概念的理解和拆分。图 6-5 为以统计与概率为例的 UbD 大概念目标体系。首先，确定大概念和核心任务。大概念可从课程标准、教科书、教师教学经验等抽象而成。从大概念到核心任务需要的理解而建构的大概念作为桥梁。确定作为理解的大概念时，需要考虑 UbD 理解的六个方面，具体包括能解释、能阐明、能应用、能洞察、能深入和能自知。核心任务便从理解的大概念中再次具象化。在统计与概率中，平均、排列、置信度等都可成为大概念。联系理解的六个方面和大概念，将作为理解所建构的大概念确定为"统计分析经常揭示被证明有用和有意义的模型""抽象的概念可以用统计来建模，如公正"。核心任务可以是"在不同的真实世界情境中，选择合适的集中量数"。其次，确定需要掌握和完成的重要内容。在统计与概率中，集中量数、数字分布、不同的统计公式和技术等都可作为需要掌握和完成的重要内容。最后，确定需要熟悉的知识。所有不重要的专有名词是统计与概率中需要熟悉的知识。可以看出，重要内容和熟悉知识指向的是学生知识、技能等方面，且前者的重要性比后者高。[①]

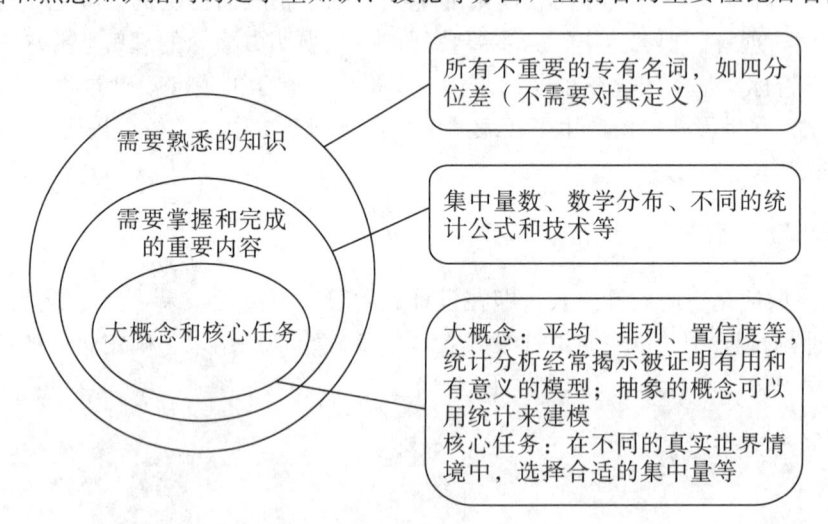

图 6-5　以统计与概率为例的 UbD 大概念目标体系

[①] 格兰特·维金斯，杰伊·麦克泰格. 追求理解的教学设计［M］. 闫寒冰，宋雪莲，赖平，译. 上海：华东师范大学出版社，2017：79.

(2) 确定合适的评估证据。

我们如何知道学生是否达到预期结果？哪些证据能够证明学生的理解和掌握程度？逆向设计要求根据收集的评估证据来思考单元或课程的安排，而不是简单地依据要讲的内容或学习活动来思考。这种方法鼓励教师在设计单元或课程内容前，先要"像评估员一样思考"，思考如何确定学生是否达到预期的理解。UbD强调表现性评价，并且认为评价可按评价主体分为他评和自评两个部分。同时，UbD中的评价需要及时进行反馈以调整教育教学活动。他评是评价主体由教师、家长等非学生主体进行的评价。他评有表现性任务和项目、传统的测验和测试两种评价方式。表现性任务和项目包括复杂、开放式、真实的非纸笔测验评价，针对大概念和核心任务以及需要掌握和完成的重要内容。传统的测验和测试有需要纸和笔、选择式和构答式三种方法，针对需要掌握和完成的重要内容与需要熟悉的知识两类。自评是学生对自己学习活动的表现和评价。恰当的自评能够帮助学生调节学习方式并进行心态上的自我调节。教师根据学生自评结果也能判断其在不同学习阶段对学习的认识和理解，从而调整教学活动。[①]

(3) 设计学习体验和教学。

为提高学生对大概念的理解，教学过程可以按照"WHERETO"七要素来设计。具体来说，"W"指学习方向（Where）和学习原因（Why），确保学生了解学习单元的目标和原因；"H"指吸引（Hook）和保持（Hold）学生学习注意力；"E"指探索（Explore）、体验（Experience）、准备（Equip）和使能（Enable），是为学生实现表现性目标而提供必要的经验、工具、知识和技能；"R"指反思（Reflect）、重新考虑（Rethink）与修改（Revise），意在让学生有机会重新思考大概念，反思进展情况，并修改学习计划；"E"指评价工作及进展（Evaluate），指学生有机会评估学习进展和进行自我评估；"T"指量身定制（Tailor），个性化设计学生学习方案，允许学生对学习有一定选择权力；"O"指为最佳效果而组织（Organize），促进学生深刻理解。依据"WHERETO"设计教学活动有助于教师落实预期教学目标，设计完整的教学计划。[②]

2. UbD本土化应用案例

自UbD模式传入我国以来，国内教育界围绕UbD理念展开了广泛的探讨，基于UbD理念的大概念整合教学也受到越来越多的关注。例如，刘徽提出的大概念视角下单元整体教学模式就是基于UbD理念的本土化应用及实践。大概念视角下单元整体教学模式依据UbD的目标设计、评价设计和过程设计来设计整合教学（图6-6）。具体为：①目标设计。目标设计是宏观思维与微观思维的结合。宏观思维是指"向上"的思考，即能立足"生活价值"来构想单元目标，考虑知识与实际生活之间的联系，利用大概念促进学生深度思考和学习。微观思维指"向下"的思维，考虑单元目标的落实问题。目标设计既要考虑对大概念的理解性问题，又要考虑学生对知识和技能的掌握程

[①] 格兰特·维金斯，杰伊·麦克泰格. 追求理解的教学设计 [M]. 闫寒冰，宋雪莲，赖平，译. 上海：华东师范大学出版社，2017：165-190.

[②] 格兰特·维金斯，杰伊·麦克泰格. 追求理解的教学设计 [M]. 闫寒冰，宋雪莲，赖平，译. 上海：华东师范大学出版社，2017：222-251.

度。②评价设计。一是对学习进行评价，包括学习性评价和学习的评价两类，前者为过程性评价，后者为总结性评价，都强调引入真实性任务，在任务解决的过程中建构大概念。二是引导学生"对评价进行学习"。学习评价的内核在不仅要学会评价他人，更关键是要学会评价自我。③过程设计。以基本问题推进"准备—建构—应用"三个大概念形成的阶段。这三个阶段并不是一个简单的线性结构，而是一个循环圈。学习是从激活已有经验的准备开始的，经由反复观察以达到抽象概念化建构，再通过主动实验回到具体经验（应用），并由此构成一个循环往复的学习圈。[①] 在这个过程中，与大概念相匹配的基本问题一直贯穿循环学习圈的始终。

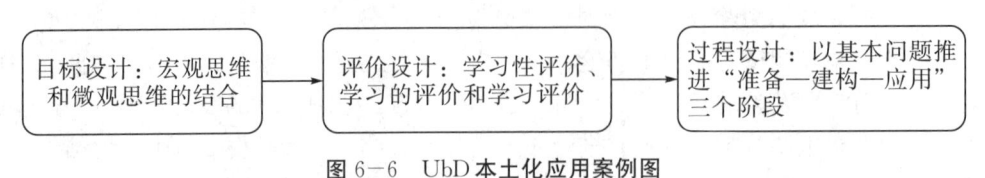

目标设计：宏观思维和微观思维的结合 → 评价设计：学习性评价、学习的评价和学习评价 → 过程设计：以基本问题推进"准备—建构—应用"三个阶段

图 6-6 UbD 本土化应用案例图

二、大概念整合教学 SRDIR 模式

实施大概念统摄的整合教学是以整体性教学重构小学数学课堂的重要途径。整合教学以大概念作为核心素养的落脚点和单元整体设计的出发点。大概念整合教学 SRDIR 模式（以下简称"SRDIR 模式"）是课程改革进入核心素养新时代以来，学校探索数学课堂实施整体性教学改革的实践成果。SRDIR 模式的设计及实施包括研读阶段（Study stage）、提炼阶段（Refining stage）、设计阶段（Design stage）、实施阶段（Implementation stage）、反思阶段（Reflection stage）（图 6-7）。

（一）研读阶段

研读阶段要基于对核心素养新时代人才培养要求、课堂教学改革要求来研读课标理念和教材、研究学生学情。作为大概念整合教学的准备阶段，其工作将为提炼大概念和设计实施整合教学做好充分准备。

1. 研究时代要求

大概念整合教学既是一种教学理念，也是一种教学模式。大概念整合教学的"大"不是传统教学上"多而杂"的知识累积，而是时代要求下的"少而精"的素养提升，是学科知识经过层层提炼、去粗取精后的价值增值和功能拓展，具有显著的时代特征。因此在进行大概念整合教学时，需要研究时代要求，挑选最具时代性、现实性的大概念。

2. 研读课标理念

一是要明确整体要求，《2022 年版数学课标》中对小学数学核心素养有整体要求，

[①] Kolb D A. Experiential learning: experience as the source of learning and development [M]. Englewood Cliffs: Prentice-Hall, 1984: 21.

需要在实施大概念整合教学之前仔细研读;二是要弄清具体要求,从而更好地落实课标理念。在整体研读之后,要有针对性地研究具体单元的活动要求,包括单元教学目标、内容安排和活动要求等。

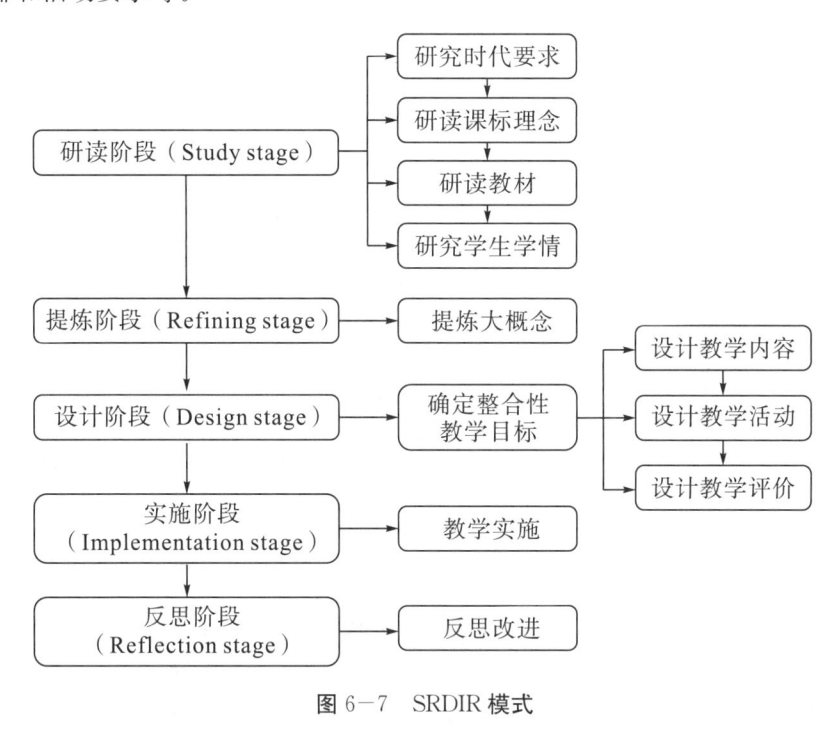

图 6-7　SRDIR 模式

3. 研读教材

在进行教学设计时,以核心素养为导向,以学生的学习基础、知识储备为依据,综合把握本单元重难点,围绕核心概念、原理、方法等,通过单元内重组、跨单元整合、跨学科融合的方式对教材内容进行结构化梳理。学生在知识认知中形成触类旁通、举一反三的学习能力和思维能力。

(1)纵向结构研读。

根据学生学习和发展的规律以及课程内容的纵向进阶逻辑,围绕数学的四大板块,厘清知识点之间的纵向联系。例如,通过单元内重组、跨单元整合将授课单元的学习置于数学整体知识结构中去建构,并以核心问题进行教学引领。同时,注重学生学习方法的引导与迁移和思维能力及认知水平的提升,让学生在探究中自主进行知识结构化构建,使学生能在全面、有序的过程中获得自身认知水平的发展与提升。

(2)横向结构研读。

在关注知识的纵向进阶逻辑的同时,还要注意横向结构研读。例如,将课程内容与相关领域以及学科外内容进行关联性结构分析,使课程内容具有关联性、生长性和实践性。研读教材内容的横向结构,充分对比分析不同版本教材的相同点与不同点。

4. 研究学生学情

在研读教材和对比不同版本教材之后，应对学生再次进行深入分析。认清学生基础，找到教学起点，对提炼大概念及大概念整合教学做准备。

(1) 研究学生的认知基础。

学生的认知基础，包括学生的元认知、学生的生活经验、已有知识基础、能力基础、素养基础等，还包括学生的兴趣爱好、对本知识的接受程度等。

(2) 研究学生的认知特点。

对学生认知特点的研究包括两个维度：一是研究学生的思维特征，如以形象思维能力为主，好动、注意力易分散，注意力持续时间较短等；二是研究学生学习能力基础，如看待问题的数学眼光、数学语言等。

(3) 关注学生的学习进阶。

在设计大概念整合教学之前深入分析学生后续学习的知识点与本知识点之间的联系。例如，分析学生后续学习需要的方法、能力、素养等在当前活动中的渗透和培养方式。

(二) 提炼阶段

在这一阶段需要提炼出单元内容整合后的大概念，为下一阶段的开展奠定基础。在梳理知识结构的基础上，厘清单元具体概念、基本概念、次级大概念以及最上位的单元大概念。大概念的提取有梳理知识结构、梳理单元具体概念及基本概念和确定大概念三个关键步骤。

1. 梳理知识结构

在提炼大概念之前，首先要梳理本单元的知识结构，厘清具体概念和基本概念，为提炼次级大概念和大概念做好准备。例如，"除法的初步认识"单元的知识学习包括图6-8中的四个阶段：①平均分的意义和两种结果。这个阶段的设计要让学生经历一系列分物活动来理解平均分的意义，积累分物经验；同时，结合实际问题感知平均分的两种结果。上述两个环节的设计主要是为认识除法、理解除法的意义做好知识和经验储备。②在充分理解平均分的情况下认识除法算式、理解除法的意义。这个阶段又分为两个理解的层次：一是结合具体情境理解除法的两种意义（等分除和包含除），会读写除法算式，知道除法算式各部分的名称；二是结合具体问题情境，体会除法与减法、乘法的联系。③学会用乘法口诀求商。学习过程中，首先要鼓励学生用不同的方法去求商，体验除法运算方法的多样性与用乘法口诀求商的简洁性，能熟练运用乘法口诀求商；同时，让学生在用乘法口诀求商的过程中体会乘法与除法的互逆关系。④理解"倍"的意义，解决与"倍"有关的问题。这一阶段的学习中，要在理解除法意义的基础上，结合具体情境理解"倍"的意义，能解决与"倍"有关的简单实际问题；在解决问题的过程中进一步体会"倍"与乘法、除法的关系。本单元四个阶段的知识，环环相扣、螺旋上升，有利于学生在学习的不断推进中形成知识结构。

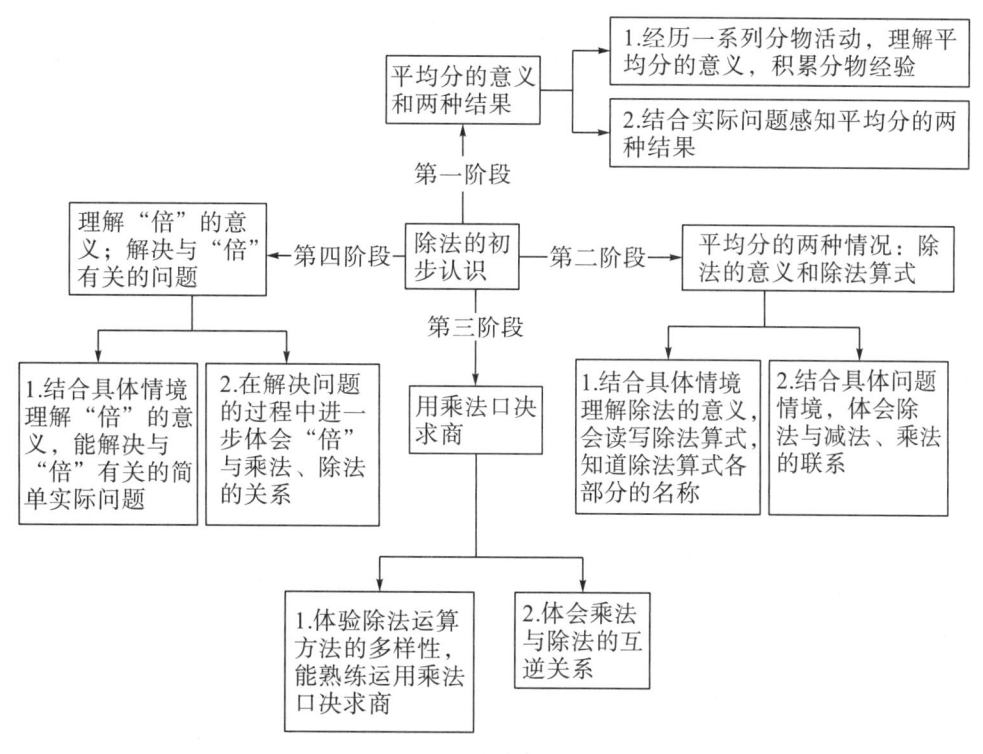

图 6-8 "除法的初步认识"单元知识结构及认知阶段图

2. 梳理单元具体概念及基本概念

单元具体概念及基本概念是进行教学设计的基础。因此，在梳理知识结构之后需要梳理单元具体概念及基本概念，为教师进行教学设计做好铺垫。

3. 确定大概念

在充分研读课标、研读教材、研究学生学情，以及梳理知识结构、单元具体概念和基本概念的基础上，提炼出次级大概念和学科大概念，形成大概念层级。大概念的筛选与确定有多种路径和方法，例如，可以借助课程标准中的高频词句来提取大概念；可以通过对教材的深度理解、整体建构，从知识关联结构中提取大概念；可以超越惯常理解的抽象概括，追求知识本质，融会贯通，从思想与方法的共性中提取大概念。大概念的提炼路径可概括为自下而上的梳理和自上而下的解构两种方式。以上方法为我们提炼大概念提供思路，但仍需要具体问题具体分析，在提炼大概念时，应在使概念最适宜的情况下选用恰当方法或进行综合运用。在小学数学中，大概念层级自下而上表现为具体概念、基本大概念、次级大概念和学科大概念。

（三）设计阶段

1. 确定整体性教学目标层级

整体性教学目标包括单元学习目标（即该单元的整体性目标要求）、核心目标、具体目标、素养目标。设计中可参照课标中"内容要求""学业要求""学业质量",在单元内容整体分析的基础上进行结构化教学研究,从而制定出单元学习目标,并从不同层级表述目标,最终指向核心素养的培育。

2. 融合形成整体性教学内容

整体性教学的单元重构包括单元内重组和跨单元融合。首先,在整体性视域下分析单元各课时内容的相同点和不同点,思考将单元中的哪些课时整合成一个课时以及整合的理由等,进行单元内重组。其次,突破教材单元的学科逻辑限制,依据整体认知的心理逻辑进行跨单元融合。跨单元融合是将与本单元具有高度关联性的其他单元整合到本单元中,实现知识的高度融合。跨单元融合更利于学生形成整体性、系统性认知。

3. 设计整体性教学活动

在分析学生学习、认清学生基础之后,分析关联单元内容,在单元内容学科本质分析的基础上,沟通前后知识与方法之间的联系,结合本单元的具体内容进行单元内重组和跨单元整合,形成单元新结构,设计整体性教学活动。

4. 设计整体性教学评价

根据新课标中的"学业要求""学业质量"以及关于评价的要求来设计整体性教学评价,包括目标的达成、核心素养的培育、数学思想方法的渗透、具体课时评价。

(四)实施阶段

实施过程通常包括以下阶段:围绕大概念创设情境,出示大概念统摄下的核心问题,围绕大概念组织序列学习活动,运用知识进行练习,总结反思。总的来说,在本模式的具体教学实施过程中,通常以"创设真实情境—出示核心问题—自主探究交流—巩固拓展提升—总结反思改进"的教学流程推动学习,并在学习过程中渗透数学思想方法,培育核心素养。

(五)反思阶段

教师的成长离不开经验基础上的反思。反思是教师进步的阶梯,也是进一步改进教学设计及实施的关键。大单元统摄的整体性教学需要从以下三个方面进行反思:①反思整合内容。可从整合前后总课时的变化、整合前后具体内容的变化以及整合后的优势进行反思。②反思思维框架。思维框架要体现学生思维发展和经历的过程。以"除法的初步认识"为例,依据大单元的思维框架和内容框架,教师需要反思学生的思维经历了怎样的过程(图6-9)。从本单元中学生的思维经历和发展过程来看,学生首先要经历平均分的操作过程,一边操作一边用图、表记录平均分的过程;其次,在充分体验、理解了平均分的基础上,将平均分的过程抽象成除法,从而认识除法算式,理解除法意义;再次,学生在深入理解除法意义的基础上拓展除法的意义,即认识"倍"的关系,学生还要利用前面学的知识解决除法在实际生活中的应用;最后,在完全掌握了除法的基础知识和基本技能之后，学生能根据情境提出并解决乘、除问题。这个时候，对学生基于真实问题情境综合解决问题的能力有了更高的要求。学生需要辨析真实情境中是乘法问题还是除法问题，再尝试进行问题解决。从内容安排来看，"除法的初步认识"大单元整合克服了一课一个知识点的零散性，有利于学生从知识的整体入手进行理解，进而形成像专家那样的整体性的认知结构。③反思具体教学过程。具体教学过程的反思可从总结大概念统摄的整体性教学的成功经验和不足之处进行；也可记录大概念统摄的整体性教学的精彩片段，然后进行评价反思；还可以整理学生在大概念统摄的整体性教学中的普遍错例、教学实施中的个别问题等，从这些角度进行反思。

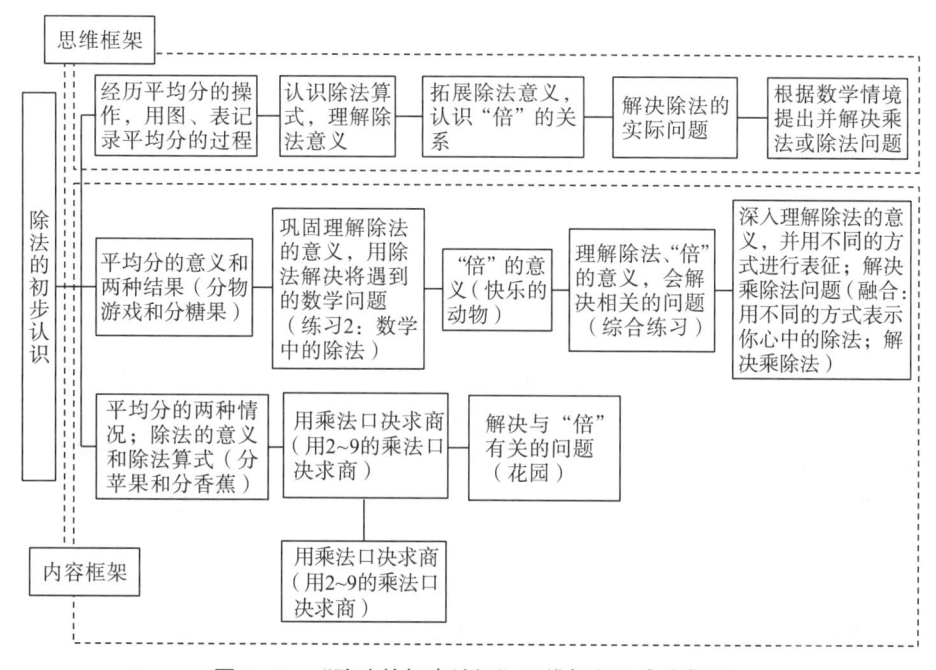

图 6-9 "除法的初步认识"思维框架和内容框架

第二节 实践参与性教学：跨学科主题学习

实践是素养生成的"熔炉"，实践参与性教学是数学核心素养发展的根本途径。实践参与性教学是通过实践活动进行的教学。实践参与性教学要求教师为学生设计出更具综合性、实践性与开放性的复杂问题，让学生在问题解决的过程中学习，通过"做中学"发展核心素养。核心素养不是直接由教师教出来的，而是学生在真实的问题情境中运用相关的知识技能、参与问题解决过程而发展起来的。然而，学校传统育人方式已难以适应新形势下理想新人的培养要求。因此，国家课程标准中推出跨学科主题学习。《2022年版课程方案》明确规定，各门课程用不少于10%的课时设计跨学科主题学习。① 《2022年版数学课标》也明确规定"综合与实践"领域以跨学科主题学习为主，主要包括主题活动和项目式学习。并在教学改革中提出进一步加强综合与实践，数学课堂教学要以解决实际问题为重点，以跨学科主题学习为主，以真实问题为载体，适当采取主题活动或项目学习的方式呈现。②

跨学科主题学习充分体现了主题引领、知识整合与问题解决的内在涵义。跨学科主题学习是核心素养导向下学习方式变革的实践。跨学科主题学习遵循实践目标、实践主题、实践内容、实践活动的设计逻辑，体现了学习的实践属性。跨学科主题学习就是要以某一学科为依托，基于主题建构学习任务，进行学科整合，形成以培养跨学科素养为目标的主题单元网络，以完整的问题解决过程或任务完成过程贯穿始终。目前，依据不同的跨学科方式和主题来源，出现了多种跨学科学习的形式，如单学科拓展式的主题学习、多学科交叉式的项目式学习、跨学科大概念的项目式学习等。

一、跨学科主题学习的时代内涵

（一）跨学科学习

"跨学科"最早是在20世纪20年代由美国著名心理学家伍德沃斯教授公开使用。"跨学科"就是打破学科壁垒，把不同学科的理论或方法有机地融为一体的研究或教育活动。③ 在英文中，"跨学科"有不同的词汇表达，分别代表不同的意义：①"multidisciplinary"强调涉及多门学科的结合，兼顾不同科目的知识和视角，保证每个学科的独立性；②"cross disciplinary"是从其他学科的外部视角看待相关的某一门学科，凸显在多学科背景下学科之间的交叉，相交的范围即是跨学科的领域，亦被称为交叉学科；③"interdisciplinary"指运用真实的综合方法，整合不同学科的知识和方法，强调跨领域组合多个学科知识，也称"科际/科间的"，以两个或两个以上的学科或研究领域的参与和合作为特征；④"transdisciplinary"是在学科视角上注重相关学科的整合，以形成独立的新型学科结构。所以，"跨学科"有以下几点含义：指突破学科壁垒，把不同学科方法或理论有机融合的研究或教育活动；指包含众多跨学科的学科（交叉学科）在内的学科群；指一门研究跨学科规律和方法的高层次学科。④

跨学科学习是学习者将两个或两个以上学科的信息、数据、技术、视角、观点和思维方式等整合起来，以解决问题、解释现象或制作产品的过程，最终旨在获得对一个主题的基础性和实践性理解，这种理解超越单一学科的范围。⑤ 从目的意义看，它旨在培养学生的自由人格、跨学科意识和创造性解决问题的能力；从手段意义看，它是选择、

---

① 中华人民共和国教育部. 义务教育课程方案（2022年版）[S]. 北京：北京师范大学出版社，2022：11.
② 中华人民共和国教育部. 义务教育课程数学课程标准（2022年版）[S]. 北京：北京师范大学出版社，2022：17—87.
③ 刘仲林. 交叉科学时代的交叉研究[J]. 科学学研究，1993（2）：11—18，4.
④ 伍红林，田莉莉. 跨学科主题学习：溯源、内涵与实施建议[J]. 全球教育展望，2023（3）：35—47.
⑤ Boix-Mansilla V. Learning to synthesize: the development of interdisciplinary understanding [M]. Oxford: Oxford University Press, 2010: 289.

综合各种信息、知识、手段、方法以解决复杂问题的策略，以及将学科知识情境化的策略。产生跨学科理解、运用学科思维、实现学科整合是"跨学科学习"的基本特点和判断标准。[①] 跨学科学习不应当仅是教师提供跨学科学习环境和学习内容，更重要的是通过学科学习更好地促进学生跨学科思维的发展和素养的提升。跨学科学习的目标在于突破学科壁垒、改变分科教学造成的知识割裂。跨学科学习意图通过知识、体验与社会真实性问题的联结，促进学习者对学习主题的实践性理解，发展学习者的核心素养。总之，跨学科学习包含以下内涵：①注重多学科知识及其概念的获得；②超越单一学科范畴，指向深度理解；③要求学习者将新知识与已有知识、经验进行整合来解决真实问题。

（二）主题学习

美国学者哈纳（Hanna）于 1955 年首次对主题学习进行了比较系统的界定，他认为主题学习"是聚集于对某一具有社会意义的课题的理解而展开的有目的的学习体验，其中这种课题被视为是一个横断各学科且基于儿童个体社会需求的意义整体"[②]。20 世纪 80 年代，主题学习的理论在教学实践领域产生了更加广泛的影响。甘伯格（Gamberg）从"学生中心"和"整合课程"的视角出发，将主题学习界定为一种以学生为中心的，强调通过广泛的主题探究而非拘囿于某一学科领域来运作的教学模式。[③] 此后，主题学习逐渐成为当下教学理论与实践中的重要概念以及跨学科课程的基础。具体而言，主题学习是综合性课程的组织方式，是以真实主题及其专题为课程整合的设计出发点，形成跨学科的、由多样活动组成的课程单元。[④]

在主题学习这种综合化课程组织下，可以采用多样化的学习活动为不同学习内容给予支持。这种学习方式其实已经在其他学习活动中有所体现和渗透，如研究性学习、项目式学习、问题导向的学习等。主题学习倡导学科之间的整合，通过以多学科、跨学科的教学形式围绕某些主题来展开教学活动，促进学生核心的发展。根据主题学习中各个学科之间的统整程度，可将主题学习分为"单学科—主题""多学科—主题"和"跨学科—主题"三种基本类型。"单学科—主题"的主题学习并不纯粹是"单学科"的，而是以某一学科的知识或单元主题为中轴，同时在学习活动中结合其他学科的概念、知识和理论体系来展开的主题性教学活动。"多学科—主题"的主题学习是以某个涉及多学科领域的主题作为中轴，对两个或两个以上学科课程内容展开联结性、主题性的教学活动。"跨学科—主题"则具有更高的学科统整性和融合性。与"多学科—主题"相比，"跨学科—主题"的主题学习不仅把主题作为学科课程内容的组织者，而且把跨学科的主题作为整个主题学习的中心目标。学科的框架和界限在"跨学科—主题"的主题学习中只有部分保留或完全没有保留。从学科与课程知识整合的角度来看，"跨学科—主题"

---

① 张华. 论理解本位跨学科学习 [J]. 基础教育课程，2018（22）：7—13.
② Hanna L A. Unit teaching in the elementary school [M]. New York：Rinehart，1955：177—183.
③ Gamberg R. Learning and loving it：theme studies in the classroom [M]. New Hampshire：Heinemann，1988：102.
④ 顾小清. 主题学习设计 [M]. 北京：教育科学出版社，2005：37.

的主题教学真正体现了不同学科之间在概念、知识与理论体系上的高度统整与融合，主题也在真正意义上成为学习活动的中心内容和核心目标。[1]

(三) 跨学科主题学习

《2022年版课程方案》正式提出了"跨学科主题学习"这一概念，要求义务教育课程"加强课程内容与学生经验、社会生活的联系，强化学科内知识整合，统筹设计综合课程和跨学科主题学习。加强综合课程建设，完善综合课程科目设置，注重培养学生在真实情境中综合运用知识解决问题的能力。开展跨学科主题教学，强化课程协同育人功能"[2]。《2022年版数学课标》课程理念明确指出，要"注重数学知识与方法的层次性和多样性，适当考虑跨学科主题学习"。综合与实践的课程内容安排要求"以培养学生综合运用所学知识和方法解决实际问题的能力为目标，根据不同学段学生特点，以跨学科主题学习为主，适当采用主题式学习和项目式学习的方式，设计情境真实、较为复杂的问题，引导学生综合运用数学学科和跨学科的知识与方法解决问题"[3]。这是第一次将跨学科主题学习从原来某些区域或学校的零星探索上升为国家课程的重要内容。所谓跨学科主题学习，就是为培育学生跨学科素养，以某一学科为载体，围绕主题与其他学科知识进行整合，生成跨学科主题学习单元，由学生开展以主题任务为核心、合作实践为主要形式的学习活动。跨学科主题学习是基于跨学科的多向思维发展的综合性活动，是一种积极的深度学习体验过程，也是师生之间、教师团体之间通过协作来共同实现的创新性实践。跨学科主题学习的基本要义包括以下几个方面：①依托主题建构学习任务；②学习主体在教育教学过程中需要积极参与设计和实施；③以某一学科知识为依托，进行学科整合，不同整合程度会产生不同的跨学科主题学习类型；④以培养跨学科素养为目标；⑤以完整的问题解决过程或任务完成过程贯穿始终。[4] 总之，跨学科主题学习包含主题引领、知识整合和问题解决三个要素。主题引领要求确定有意义的主题，知识整合即围绕主题融合多学科知识，问题解决要求综合运用跨学科知识解决现实问题。因此，跨学科主题学习是以主题为支点引领整个学习框架、带动学习活动的实践参与性教学形式。

二、跨学科主题学习的特点

(一) 实践性是根本属性

跨学科主题学习注重实践探究。传统的教学方式过多关注知识性学习，相对忽视实践性和探究性学习。跨学科主题学习旨在改变上述问题，通过跨学科的实践探究活动最大限度地调动学生身体、心理、大脑的参与，培养学生动手操作、实验探究等实践参

---

[1] 李祖祥. 主题教学：内涵、策略与实践反思[J]. 中国教育学刊，2012 (9)：52—56.
[2] 中华人民共和国教育部. 义务教育课程方案（2022年版）[S]. 北京：北京师范大学出版社，2022：5.
[3] 中华人民共和国教育部. 义务教育课程数学课程标准（2022年版）[S]. 北京：北京师范大学出版社，2022：3—16.
[4] 伍红林，田莉莉. 跨学科主题学习：溯源、内涵与实施建议[J]. 全球教育展望，2023 (3)：35—47.

意识与能力，让学生不只是学习知识本身，还会明白实践的意义和探究的价值。指向实践性和探究性的跨学科主题学习，有利于改善数学课堂教学过多关注知识性学习而忽略解决实际问题能力培养的问题。跨学科主题学习过程以实践性活动为主，突出跨学科学习的实践取向和探究价值。学生通过参与主题活动的开发、设计等环节，不断改造和发展自己；学生根据活动的要求和进展不断调整自身的知识经验，以实现探究的预期目标；学生还以跨学科主题活动作为对象性活动，在探究过程中不断建构自己的生活经验与客体意义世界的关联，从而确证自身存在的价值。实践是人存在的方式，因而实践性是跨学科主题学习的根本属性，它彰显了学生作为现实的人的本质特征。

（二）知识统整的综合性

跨学科主题学习的显著特征之一是综合性。学校课程的发展经历了"综合课程—分科课程—综合课程"的过程。班级授课制出现之前的不分学科学习可以被认为是跨学科的学习。随着班级授课制和学科知识的专业化发展，教学逐步发展到由专业学科教师传授本专业知识的分科教学阶段，学生的学习也进入分学科学习阶段。19世纪末20世纪初，欧美的新教育运动要求教育要与生活联系起来，提出了要关注学生个性的自由发展，充分发挥儿童的各种能力，提高儿童的综合能力，其中，美国教育家克伯屈的设计教学法（项目式学习的前身）就提出废除班级授课制，打破学科体系，由学生根据自己的兴趣和需要进行有目的的活动，这样，学生的学习活动又开始走向综合。随着社会的发展，人们越来越认识到，儿童长大以后面临的很多问题都是相当复杂的综合性问题，都不是哪一门基础学科能单独解决的。知识整合才是全面认识事物普遍性和必然性的辩证路径。跨学科主题学习作为认知性实践，是学生融合多学科知识进行的实践探索。因此，开展以知识整合的综合性为主要特征的跨学科主题学习，打破了单一学科课程的壁垒，在更广阔的学习场域中培养学生的综合素养，可以让学生在面对未来社会中的重大现实问题时找到解决问题的综合方案。

（三）基于问题解决的社会性实践

跨学科主题学习解决的是真实生活中的真实问题，因而具有显著的社会实践性。一般的教学往往只关注学科内的知识和问题，对社会现实缺乏综合性、整体性思考。跨学科主题学习让学生关注社会重点、热点问题，赋予学习以现实意义。在跨学科主题学习过程中，学习与社会之间建立起了思维的桥梁。学生能通过真实性问题的解决过程感悟和理解学习的真实意义。例如，在STEAM跨学科课程的多元价值取向中，很重要的一点就是"社会生活整合取向"，即以"社会议题"为载体组织课程、设计教学活动等。[1]

跨学科主题学习是一种以问题为线索的学习。在跨学科主题学习中，对于复杂问题的探究和解决，是学生从认识世界到改造世界的一种社会性实践。它强调将学科知识嵌入现实问题中，学生以学科专家的思维方式进行专业实践与应用实践，进而解决复杂性问题。跨学科主题学习的问题来源于社会中的真实场景，在此过程中，学生可以切身体

---

[1] 李学书. STEAM跨学科课程：整合理念、模式构建及问题反思[J]. 全球教育展望, 2019 (10): 59-72.

验和感受，进而共同寻求解决问题的方案。不难看出，跨学科主题活动学习是学生共同参与的学习方式。也就是说，为了完成活动任务，每个人都要考虑他人的行动，在确证个人价值的同时体会与他人共在的意义。那些值得深入研究的问题驱动学生在学习实践中建构共同体关系，在合作交流中形成与人交往、与人共处的社会性情感。所以，基于问题解决的社会性实践是跨学科主题学习的基本特征。

三、跨学科主题学习的水平划分

主题引领、知识整合和问题解决是跨学科主题学习的三大要素，由此可以从三个维度来评判跨学科主题学习的水平，即问题解决程度、学习投入程度和学科整合程度（简称"三度"，图6-10）。问题解决是跨学科主题学习的直接结果。素养培育导向下，跨学科主题学习旨在促进学生学习方式的改变，在整合运用不同学科知识与方法的过程中，优化学习的基本行为和认知取向，使学生不仅能够从不同的视角看待事物，还能提升鉴别、比较、联系、综合等解决复杂问题的能力。学科整合是跨学科主题学习区别于其他学习方式的基本特征。跨学科学习的核心是知识的整合，"整合"甚至被喻为鉴定"跨学科"是否发生的重要指示器。学习投入是跨学科主题学习有效开展的重要保障。跨学科学习中的学科整合不是多门学科知识的简单累积和叠加，而是要在具体情境中辩证评估学科观点，并在它们之间创造共识以构建更全面的认知，它是学生心智思维运作努力的结果。[1]

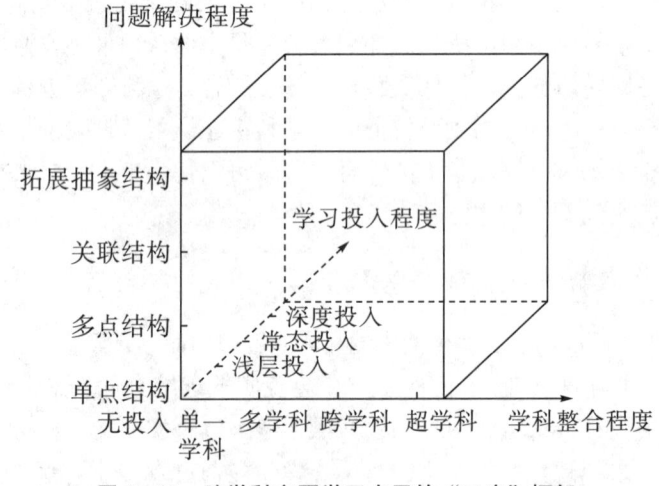

图6-10 跨学科主题学习水平的"三度"框架

（一）问题解决程度

对于问题解决程度，如图6-10所示，依据比格斯提出的可观察的学习结果结构（Structure of the Observed Learning Outcome，SOLO）分类法，对学生解决问题时所达到的思维水平由低到高分为五种水平：①前结构水平，问题线索和解答混淆，无法理

---

[1] 张玉化. 跨学科主题学习的水平分析与深化策略［J］. 全球教育展望，2023（3）：48-59.

解和解决问题；②单点结构水平，能够从一个角度或使用一种相关信息解决问题；③多点结构水平，能从多个角度、使用多方面的信息解决问题，但角度或信息之间相互独立、没有关联；④关联结构水平，能从多个角度，使用多方面的信息解决问题，并且理解它们之间的联系，形成整体的理解；⑤拓展抽象结构水平，能在关联结构水平的基础上，进一步从具体到抽象，形成学习者自己的认知结果，还可以类推迁移至新的领域。① SOLO 分类法每一个层次的划分主要根据学生呈现的思维结构水平的复杂程度，层次越高，说明学生学习理解更加深刻，具备更好的问题解决能力。

（二）学习投入程度

学生学习投入程度分为无投入、浅层投入、常态投入和深度投入。无投入基本就是无心向学；浅层投入主要依靠外力驱动，通过听讲、旁观、模仿等方式进行程序化的机械学习，对复杂性理解采取回避态度；常态投入要依靠内力驱动，表现出一定求知欲，有实质性学习参与，能条理分明地处理复杂问题，追求理解基础上的意义学习；深度投入能专注并沉浸于学习，舍得在挑战性任务上花时间，对学习能进行自我反馈、自我监控和自我完善，实现超越预期的卓越学习，因而常伴随学习上的"心流"体验。

（三）学科整合程度

学科整合程度可从单学科、多许可、跨学科和超学科来区分。多学科整合程度最低，是不同学科围绕主题的并置，学科之间并没有因整合而产生新的见解，可形象地比喻为水果拼盘；跨学科整合程度次之，学科之间建立联系并产生新的理解，但探讨的问题往往局限在学科视野中，讨论学科之间的交叉领域或关联部分；超学科整合程度最高，其指向超越学科范畴的复杂问题解决，实现学科知识与个人意义、社会价值的结合，将学科间的关系置于一个完整的问题系统中，学科之间不仅实现了整合，还能产生新的解释性体系。学科整合程度越高，越有利于学生核心素养的培育。

四、跨学科主题学习的设计模式研究

跨学科主题学习水平的"三度"框架不仅用于评价跨学科主题学习的实现程度，也为设计跨学科主题学习提供了思考路径。纵观已有各类跨学科主题学习模式研究，基本都将问题解决程度、学科整合程度和学习投入程度作为设计的重要依据，下面是比较具有代表性的两类设计模式。

（一）反哺真实世界和学科世界的整合设计模式

从跨学科主题学习的问题解决程度和学科整合程度来看，跨学科项目学习的设计既要符合真实问题的解决过程，也要遵从多个学科的整合视角。这类设计总体是以问题解决过程为思路进行设计的，并在设计时充分考虑整合多学科来解决问题。例如，夏雪梅

---

① 约翰 B. 彼格斯，凯文 F. 科利斯. 学习质量评价 SOLO 分类理论：可观察的学习成果结构［M］. 高凌飚，张洪岩，译. 北京：人民教育出版社，2010：27-31.

的学科项目化学习设计的整体思路是：真实而复杂的问题—澄清问题中的不同学科视角—整合学科视角形成新理解—反哺真实世界和学科世界。具体的设计步骤为：①提出跨学科的真实问题；②选取可用于问题解决的指向各学科核心素养的知识和能力；③学习不同学科的知识，持续深入地解决问题；④形成整合性的项目成果和新理解。王黎超、张伟振在夏雪梅的学科项目化学习设计的基础上，进一步将项目学习的设计路径概括为：项目学习产生的背景—项目学习目标—驱动性问题—学习任务分解。其中，项目学习的产生背景关注的是真实世界的问题；项目学习目标、驱动性问题、学习任务分解都需要既关注问题的解决，又关注学科的整合。这样的设计路径，将学生提出问题的能力作为一种重要的学习能力来培育，同时凸显项目化学习的双线设计：学科素养和跨学科素养的融合。① 这类跨学科主题学习模式以源自真实情境的大问题、大任务作为组织中心，将学科知识放在更大背景中进行考察，体现整体思维。不断追求和建构问题解决的图示，促使学生向专家那样思考，发展高阶思维，促进深度学习。

（二）优选主题的跨学科融合设计模式

从学习投入程度的维度来看，主题引领要支持整个学习框架，带动学习活动，因而主题的意义在很大程度上影响着学习的投入程度，是跨学科主题学习设计需要重点考虑的方面。这类设计倡导在设计跨学科主题学习的过程中，首先优选有趣又有"料"的主题，根据主题的特征来搭建多学科的目标框架，确定学习内容。因此，这类设计模式往往从确定"融合点"（即有意义的主题）入手展开设计。例如，洪俊、刘徽在跨学科统整的实践探索中，提出了"寻求主题（打破教研组备课）—目标先置（逆向设计思路）—评价设计（发展学生能力）—设计情境（解决问题导向）—学习过程（还原认知过程）"的设计模式。在该模式中，将"寻求主题"置于跨学科统整之首，指出国家课程教材的主题寻求三个出发点，即地域文化特色点、教材内容相同点和学生生活兴趣点。在这种优选主题的跨学科统整中，所有整合内容都来源于国家课程教材，并且贴近学生实际生活，目的在于不断激发学生的好奇心和探究欲，提高学生学习投入程度。当然，在这种注重主题优选的跨学科融合模式中，教师不仅要关注本学科原有学习内容，还要留心处在学科交叉地带的跨学科概念和技能。参与整合的教师要逐渐从单纯的国家课程实施者转变为独特课程的开发者，掌握更多综合知识。② 贾恩华认为，小学数学跨学科项目学习的设计包括优选项目习素材、设计驱动性项目问题和搭建项目学习的平台三个要点。其中，优选项目学习素养至关重要，其实质就是优选主题设计融合点。③ 跨学科项目学习素材必须具备包容性、丰富性和实践性。也就是说，其既要贴合学生的学习内容，又要激发学生的探索欲望，体现对学生能力的促进点，并能落实学生发展核心素养的要求。所以，优选主题要求主题的选择重点关注来自现实的复杂问题，围绕真实性问题进行跨学科统整。这类设计模式的核心观点就是，跨学科主题学习设计首先要确

---

① 夏雪梅. 学科项目化学习设计：融通学科素养和跨学科素养 [J]. 人民教育，2018（1）：61—66.
② 洪俊，刘徽. 跨学科统整：国家课程的校本化实施 [D]. 上海：华东师范大学，2020：31—34.
③ 贾恩华. 小学数学跨学科项目学习的设计与实施 [J]. 山西教育（教学），2022（9）：5—6.

定"融合点"或寻找有意义的主题，然后确定项目板块。目前，跨学科整合教学存在的问题之一是主题宽泛而不聚焦。这与教师对主题本身意义的浅表化理解有着密不可分的关系。优选主题的跨学科融合设计模式对于深化教师主题整体选择理解、加强学科间的逻辑联系有着重要的实践意义。

总之，跨学科主题学习都是通过围绕某个跨学科领域的主题来实现学科知识和课程内容的整合，这可以更好地发展学生的思考能力，使学生的认知发生有效迁移，提高学生解决问题的能力和主动探究的实践能力，从而实现学生主体性、创造性以及核心素养的发展。但是，从跨学科主题学习的实践情况来看，国内的主题教学活动设计还存在不少问题，包括偏重于流程设计和方法选择，缺少对于这种实践参与性教学的整体理解和跨学科主题学习的深刻把握。在实践过程中，教师往往会过于注重流程和方法，认为只要有一个合乎主题教学的流程、步骤和方法，就可以实现目标、达到效果，却忽略了跨学科主题学习中更为重要的方面，即这种教学要达到的整体目标、主题教学关涉的知识结构和内容结构、主题教学如何与各个学科的知识体系相融合以及实质性的实践参与等。为此，本书提出两种实践参与性教学设计的新思路，也是对小学数学课堂实施跨科学主题学习模式的新探索。

五、跨学科主题学习新模式

（一）聚焦跨学科概念的融通式教学模式

1. 学科概念、学科大概念与跨学科概念的关系

《辞海》指出"概念"是"反映对象的特有属性或本质属性的思维形式。人们通过实践，从对象的许多属性中，抽出其特有属性或本质属性概括而成……表达概念的语言形式是词或词组"。哲学对"概念"的阐释是"反映一个或一类对象特有属性的思维形态，是抽象思维的基本形式之一"。心理学对"概念"的解释是"对事物的本质属性的反映，是在感觉和知觉的基础上产生的对事物的概括性认识"[1]。从认知论来看，概念是一种基本思维形式，它是帮助我们进行思维的工具；从知识论来看，概念也是一种概括性认识，位于事物表象之上，表现为将具体、零散的事物的共同属性抽象概括起来的知识。学科概念则是指具体到某个学科的概念，能够反映学科特点，是进行学科思维的基本工具以及学科内具有共同属性的事物的概括性认识。一个学科的概念有很多，对这些概念的理解、结构化，需要运用更具统摄性、迁移性的大概念。查尔斯（Charles）对数学学科大概念进行了讨论，指出数学大概念是数学核心观念的表述，是数学学习的核心，能够将众多的数学理解联系成一个连贯整体。它有助于调动学生学习的积极性，促进学生对数学的深层次理解，加强对数学知识的记忆和迁移。[2] 总之，学科大概念是

---

[1] 中国大百科全书编委会. 中国大百科全书［EB/OL］.［2023-07-03］. https://www.zgbk.com/ecph/search/result?SiteID=1&Alias=all&Query=%E6%A6%82%E5%BF%B5#top.

[2] Charles R I. Big ideas and understandings as the foundation for early and middle school mathematics［J］. NCSM Journal of Educational Leadership，2005，8（1）：9-24.

基于学科事实基础抽象出来的深层次、可迁移的核心概念，在理解学科、落实课程目标上具有重要作用。[1]

跨学科概念（Crosscutting concepts）最初源于科学教育领域，属于国际科学教育研究中的一个重要词汇。20世纪80年代开始，许多国家都将其纳入科学课程标准中，以指导科学教育教学。在术语使用上，各国的课程文件中并非一致，如美国使用的"跨学科概念"、加拿大使用的"基本概念"（Fundamental concepts）、新加坡使用的"关键概念"（Key concepts），但含义都大致相同。[2] 在美国科学课程的文件中，最开始是使用通用主题（Common themes）和统一概念（Unifying concepts）两个术语表达"跨学科概念"的意涵。后来，2012年出台的《K-12年级科学教育框架：实践、跨学科概念和核心概念》中开始使用"Crosscutting concepts"一词，即"跨学科概念"。该文件将"跨学科概念"解释为"能够运用到所有科学学科中的概念"，"是跨越学科边界的概念，能够为学生提供一个组织框架，将来自不同科学学科的知识连接起来"，并提出了七个跨学科概念，包括模式、系统与系统模型、因果关系（机制与解释）、尺度、比率和数量、稳定与变化、结构与功能。该文件指出，跨学科概念比学科核心概念的概括程度更高，能够组织连接各学科核心概念。跨学科概念的学习有助于深化学生对核心概念的理解。[3] 所以，跨学科概念是组织和连接不同学科的核心概念，它提供了一种联系所有科学领域内容的方法和思维方式。跨学科概念能够帮助学生打破学科界限、建构对科学世界的整体认识。从认识论来看，跨学科概念是反映学科自身规律的上位思维工具；从知识论来看，跨学科概念是学科间共通的上位概念性知识。[4]

跨学科概念位于最上位，它是最具普适性、迁移性的概念，学科大概念次之，学科概念再次之。这种关系我们可以用图6-11表示。具体来说，事物表象通过初步的抽象概括，形成学科概念。通过对这些概念进行进一步聚合，形成学科大概念，再通过对这些学科大概念进一步概括，形成跨学科概念，学科大概念和跨学科概念都属于大概念的范畴。学科概念、学科大概念、跨学科概念三者抽象概括程度逐级增高，越上位的概念越能反映事物本质和客观规律，越具有统领性和迁移性。上位概念的理解能有效帮助找到事物发展的一般规律，并促进下位概念的理解，从而形成结构化、系统化的认知思维。例如，数、形及其关系是数学研究的基本对象，概念是对这些基本对象按共同要素抽象出的一般属性。数学大概念是一些能构建数学知识结构、方法结构、统领性更强的概念。计数单位就是"数与运算"的大概念，计数单位既能统领整数、小数、分数的认识，又能统领数的四则运算。跨学科概念是多学科共同适用的上位概念，是迁移运用到其他学科的一些数学概念或思想方法。例如，模型思想虽然是数学学科中的重要思想方

---

[1] 李刚，吕立杰．落实学科核心素养：围绕学科大概念的课程转化设计 [J]．教育发展研究，2020，40 (Z2)：86-93．

[2] 高潇怡，孙慧芳．当前国际科学课程标准中的跨学科概念探析——以美国、澳大利亚、加拿大、新加坡为例 [J]．教育学报，2019，15 (6)：25-33．

[3] National Research Council. A Framework for K-12 Science Education: Practices, crosscutting concepts, and core ideas [M]. Washington D. C.: National Academies Press, 2012: 8-9, 30, 83-84.

[4] 郭伟，陈旭远．科学教育视域下的跨学科概念教学：理论内涵与实践路径 [J]．中国教育科学（中英文），2023，6 (2)：58-69．

法，但在科学、语文、音乐等学科中也有运用。从这个角度来说，模型思想是具有高位统领性的跨学科概念。

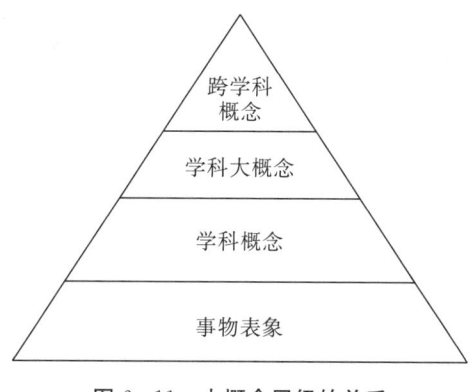

图 6-11 大概念层级的关系

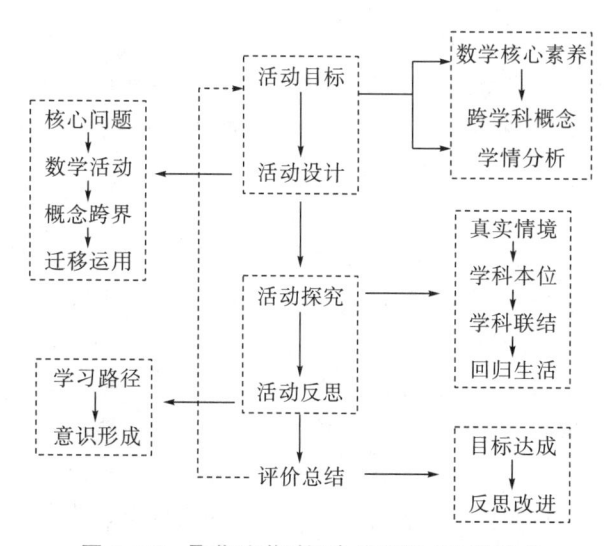

（金字塔图，从上到下：跨学科概念、学科大概念、学科概念、事物表象）

2. 聚焦跨学科概念的融通式教学模式的内涵与设计要素

聚焦跨学科概念的融通式教学模式聚焦学生跨学科概念的培育，以跨学科概念促进学生多元思维、深度思考、结构化学习，提升学生的学习兴趣和学习品质。聚焦跨学科概念的融通式教学模式依托真实情境提出核心问题，在数学探究活动中充分体验跨学科概念在数学学科中的表现及运用，在其他学科的学习探究中感知跨学科概念的通用性、普适性，最后回归生活运用跨学科概念解释现象或问题。学生逆向经历了"道生一，一生二，二生三，三生万物"的学习过程，更抽象、更上位的跨学科概念意识也就逐渐形成了。

聚焦跨学科概念的融通式教学过程包含活动设计、活动实施和活动评价三个部分。活动设计是活动实施的基础；活动评价既是活动实施的结果，又能促进活动设计的迭代，三个部分环环紧扣、密不可分，如图 6-12 所示。下面从这三个方面阐释该模式的设计思想：

图 6-12 聚焦跨学科概念的融通式教学模式

（流程图：
- 活动目标 → 数学核心素养、跨学科概念、学情分析
- 活动设计 ← 核心问题→数学活动→概念跨界→迁移运用
- 活动探究 → 真实情境→学科本位→学科联结→回归生活
- 活动反思 ← 学习路径→意识形成
- 评价总结 → 目标达成→反思改进）

(1) 聚焦素养，活动设计模式化。

①素养导向，制定适切目标。

教学目标是融通式跨学科学习活动的起点和关键，是活动设计和活动实施的指归所在。制定教学目标时，应从素养和学情两方面综合考虑。素养方面，在跨学科背景下梳理教材中可迁移的数学思想方法或大概念，进而得到本次学习活动具体培育的跨学科概念。学情方面，在明确培育对象后，开展学习前测活动，了解学生培育内容对应的数学核心素养，以及其他学科、生活中应用跨学科概念解决问题的意识与经验情况。基于学生学习现状，结合跨学科概念的内涵特征，制定适切的教学目标。例如，北师大版四年级下二单元第一课时"图形分类"，学生在探究三角形稳定性的过程中，感悟图形的结构决定图形的功能，由此生发出适用于各学科及生活的跨学科概念——"结构决定功能"。梳理学生前测单发现，学生的"空间观念"培养仍不深入，没有跨学科概念及运用的意识和经验。因此，学习活动目标确定为：探究并掌握三角形具有稳定性，感悟图形的结构决定图形的功能；经历"结构决定功能"在其他学科和生活中的应用，让学生逐渐认识并理解"结构决定功能"这一跨学科概念。

②模式建构，设计主题活动。

确立教学目标的过程就是深入理解跨学科概念内涵的过程。学习活动设计应指向促进学生对跨学科概念的理解和运用。从知识逻辑及学生认知心理出发，提炼跨学科概念培育的活动设计的四个环节："核心问题—数学活动—概念跨界—迁移运用"。学生在真实的生活情境中发现核心问题，在数学活动探究中解决子问题，感悟跨学科概念在数学学科的运用，再将跨学科概念运用到其他学科，体会跨学科概念的普适性，最后带着跨学科概念意识回归生活迁移运用，解释生活中的现象，形成对事物的深刻理解。学生完整地经历了发现问题、提出问题、分析问题、解决问题的过程，体会了各个学科间的紧密联系，以及学习与生活的紧密联系。主题活动可能是1个课时，也可能是多个课时。例如，围绕"结构与功能"这一跨学科概念，设计了"图形的奥秘"（1课时）和"欣赏与设计"（2课时）共3课时。"图形的奥秘"从真实情境"快递纸箱很牢固"，提出核心问题"究竟是什么影响了图形的功能"。在数学活动中探究发现三角形具有稳定性，四边形具有易变性的特性，提炼出"图形的结构（边的数量）决定了图形的功能（稳定性与易变性）"这一本质。通过发现三角形结构、四边形结构在其他学科中的应用，助推形成完整的知识体系。最后，带着"结构决定功能"的大概念回归生活。

(2) 突显实践，活动探究情境化。

《2022年版数学课标》的基本理念是"做中学、用中学、创中学、合作中学"，根据学习内容创设适宜的学习情境，开展适切的学习活动是落实这一理念的根本途径。融通式跨学科主题学习活动的核心问题源于真实生活情境，数学活动探究基于数学情境，概念跨界依托多学科情境，迁移运用回归真实生活情境。学生在真实生活情境中经历观察、实验、思考、交流等学习活动，发现并提出核心问题。核心问题情境化有利于唤醒学生生活经验，激发学生学习兴趣。在核心问题探究时，立足数学学科本位，创设数学情境开展探究活动。学具操作感知表象，独立思考初成认识，组内讨论思想碰撞，全班交流形成认知。数学情境搭建了具象思维到抽象思维的桥梁，发展了学生数学核心素养,体现了跨学科概念在数学学科的具体表现。学科联结认识跨学科概念时,创设具体学科情境,唤起学生对于其他学科的已有知识经验,促进跨学科概念多学科感悟和归纳。最后带着跨学科概念意识回到生活情境,打破学习与生活的壁垒,体验学习的价值,进一步增强学生"做中学、用中学、创中学"的意识。

(3) 回望目标,评价反思多样化。

评价是融通式跨学科主题教学的重要一环,是提升学习活动质量的重要抓手。基于小学生认知特点和融通式跨学科主题教学模式特点,从课堂观察、问卷调查、作品展示三个方面开展多样化评价反思,梳理活动目标达成情况,促进活动目标改进。

①课堂观察,定性了解。

融通式跨学科主题教学旨在培育学生跨学科概念意识,这是一种思维状态。学生的课堂发言和活动参与都是其外显形式。可以通过倾听学生发言,观察学生各项活动的完成速度和质量,初步了解活动目标达成情况。如果学生发言质量、学习积极性不高,则应考虑活动目标定位是否太难、活动内容是否不贴近学生学情,应针对具体情况进行调整。

②问卷调查,定量分析。

融通式跨学科主题教学是立足数学学科的主动跨界,其显著特征是在数学活动探究中充分理解、感悟跨学科概念的数学表达。在此过程中,学生习得数学知识技能、活动经验、思想方法。借助问卷,设计知识技能类题目,了解学生问题解决能力;设计描述性题目,了解学生思维发展水平。之后,教师进行数据整理,定量分析目标达成情况,并加以改进。

③作品展示,综合反馈。

学生作品是跨学科主题学习活动的成果之一,是学生学习能力和学习水平的集中展现。开展作品展示交流活动能有效促进学生互相学习及对内容的理解,为后续开展相关跨学科主题活动储备知识经验。

(二) 基于问题驱动的跨学科项目式学习实践模式

基于问题驱动的跨学科项目式学习实践模式以项目式学习为载体,以问题为驱动,让学生在解决真实而复杂的问题中学习不同学科知识,产生整合性的成果与理解,促进学生深度学习。驱动性问题在项目式学习中能增强学生学习的一致性和连贯性,帮助学生建立科学知识与生活的联系,提高学生整合各学科知识的能力[1]。因此,驱动性问题是项目展开的核心和灵魂。在基于问题驱动的跨学科项目式学习实践模式中,学习共同体基于开放性、真实性的情境问题,利用相关学科知识与信息资料,持续性参与问题解决,获得体验,实现自主学习,发展核心素养。

1. 项目式学习溯源

项目式学习(Project-Based Learning,PBL)的产生追溯至 100 多年前杜威经验

---

[1] 高潇怡,喻娅妮. 关注项目式学习中的驱动性问题 [J]. 中国教师,2020 (7): 51-53.

主义教育理论中的"做中学"思想。项目式学习概念的正式出现是在杜威的学生克伯屈（Kilpatrick）于1918年9月在哥伦比亚大学《师范学院学报》第19期上发表的《设计教学法：在教育过程中有目的活动的应用》一文中，其中，设计教学法（Project Method）也可译为单元教学法或项目教学法[1]，项目式学习正是由此演变而来。《剑桥学习科学手册（第2版）》指出，项目式学习就是"以人工制品开发来驱动学生主动发现问题并协作确定解决问题方案的学习型课程模式。这些人工制品对学生而言是真实而有意义的，映射出学科或跨学科的学科概念或原理，反映出科学领域专家（科学家、数学家、作家、历史学家、工程师）的实践活动。"[2] 所以，项目式学习就是通过做项目来开展教和学的活动，其目的是让学习者能够针对真实世界中的真实问题，利用所学知识和技能，开展合作和探究，尝试解决问题，完成项目产品。在项目式学习过程中，学生主动进行实践活动，搜集资料，解决具有挑战性的真实性问题，教师则从教学主讲者转变为教学的引导者、支持者和评价参与者。[3] 总之，项目式学习是一种学习者基于真实情境解决真实问题、获得真实产品的教育实践活动，产品导向、学生主体、全程探究是项目式学习的显著特点。

2. 跨学科项目式学习的内涵

跨学科项目式学习是学生为了解决一个真实而复杂的问题，学习并创造性地整合不同学科的核心知识和能力，以形成整合性的项目成果和新理解的过程。[4] 跨学科项目式学习要求教师打破学科边界壁垒，对不同学科的学习内容进行重新整合，将不同学科的知识技能进行有意义的关联，使学生通过真实问题的探究与解决获得整体的理解。[5] 可见，跨学科项目式学习的关键并不在于"用到了不同学科的知识"，而是要进行整合，包括不同学科核心知识的整合、具体能力的整合、方法运用的整合、理解过程的整合、项目成果的整合等，从而使学生的学习产生真正的意义关联。

跨学科项目式学习设计中，大概念是各学科的"融合点"，跨学科项目式学习需具有整合作用的大概念进行统摄。只有帮助学生在跨学科项目式学习过程中获取知识和问题解决所需大概念的持久性、深刻性的理解，才能促进其深层次的学习，培养其高阶思维能力。因此，真正意义上的跨学科项目式学习必须指向两个或两个以上学科的核心概念，这种整合的核心概念体现了这几个学科密切的内在联系，这也就是跨科学概念。与此同时，还必须打破从学科知识点入手的学习方式和习惯，改为从问题或主题入手进行学习。唯有如此，才可能实现真正意义上的跨学科项目式学习。

跨学科项目式学习既具有跨学科学习的特征，又具有项目式学习的特征。跨学科项

---

[1] 王万红，夏惠贤. 项目学习的理论与实践——多元智力视野下的跨学科项目设计与开发[M]. 上海：百家出版社，2006：2.
[2] 索耶. 剑桥学习科学手册[M]. 2版. 徐晓东，译. 北京：教育科学出版社，2021：285-300.
[3] Gwen S. Project-based learning: a primer [J]. Technology & Learning, 2003 (1)：20-30.
[4] 夏雪梅. 跨学科项目化学习：内涵、设计逻辑与实践原型[J]. 课程·教材·教法，2022，42（10）：78-84.
[5] 崔春华. 让跨学科项目化学习真正"跨"起来[J]. 教育视界，2022，262（22）：69-73.

目式学习体现了跨学科学习和项目式学习共同关注的因素：①起源端，都关注解决真实世界的真实问题；②过程中，都关注用具有统整价值的大概念等来整合多个学科知识、方法、能力，体会学习过程的融合性；③结果端，都关注学生要形成整合性的理解，提高学生综合解决问题的能力和高阶思维能力；④呈现方式，都关注要以作品的方式进行呈现。

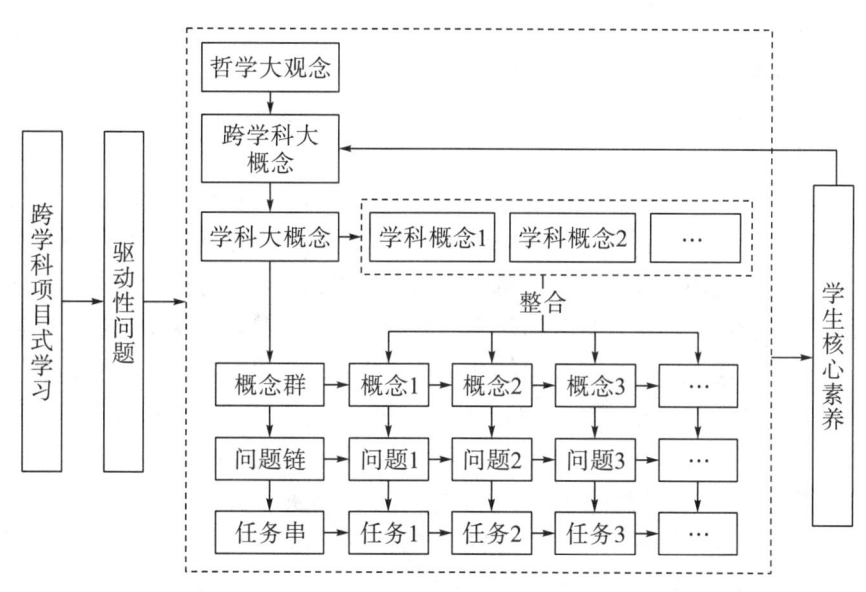

3. 基于问题驱动的跨学科项目式学习实践模式架构

基于问题驱动的跨学科项目式学习模式是以"大概念的层级体系"和"问题驱动"为核心的跨学科主题学习新模式。"大概念的层级体系"是设计及实施的核心，其指向大概念的落实。"大概念的层级体系"自下而上依次是基础概念群、学科大概念、跨学科大概念和哲学大观念，层级越高，概念越抽象，理论化程度越高。"大概念的层级体系"是跨学科项目式学习的落脚点，而"问题驱动"则是跨学科项目式学习的出发点。"问题驱动"包括问题链及其任务串，它们不仅推动项目式学习的实施，而且促进了课堂的深度学习，更重要的是，各级大概念正是通过它们的具体运作得以真正落实。"大概念层级体系"上启最抽象、最具一般性的哲学大观念，然后逐渐分化为最下位、最具体的概念群。概念群贯穿项目式学习的始终，与具体的问题链、任务串关联，最终构成该模式横纵交错的架构（图6-13）。概念群由具体的子概念组成，正是这些子概念关联具体的问题和任务。可以说，概念群在整个项目式学习中起着纵横联结的衔接和过渡作用。因此，概念群建构、问题链设计和任务串安排是基于问题驱动的跨学科项目式学习实践模式设计的关键。

图6-13 基于问题驱动的跨学科项目式学习实践模式

(1) 明确概念群的构建。

大概念是具有聚合性、中心性和层级性的概念群。教师帮助学生建构大概念是逐层向上的抽象过程，越往上越聚合，也越抽象。学生建构大概念的过程就如同剥洋葱，一层层去掉外层，最终得到最具统摄性、可迁移性的大概念。然而，教学设计的过程和教学活动中学生建构大概念的过程正好相反，是逐层向下具体化的过程。也就是说，我们设计基于问题驱动的跨学科项目式学习实践时，首先要从最上位的哲学大观念出发，层层具体化，最终细化为由具体学科和课时的子概念构成的概念群；通过与子概念关联的问题链和任务串，将各级大概念落实到具体的学习活动中。"大概念层级体系"的最上端是哲学大观念，它是最抽象、最具一般性的大概念，如"认识运动、把握规律"等。依次往下，跨学科大概念指向学生跨学科核心素养，学科大概念是各个学科中与跨学科大概念相关的核心概念。例如，"稳定与变化"是跨学科大概念，其下位的数学大概念就是函数思想、科学大概念是动态平衡、信息科技大概念是数据观。

相比较而言，跨学科大概念和学科大概念仍是具有高度抽象性的聚合概念。而概念群则是涉及各个学科和具体课时与内容的子概念。子概念关联问题链和任务串，既在各级大概念统摄之下，又联结具体的教学活动和学习任务。例如，在"怎样防灾减灾"项目式学习中，根据各学科大概念确定子概念群为"检索和处理信息""预测新变化带来的新稳定""实现动态平衡""表示与分析数据""发现变化的内在规律"等。因此，明确概念群的构建需要自上而下逐级细化，从抽象到具体，从简单到复杂。通过"少而精"的大概念统摄具体、庞杂的子概念群，我们才不会在教学设计和学习活动中迷失方向。

（2）把握问题链的设计。

如何将概念群的渐进发展过程逐渐融入教学活动中？问题链设置是关键。也就是说，首先，要让学生在真实的问题情境中解决蕴含跨学科关键概念的系列子问题。问题链具有逻辑性、递进性和启发性。问题链设计的逻辑关联为学生的学习搭建脚手架，通过问题清单让学生把握需要解决的问题和需要寻找的信息。其次，层层递进的问题链设计通过问题引导学生利用学习资源加深对信息的理解。最后，问题链是具有启发性的，不仅体现知识内部的一致关联，而且具有驱动整个项目式学习运转的功能。驱动性问题是项目式学习的内核，它由数个驱动子任务的子问题构成，基于问题驱动不断推进学生对知识的深度理解。所以，设计具有关联性、启发性的问题是让学生持续深度学习的根本动力。在持续性的问题解决中，分析、应用、创造、元认知等得以提升，高阶数学思维得到发展。概念群需要依靠任务串落实，但概念群本身具有一定抽象性，无法直接落实到具体任务中。问题链便成为概念群和任务串之间的有机联结链条。按此逻辑，问题链的设置应基于概念群，并与概念群对应。在"怎样防灾减灾"项目式学习中，概念群设置为"检索和处理信息，发现稳定中的变化""表示与分析数据，发现变化的内在规律"和"预测新变化带来的新稳定，实现动态平衡"。联系项目所涉及的防御自然灾害主题，本项目问题链中设置三个与概念群中子概念分别对应的问题，即"什么是自然灾害""自然灾害怎么产生"和"如何预防自然灾害"。

（3）优化任务串的安排。

各级大概念的落实依靠问题链的设计和任务串的安排。概念群与问题链关联，而问题链中的各子问题又与任务串的各子任务相对应。任务串是学生在问题驱动下具体需要完成的学习活动。跨学科项目式学习中的任务活动是多种多样的，可以是调查报告、

PPT 汇报等书面形式，也可以是模型制作、作品创造等项目产品形式。但无论是何种任务形式，跨学科项目式学习的任务都应指向真实性问题解决的实践活动。任务活动的设计要基于问题驱动，通过问题链设置任务串活动线，在问题驱动下达成对各级大概念的深度理解，发展核心素养。任务串的优化设置就是要让各环节环环相扣，在问题驱动下顺利进入问题解决。任务串的设计要以问题解决中的认知建构为线索，注意将问题链中的核心问题转化为需要学生实践参与的任务活动串。例如，在"怎样防灾减灾"项目式学习中，基于问题链中的核心问题设计"查阅资料，分享汇报""成因分析，论证说明"和"设计制作，成果展示"三个与之对应的任务串。通过优化任务串的安排，跨学科项目式学习才能为学生创造更多意义建构的深度学习空间，避免陷入碎片化学习或流于形式的师生交流互答。

第三节　高阶思维教学：基于问题驱动的深度学习模式

在课堂教学中，如何引导学生达成对事物本质和意义的深度理解？如何引导学生达成对知识的综合理解与整体把握？如何引导学生达成对知识的实践性和创造性运用？这些都取决于学习过程的质量，而高质量的学习离不开高阶思维的参与。高阶思维是相对于层次较低的思维而言的。那么，高阶思维究竟"高"在何处呢？高阶思维的"高"，一是体现思维的"深"，即高阶思维是更具深刻性的思维，反思思维与批判思维是其主要成分；二是体现思维的"合"，即高阶思维是更具整合性的思维，整体思维与辩证思维是其主要成分；三是体现思维的"活"，即高阶思维是更具灵活性的思维，实践思维与创新思维是其主要成分。因此，高阶思维的课堂教学必然不是简单的知识交流与授受，而是要在学生大脑中与原有知识发生联结，并能梳理出包含、递进、因果等关系类型。不仅如此，这种联结的目标指向问题解决。在高阶思维教学中，学生通过基于真实性情境的问题解决，发展反思思维、批判思维、整体思维、辩证思维、实践思维、创新思维等高阶思维能力。所以，课堂教学应当大量运用高阶思维，而基于问题驱动的深度学习就是其中一种重要模式。

一、理解高阶思维

（一）高阶思维

高阶思维是发生在较高认知水平层次上的心智活动或较高层次的认知能力。[1] 布卢姆按照思维的复杂程度将认知领域的教育目标分为记忆、理解、应用、分析、评价、创造六个层次，后面三个具有较高认知水平的能力就属于高阶思维。[2] 奥苏贝尔根据学习

---

[1] 林勤. 思维的跃迁：高阶思维能力的培养及教学方式 [M]. 上海：华东师范大学出版社，2015：3.
[2] 安德森 L W. 布卢姆教育目标分类学修订版（完整版）：分类学视野下的学与教及其测评 [M]. 蒋小平，张琴美，罗晶晶，译. 北京：外语教学与研究出版社，2009：21.

结果将学习分为命题学习、应用、表征学习、概念学习、问题解决和创造六类。应用、问题解决和创造这些较高认知水平的心智活动属于高阶思维。信息加工理论的加涅根据学习的复杂程度和学习水平将学习分为信号学习、刺激—反应学习、连锁学习、言语连锁学习、辨别学习、概念学习、规则学习和解决问题八种类型。解决问题是学习者是能根据过去习得的规则，经过内在思考过程而创造新的或更高层次的活动，它就是高阶思维发生、发展的过程。[1]

许多专家对什么是高阶思维也进行过专门研究。德波诺（De Bono）认为，高阶思维是超越简单回忆事实性知识的思维过程。贝克（Baker）认为，高阶思维是指所有超越信息检索的智慧活动任务。雷斯涅克（Resnick）认为，高阶思维所针对的问题，其求解路径没有确定，有多种问题求解方案。它需要问题求解者付诸心智努力，因为它涉及阐释/解释、自我调节、多元标准的应用以及各种冲突现象的处理等。关于高阶思维的构成也有很多观点，如高阶思维主要包括问题解决和批判性思维两个部分，高阶思维包括独立思维能力、问题求解能力、学习能力和批判性思维能力，高阶思维包括分析能力、创造能力和系统思维能力，高阶思维包括创造能力、设计能力和问题求解能力，等等。[2] 如此看来，高阶思维是一种以高层次认知水平为主的综合性能力，它是发生在较高认知水平层次上的心智活动。高阶思维是超越既定信息的能力、问题求解能力、自主学习能力、元认知能力和对事物或现象做出合理判断的评价能力；高阶思维也是批判性的态度，还是思维中能够反映思考者态度和品格特征的情意维度，如好奇心、寻求真相、求新求异、思想开放、公正客观等。因而高阶思维具有多种能力综合、任务真实且复杂、需要付诸心智努力、自我反思和调控、阐释与建构、多元标准和需要判断等特点。

（二）数学高阶思维

数学高阶思维是学生在数学学习活动中，为完成数学学习任务而表现出的以高层次认知水平为主的综合能力。美国全美数学教师理事会（NCTM）在2006年将数学高阶思维能力定义为"解决非常规性问题所需要的思维……包括：分析、逻辑、批判、评价、反思、创造等能力"。所谓"非常规性问题"，就是学生尚未知道算法的新的问题情境。数学概念、定理、命题等都是数学思维的对象。数学高阶思维过程强调学习者能够对数学思维对象进行透彻理解和精确认知，并能按照数学的方法和规则展开合理严密的逻辑推理。数学问题解决能力、批判性思维、创造性思维及元认知能力等，都是数学高阶思维中的主要成分。[3] 有研究者认为，在诸多数学高阶思维成分中，策略型思维（元认知）、批判型思维和创新型思维才是核心所在（图6-14）。[4] 因而在指向数学高阶思维的课堂教学中，教师要实施结构化教学，点燃策略型思维，让思维从"被动"走向"主动"。策略型思维的核心即元认知能力，元认知是对认知的认知，要求学生学会对自

---

[1] 王本法. 奥苏贝尔学习类型划分的理论及其意义 [J]. 教育理论与实践，1996（4）：57-60.
[2] 钟志贤. 大学教学模式革新：教学设计视域 [M]. 北京：教育科学出版社，2008：156-157.
[3] 林毅. 初中生数学高阶思维的结构模型建构及其发展路径研究 [D]. 桂林：广西师范大学，2021.
[4] 胡军，严丽. 核心素养导向下初中生数学高阶思维发展路径 [J]. 中小学教师培训，2020（10）：67-70.

己思维的监控和调节。数学思维处于低认识水平的学生，其知识信息是孤立、零星、缺乏联系的。实施结构化教学就是要以大概念统摄整合碎片化的知识和孤立的信息，让学生学会像专家那样思考，形成更为复杂的认知结构，也更利于学习的迁移和创新。另外，发展数学高阶思维的课堂教学也要具有实践探究性，唤醒学生的批判型思维，使思维从"浅表"走向"深层"，只有在深度学习中才能催生创新型思维。总之，数学学习中的高阶思维也不是一种单一性的认知判断能力，而是一种以较高层次认知水平为主的综合性能力，其包含问题求解能力、批判型思维、创造型思维等多种成分，这些思维形式背后运用的是想象、联想、联系、分析、推理、概括、发散、聚合、反思等思维方法。

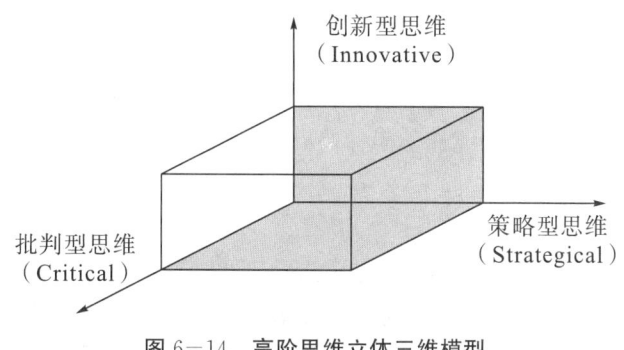

图 6-14 高阶思维立体三维模型

（三）高阶思维的特征

在教学实践中，高阶思维根植于学科核心素养，内化于学科学习活动中。它融合知识本质特征、育人价值、关键能力、思维情意及品质，表现出综合性、复杂性和创新性。高阶思维是深度学习的核心和灵魂，它是更为高远的顶层与战略思维、更为深刻的抽象与概括思维、更为彻底的反思与批判思维、更为全面的整体与辩证思维、更为灵活的实践与创新思维。[①] 从"深""合""活"三个方面，概括高阶思维的典型特征，也就是说，高阶思维是更具深刻性、整合性和灵活性的思维。

1. 深刻性

高阶思维是更具深刻性的思维，其核心成分是反思思维与批判思维。高阶思维是抽象、逻辑、全面和周密的。它能够将新信息与已有经验建立联系，在批判与反思过程中完成复杂问题的解决，体现系统分析、自我调节等高心智水平活动的特征。[②] 高阶思维是发生在较高认知水平层次上的心智活动或认知能力，它是深度学习的核心和灵魂。可以说，深度学习的过程就是基于学生切身体验而展开的高阶思维过程。高阶思维的发展是一个社会性建构过程，开放性问题情境、探索性对话、建构式互动以及引导式参与是

[①] 李松林，张丽. 深度学习设计的框架与方法——核心素养导向的分析视角 [J]. 中国教育学刊，2022 (9)：46—49，57.

[②] 段茂君，郑鸿颖. 基于深度学习的高阶思维培养模型研究 [J]. 现代教育技术，2021，31 (3)：5—11.

孕育高阶思维的温床。教师创设基于真实情境的复杂现实任务，学生在批判与反思中与他人进行探索性对话和建构式互动，在教师引导式参与中解决问题、发展高阶思维，课堂也就不断走向深度学习。

2. 整合性

高阶思维是更具整合性的思维，其主要包括整体思维与辩证思维。整体认识论指出，整体虽然由部分组成，但是它一旦成为独立的事物，就有了特定的结构和功能。因而将事物放在系统中思考并进行全面的分析，将更有利于从综合角度看待问题以及复杂问题的解决。整合性的思维要求学生在联系、发展和对立的辩证统一中认识事物，探寻事物之间的联系形成整体认知。在信息时代，知识正以指数级增长，把复杂的任务分解为简单成分，仅关注某个特定学习领域的思维方式已难以面对真实情境中复杂问题解决的挑战。只有将知识、技能和态度综合为一个整体，协调运用各种复杂认知技能和辩证思维来完成实际学习任务，才能让学生体验到学习的真实意义，实现深度学习。

3. 灵活性

高阶思维是更具灵活性的思维，主要包括实践思维与创新思维。这种思维品质表现为能够从不同的角度对概念或观点进行分析、解读、评价、质疑；能够求同存异，用包容、变通的思维灵活制定学习方案以应对各种实际问题。高阶思维往往发生在复杂性任务或劣构问题的解决过程中。[①] 劣构问题即结构不良的问题，真实情境中的问题多为结构不良的问题。由于这些劣构问题的初始状态、目标状态和中间状态是不完整的，所以问题一般有多重解，而且也难以确定哪些概念、规则和原则是解决问题所必需的。解决这类问题时，其目标、条件和途径都需要学生自己去界定并在实践中寻找，解决问题的方式途径也多是开放的。

二、实现高阶思维教学——基于问题驱动的深度学习模式

真实问题情境是数学核心素养发生的场域，在实践参与中促进深度学习是数学核心素养发展的根本途径。高质量的数学课堂要让学生达成对数学学科本质和意义的深度理解，形成对数学知识的综合理解、整体把握和实践创新。因而高质量的学习过程需要高阶思维的参与。课堂中要让高阶思维不断进行下去就离不开问题，即在问题驱动下引发高阶思维的产生和持续。"问题驱动"有助于激发学生的学习兴趣，培养学生自主学习意识，形成积极的内在学习动机。深度学习是深入知识内核的学习、通达现实世界的学习和触及学习者心灵深处的学习。高阶思维是深度学习的核心和灵魂，而"好问题"则是深度学习发生的必要条件。以问题驱动课堂，借助问题情境让学生将知识转化为能力和素养，利用问题链不断追问，最终为知识与思维搭建桥梁，促进学生高阶思维的发展。所以，基于问题驱动的深度学习指学生在真实问题情境中的学习，以学生发现和提

---

① 孙宏志，解月光，张于. 核心素养指向下高阶思维发展的表现性评价设计 [J]. 电化教育研究，2021，42 (9)：91-98.

出问题作为目标，学习的途径是分析和解决问题的过程。在问题驱动学习的过程中激发学生的学习兴趣和自信心，促进学生创新意识的发展，提高学生解决问题的能力，使得学生发展高阶思维，从而进入深度学习。[①] 基于问题驱动的深度学习模式具有以下几个方面的特征。

（一）精心预设，把握生成性资源

精心预设，把握生成性资源是基于问题驱动的深度学习的首要特征。问题的提出必定围绕核心概念展开。课堂提问需要精心预设，需要关注学生的思维动向。问题链的设置要围绕数学教学目标展开，根据具体的教学内容不断细化，即围绕学习主题和核心概念预设问题链。基于问题驱动的深度学习是思维动态生成的过程，问题的提出是为了引发学生的思维碰撞，促使学生产生新的想法。而学生新的想法同时催生教师新的提问，问题生成的过程需要师生共同维持。由于问题的生成以预设为基础，为及时捕捉到生成的教学资源，教师需要时刻关注学生的思维动向。

（二）意义建构，整合知识结构

意义建构，整合知识结构是基于问题驱动的深度学习的又一基本特征。基于问题驱动的深度学习将要学习的内容进行分解，借助子问题让学生接受知识。利用有关联的问题激发学生的思考，帮助学生实现知识的整体建构。小学数学学习内容是一个完整的系统，由数与代数、图形与几何、统计与概率、综合与实践四大领域构成，具体到各个领域，其学习内容又有完整的系统。由于小学数学的知识是螺旋上升的，新的知识都有与之相关的先前经验，因而要在教学中引导学生经历由简单到复杂、由具体到抽象的学习过程，最终在不断走向"深度"学习层次中发展高阶思维。在意义建构的整合深化中，教师通过设计具有关联性的问题让学生在新旧知识之间建立联系，在提问中给予学生提示，帮助学生建立联系。

（三）实质互动，把握提问时机

深度学习理念下的课堂互动是学生中心式互动，教师给予学生公平且有质量的机会，基于问题驱动让每位学生在任务序列中真正获得有意义的发展。在师生互动中，把握最佳提问时机是实现深度学习的关键。教师提出的问题不是随意的，一是最好发生在知识点的重难点处，二是发生在学生思维受阻时，三是教师的提问最好发生在学生理解浅显、不够深入时。这三个重要的提问时机把握好了，才能更好地促进深度学习，发展高阶思维。

（四）营造认知冲突，借助实践发展高阶思维

基于问题驱动的深度学习要营造认知冲突，让学生经历猜想、实验、反思等高水平的心智活动，才能发展思辨、联想、分析、批判、评价、创造等高阶思维。营造认知冲

---

① 张丹，刘晓."问题引领学习"的构建及单元教学研究[J]. 数学教育学报，2018，27（5）：42-47.

突，借助实践探索能更好地帮助学生认识知识的本质。当新知识无法直接纳入原有知识经验中时，原有的知识经验需要做出调整或改组以适应新知识，这个过程是新旧知识的磨合、整合过程，也是认知冲突的发生、发展过程。问题解决和实践创新是实现高阶思维的必要条件。借助实践活动，丰富学生的感性认知，为理性分析问题、解决问题提供了很好的条件，学生的思维水平也不断提高，慢慢地向高阶思维迈进。学生不仅要对知识有深入理解，还要学习如何将知识迁移运用到新的情境中来解决问题。营造认识冲突，学生在实践探索中去解决问题，不断克服新的复杂问题。在这个过程中，分析问题、寻找关键信息，需要辩证思维和整体思维；提出对问题的分析和猜想假设、设计解决问题的方案等，必须调动反思思维和批判思维；检验假设、进行推理并在不断实践和检验中实现对问题的解决，需要实践思维和创新思维。在发展高阶思维的过程中，必须让学生主动参与实践，才能检验思维成果。基于问题驱动的深度学习模式通过问题驱动引发高阶思维，通过营造冲突激发高阶思维，最后借助实践操作发展高阶思维。

三、基于问题驱动的深度学习实践应用模式

（一）问题链驱动的深度学习模式

深度学习可以看作一种教学设计与组织的模式，其重点着眼于学生对学习内容的深刻理解和学科核心素养的深度探究。[①] 首先，深度学习的设计可以围绕学习主题之下的核心概念展开，综合分析单元学习目标及内容，形成促进学生深度学习的主问题链；其次，结合学生认知水平及课时目标、课时内容，设计子问题群；最后，在解决问题的过程中，开展有意义的学习活动并反思总结，掌握问题解决的一般方法，建立知识之间的联系，问题链驱动的深度学习模式架构如图 6-15 所示。在问题链驱动的深度学习中，问题均源于生活中的实际问题，经过数学化和问题解决后又要回到生活中去应用。从主问题链、子问题群到问题解决，整个学习活动在问题链的作用下整合单元知识结构、深入知识本质，让学生习得数学学习的通解通法。

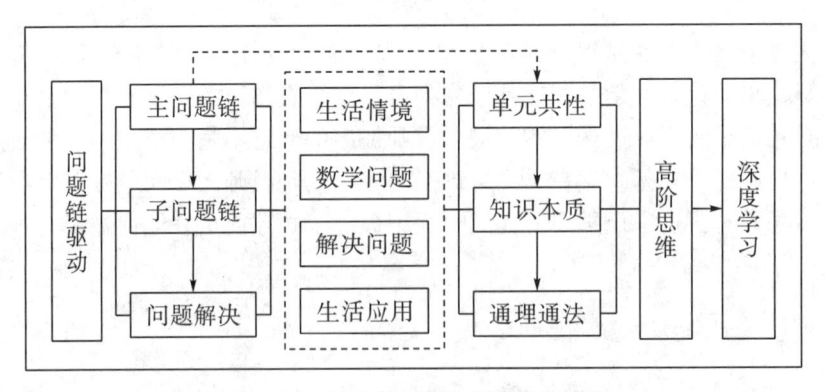

图 6-15　问题链驱动的深度学习模式

[①] 马云鹏. 深度学习的理解与实践模式——以小学数学学科为例 [J]. 课程·教材·教法，2017，37（4）：60-67.

问题链驱动的关键在于主问题链的设计。问题链也称为"问题串",它是为实现一定的教学目标、基于学生已有知识经验并结合特定教学主题而精心设计的具有系统性、关联性和层次性的一连串教学问题。它是一组有中心、有序列,既相对独立又相互关联的问题。从目标上看,问题链囊括的问题都是由浅至深逐步深化的。每一个核心问题似一条锁链,将疑问与教学目标紧密相连,共同促进学生思维的发展和飞跃。从形式上看,问题链中的问题一问连一问,一环扣一环,问题与问题之间相连相扣。从类型上看,问题链形式多样,有阶梯型问题链、探究型问题链、诊断型问题链、反思型问题链、发散型问题链等,不同的问题链类型承担着不同的教学作用与价值。从来源上看,主问题链中的问题都是源于真实情境中的真实问题。问题链驱动的深度学习是基于学生真实问题开展的学习。在这样的学习中,既将学生发现和提出问题作为学习目标,又将发现和提出、分析和解决问题作为学习的途径。该模式发展学生自主思考、自主学习的能力,最终形成数学的眼光、数学的思维和数学的语言。因此,问题链驱动的深度学习模式能更好地落实学生主体地位,让教师由课堂的主宰者转变为倾听者、欣赏者、支持者、引导者,更好地理解学生,将学生的思维引向高阶水平,实现数学课堂的深度学习。

1. 借助主问题链提炼单元共性,实现数学知识结构化

会用数学的眼光观察现实世界、会用数学的思维思考现实世界、会用数学的语言表达现实世界,实际就是建立外部世界与数学本质的联系以及数学内部知识之间的联系。因此,问题的设置就有赖于学科知识结构化组织,即让孤立的知识转化为有关联、有内涵、有意义的存在。以问题链激活学生原有认知视域中与问题相关的知识、技能、方法,将原本零散在个体认知域中的知识、信息聚拢,形成以问题为中心、相互关联的认知群组。[1] 在实际教学中,教师可以根据单元主题及学习内容提炼并设计主问题,围绕主问题进行问题细化与拆解,并对这些问题进行整合加工和系统编排,合理分散在单元中的各个课时,产生紧扣目标、前后关联、层次递进的问题链。

2. 设计子问题链驱动活动接续,促进学生的理解与迁移

问题链驱动的课堂教学,要突出学生的主体地位,在具身体验中积累丰富的经验,发展学生的认知。子问题链设置的目的是让学生在"动"和"用"中尝试、体验并学会思考。在思维的作用下学习和体验,当积累到一定程度就会发生质变,上升为抽象经验。首先,引导学生借助生活情境提出问题,尝试独立操作,激活学习经验。其次,让学生在此基础上探索发现新知,运用并巩固激活的学习经验,将知识进行推广。最后,在小组交流中探讨解决问题的方法,综合组内观点,由全班解决问题。实现在思维的碰撞中突破问题链,一步一步解决问题。

---

[1] 王素云,代建军. 真实认知:内涵、特征与实践路径[J]. 当代教育科学,2022(5):10-16.

3. 回顾反思问题解决过程，掌握数学学习的通理通法

问题链驱动的深度学习教学中，教师应注重引领学生体验生活问题数学化、数学问题生活化的过程，也就是要让学生经历"具体—抽象—具体"的循环过程，这其实就是促进学生理解与迁移、实现深度学习的路径。一是在问题解决的过程中要充分发挥团队的智慧，在全员参与、分工协作下，制定恰当、可行的解决问题的策略、方式、方案，以达到解决问题的目的；二是问题解决的过程中要先让学生独立思考、自主探索、寻求结果，然后在团队内交流问题解决的思路、策略、方法，集思广益，优化数学表达，实现解决问题的目的；三是借助前置学习让学生主动发现问题，尝试解答一些问题，再在团队内交流，汇总并分享学习成果。当得出一定的结论后，教师要引导学生对问题解决过程进行回顾反思。例如，引导学生反思解决问题的方法，通过"你是怎样想的？为什么要用这种方法？还有没有其他方法？"等一系列问题促进学生反思。对于低段的学生，一开始时可能说不清楚或不知道怎么说，教师要示范。同时，教师要组织同桌之间、小组之间、师生之间开展积极有效的评价，让学生通过评价他人问题解决过程而形成对问题的见解，不断积累解决问题的经验，逐步内化为解决问题的策略，完成对数学知识方法的结构化建构，掌握数学学习的通理通法。

（二）基于问题驱动的小初衔接深度学习模式

数学发展所依赖的基本思想是抽象、推理和模型。小学五、六年级是学生抽象思维、推理能力和数学建模能力发展的关键时期。这是从小学的数感、量感、符号意识逐渐向初中的抽象能力过渡的重要时期。学生的推理意识正逐渐向推理能力过渡，为初中学习演绎几何体系做好准备。学生在小学学习中已经积累了大量从现实世界抽象出数学关系的活动经验，随着参与更多"数学化"程度更高的学习活动，小学高段学生的模型意识得到迅速发展，为初中逐步形成更稳定和清晰的模型观念奠定基础。总之，小学高段是学生进入初中前思维的深刻性、整合性和灵活性发展最迅速和激烈的关键时期。

然而，相较于初中数学学习的要求，小学高段学生在代数思维、演绎推理、建模能力等方面的发展仍然较弱。小学阶段以算术思维为主，代数思维还不够发达。这导致大部分学生难以适应初中的代数学习。而且，初中阶段的几何学习将主要从演绎证明、运动变化、量化分析三个方面研究小学学过的图形的基本性质和相互关系，需要更高的抽象能力和推理能力。因而大部分刚进入初中的学生在数学学习上会感到困难，并由此引起数学学习障碍，甚至影响后续数学学习的信心和态度。正因如此，促进小初阶段的教学衔接越来越被重视。《2022年版数学课标》从整体上设计了义务教育阶段学生的数学核心素养，不仅体现了小初的连贯性、一致性和衔接性，还要求数学教学要整体性设计和把握学习深度和广度、体现学习目标的连续性和进阶性。因此，我们提出了基于问题驱动的小初衔接深度学习模式，以促进学生思维的高阶发展，有效促进小初数学学习的衔接。具体来说，基于问题驱动的小初衔接深度学习模式设计包括如下程序（图6-16）。

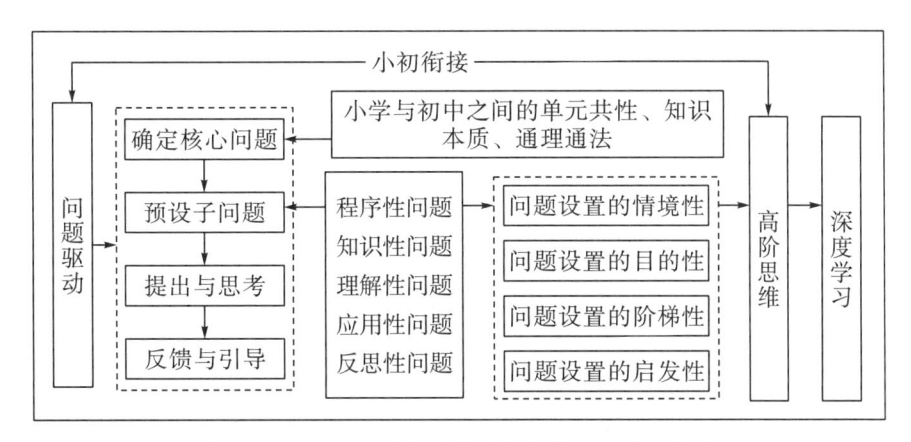

图 6-16　基于问题驱动的小初衔接深度学习模式

1. 确定核心问题

核心问题的设计应紧扣本节课（本单元）的教学目标，实质是教学目标的问题化表达。核心问题可以是一个或多个，但一定是具有统整性、能够反映知识本质的。整节课（单元）的教学都是围绕核心问题展开的，厘清核心问题有利于教师把握教学内容，有利于学生明确教学目标、清晰课堂的逻辑结构，对学生深入理解新知识起到至关重要的作用。

2. 预设子问题

教学目标的达成以及核心问题的解决并非一蹴而就，需要有针对性地调动学生的已有知识和经验，为学习新知识做好铺垫。相比于教师直接告知学生相关铺垫知识和经验，用一系列的子问题，通过层层追问激发学生不断回顾思考从而调动相关知识和经验更为有效，这样能充分激发学生的挑战欲望，活跃学生的思维，提高课堂参与程度，给学生搭建了展示自我的平台，凸显了学生的课堂主体地位。围绕核心问题，做好子问题的预设，厘清子问题与核心问题的逻辑关联、子问题与子问题之间的逻辑关联，从而高质量实施基于问题驱动的深度教学，逐渐激发学生高阶思维。

（1）子问题的分类

子问题主要有以下类型：

①程序性问题。

程序性问题是指为了维护课堂秩序、保证教学顺利进行而提出的问题。例如，在讲授新知识之前，教师会先问学生是否已经掌握了相关知识；在课堂练习时，教师会询问学生是否有问题等。这类问题通常比较简单，答案也较为明显，主要是为了检查学生的参与度、注意力和学习态度等。

②知识性问题。

知识性问题是指为了考查学生对所学知识的理解和掌握情况而提出的问题。这类问题通常涉及定义、概念、定理、公式等内容，主要考查学生对基础知识的掌握情况。例如，教师会问学生："什么是三角形？""什么是周长？"

③理解性问题。

理解性问题是指为了考查学生对所学知识的理解情况而提出的问题。这类问题通常需要学生对所学知识进行分析、比较、归纳等,主要考查学生的分析能力和理解能力。例如,教师会问学生:"为什么长方形的面积是长×宽呢?"

④应用性问题。

应用性问题是指为了考查学生对所学知识的应用能力而提出的问题。这类问题通常涉及实际情况的应用,需要学生将所学知识应用到具体问题中去。例如,教师会问学生:"如果要给你的房间铺地砖,需要知道哪些数据?怎么解决这个问题呢?"

⑤反思性问题。

反思性问题是指为了考查学生的自我反思能力而提出的问题。这类问题通常需要学生对自己的学习过程进行反思、总结,主要考查学生的自我认知能力和元认知能力。例如,教师会问学生:"你在这一节课中学到了什么?""你觉得你的学习方式有哪些优点和缺点?"

(2)子问题的特征。

基于对义务教育阶段数学核心素养的研究,凝练出子问题的特征如下:

①问题设置的情境性。

问题的情境性非常重要,问题的情境和背景可以帮助学生更好地理解问题及其解决方案,并与实际生活情境联系起来,从而增强学生的学习兴趣和动力。在数学教学中,我们可以将数学知识运用到实际生活情境中,让学生了解数学的应用及其重要性。例如,在讲解1亿的概念时,可以引导学生观察周围事物,充分感受。

②问题设置的目的性。

问题设置具有目的性,这是为了让课堂内容紧扣教学目标,在问题驱动下有序展开教学。有目的的提问能让课程内容得到有效呈现和反馈,主要表现在以下几个方面:第一,能够促进知识理解和应用。问题的提出和解决需要学生掌握特定的知识和技能,并能将其运用到实际问题中。通过这样的过程,帮助学生深入地理解所学知识并进行运用。第二,能够培养学生探究和解决问题的能力。基于问题驱动的教学注重培养学生探究和解决问题的能力,包括观察、探究、思考和判断等。第三,可以帮助学生掌握成熟的分析和解决复杂问题的方法。基于问题驱动的教学不仅要求学生探究和解决具体问题,还要求学生学习掌握成熟的分析和解决复杂问题的方法。这些方法包括分析问题背景和关键因素、寻找合理逻辑和创新性思路等。第四,提高学生的学习动机和兴趣。基于问题驱动的教学将学生置于实际问题中,让学生感受到学习的意义和魅力。

③问题设置的阶梯性。

问题的阶梯性要体现问题的难易程度,提出的问题要逐级而上,学生的思考过程才可能是循序渐进的。数学课堂中的问题设置具有层次性,不仅能够吸引所有学生自觉加入挑战,还可以在问题的引领下促进学生高阶思维的发展。因此,问题的提出和解决要由浅入深,根据学生的认知能力,逐步提高难度和挑战程度。例如,在一年级的认识图形中,先认识立体图形,再认识平面图形。对于生活在三维空间中的学生,对立体图形更熟悉,所以按照从体到面的逻辑认识图形。在认识立体图形的教学中,设置的问题从

"图中的物体如何分类"到"你能说出这些图形吗",让学生先感知特征并分类,再认识长方体、正方体、圆柱和球,由易到难地完成学习任务。问题的提出和解决需要从大体验到小练习,让学生在整体理解问题的基础上,由教师引导逐渐细化问题,加深对问题的认识和理解,并提出解决策略。最后,问题的提出和解决需要帮助学生进行知识和技能升级,实现全面进步和发展。

④问题设置的启发性。

具有启发性的问题需要鼓励学生思考和探究,挑战他们的认知范围,激发他们的好奇心和想象力。例如,在学习确定位置的时候,教师可以问学生:"如果召开家长会,要求每一个家长都坐在自己孩子的位置上,我们应该怎么做呢?"在学习周长计算的时候,教师问学生:"长方形和正方形的周长我们可以用刻度尺测量得到,那么一片树叶的周长、一个不规则图形的周长你可以测算吗?"启发性问题作为一种教学手段,是教师在教学过程中依据学习过程的客观规律,引导学生主动、积极、自觉地掌握知识的教学方法。启发性问题有以下几个特点:强调学生是学习的主体,教师要调动学生的学习积极性,使教师的主导作用与学生学习积极性相结合;强调学生智力的充分发展,使系统知识的学习与智力的充分发展相结合;强调激发学生内在学习动力,使内在学习动力与学习责任感相结合;强调理论与实践相联系,使书本知识与直接经验相结合。启发性问题有助于学生在持续性的问题解决过程中逐渐理解原理、深刻理解知识点,发展其批判性思维和创新性思维,对于培养学生高阶思维有着十分积极的作用。

3. 提出与思考

这一阶段以学生的活动为主。学生利用已经学到的知识和技能进行独立思考,也可分组讨论,争取让每个学生都提出自己的观点。教师在此阶段主要发挥引导作用。当讨论内容跑题或学生遇到困难时,教师可以通过适当追加提问,给予提醒和引导,起到穿针引线的作用。

4. 反馈与引导

学生回答问题,教师给予评价和总结。授课教师是指导者、评价者,为学生提供建议,结合学生的回答适时点评和追问,不断拓展学生思维的广度和深度,帮助学生解锁新思路。教师要引导学生思考、分析、评价与创造,注重其思维习惯养成,帮助其掌握并应用数学理论来解决各类问题,为其提供适当的挑战机会。

总之,基于问题驱动的小初衔接深度学习是一种注重学生主动学习、自主思考和解决问题的教学模式。基于问题驱动的小初衔接深度学习,提升了学生数学思维的深刻性、整合性和灵活性,促进了学生数学思维的高阶发展。基于问题驱动的深度学习强调开放性问题解决中发展学生辨别和推理能力以及发现新观点、新方法的创造性思维能力,问题成为学生数学思维进阶的推动力。基于问题驱动的小初衔接深度学习模式有利于小学高段学生数学抽象思维、演绎推理和模型观念的迅速发展,促进其算数思维向代数思维的过渡、形象直观思维向逻辑演绎思维的过渡,将有利于其适应初中更为高阶的数学学习。

【思考与讨论】

请扫描二维码完成习题。

第七章 核心素养导向的小学数学课堂教学创新案例

【本章要点】

1. 教学案例"基于大概念整合的'100以内加与减'大单元教学"根据SRDIR模式设计，以大融合构建大单元内容，以大概念统领大单元活动，以培养学生数学核心素养为根本目标，在研读课标、教材和研究学生学情的基础上提炼出"运算的一致性"的大概念层级体系，厘清整合逻辑及大单元目标，实施整体性教学。

2. 聚焦跨学科概念的融通式教学案例"图形的奥秘"以跨学科概念"结构与功能"和核心问题"究竟是什么影响了物体的功能？"为主线，通过"感知—建构—应用"的活动设计逐层深入，引发学生持续思考，不断加深对跨学科大概念的理解，在主题引领的问题解决中实现知识整合。

3. 基于问题驱动的跨学科项目式学习实践案例"自然灾害防御小卫士"以跨学科大概念"稳定与变化"和驱动性问题"采取哪些措施防御自然灾害"统领概念群、问题链和任务串，通过"认识自然灾害""分析自然灾害"和"防御自然灾害"的跨学科项目式学习发展学生核心素养。

4. 跨学科主题学习案例"融合产生数学美——'演'数学、'画'数学"将数的认识与戏剧、美术结合起来，通过身体演绎和绘画将艺术融入数学主题学习活动，产生跨学科的融合美，发展了学生的数感、数学想象力和数学表达力。

5. 问题链驱动的深度学习案例"分数的初步认识"以主问题"什么是分数"构建"为什么要学习分数""怎样表示分数"和"如何创造分数"的递进式问题链。在"生活情境发现问题、提出问题展开讨论、动手操作解决问题、反思交流生活应用"过程中，运用问题链驱动深度学习，促进学生高阶思维发展。

6. 基于问题驱动的小初衔接深度学习案例"方程"以"字母表示数"和"等量关系"作为小初教学衔接点，在帮助学生感受方程思想优越性以及培养方程亲切感的教学中逐步促进小初衔接。整体教学设计以"方程方法与算术方法有什么区别与联系"为驱动性问题，通过典型例题和问题串持续引发学生高阶思维，让他们在"提出问题—分析问题—解决问题—反思问题—建构知识"的过程中走向深度学习。

【框架导读】

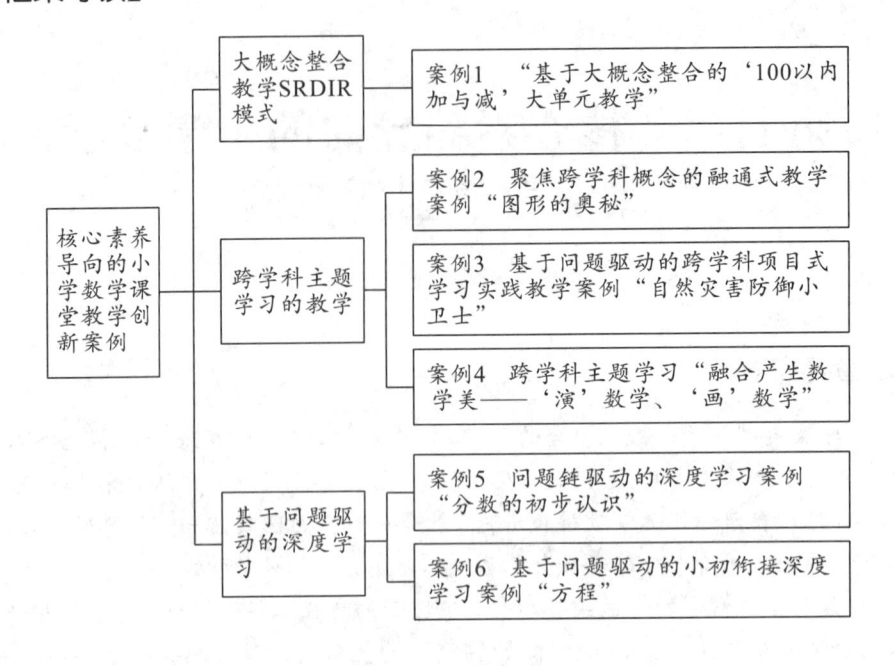

```
                    ┌─ 大概念整合      ┌─ 案例1 "基于大概念整合的'100以内
                    │  教学SRDIR      │  加与减'大单元教学"
                    │  模式           └─
                    │
                    │                  ┌─ 案例2 聚焦跨学科概念的融通式教学
                    │                  │  案例"图形的奥秘"
核心素养             │                  │
导向的小     ────────┤ 跨学科主题       ├─ 案例3 基于问题驱动的跨学科项目式
学数学课             │ 学习的教学       │  学习实践教学案例"自然灾害防御小
堂教学创             │                  │  卫士"
新案例               │                  │
                    │                  └─ 案例4 跨学科主题学习"融合产生数
                    │                     学美——'演'数学、'画'数学"
                    │
                    │                  ┌─ 案例5 问题链驱动的深度学习案例
                    │ 基于问题驱        │  "分数的初步认识"
                    └─ 动的深度学       │
                       习              └─ 案例6 基于问题驱动的小初衔接深度
                                         学习案例"方程"
```

第一节 大概念整合教学 SRDIR 模式的设计、实施及分析

大概念不仅是整体性教学的起点，还是核心素养整体生成的落脚点。基于大概念整合的教学是素养导向下小学数学课堂重构的重要途径。近年来，在整体性教学视域下探究大概念整合形态的教学模式层出不穷。本节将重点讨论大概念整合教学 SRDIR 模式的设计及实施。以北师大版一年级下册第五单元《加与减（二）》和第六单元《加与减（三）》的教学为例，运用 SRDIR 模式进行单元整体性教学设计。提炼出"运算的一致性"大概念层级体系，并基于大概念整合实施"100 以内加与减"的大单元教学实践。

一、"基于大概念整合的'100 以内加与减'大单元教学"设计理念

（一）以大融合构建大单元内容

根据教材体系、知识关联和学生基础，以单元内融合与跨单元融合两种方式构建大单元内容。首先创设丰富的生活情境，使学生进一步体会加减法的联系和区别；其次让学生动手操作，感受算法随着实际需求而变化所产生的多样性，并切实理解数位的意义；最后通过交流算法使学生理解和掌握多种算法，为下个单元学习进位加法、退位减法搭建桥梁，并做好知识迁移的准备，使得所学知识在多样的实际生活中得到广泛运用，提升学生的运算能力和对知识价值的认识。

（二）以大概念统领大单元活动

北师大版小学数学一年级下册五单元和六单元都是学习 100 以内的加减法。"运算的一致性"是贯穿这两个单元的大概念，"算理算法统筹下的运算能力和应用意识"是次级大概念。我们围绕大概念从课题整合、主要内容、整合依据等方面进行整体设计（表 7-1）。这样的安排有助于加深学生对相同数位上数可以直接相加减的认识，进一步感悟算理和算法的一致性，促进算法的迁移。

表 7-1 "运算的一致性"整体框架表

单元整合依据	教材体系　知识关联　学生学情					
课程内容模块	数与代数（数与运算）					
大概念	运算的一致性					
次级大概念	算理算法统筹下的运算能力和应用意识					
单元主题	单元内容	课题整合	主要内容	整合依据		课时
自然数的运算	第五单元《加与减（二）》第六单元《加与减（三）》	小兔请客	整十数加减整十数	与教材内容统一，理解算理		1
^	^	快乐的动物	100 以内数的加减法（不进位、不退位）	算理和算法的一致性，学生基础		1
^	^	游马鞍山	巩固理解	正确用加减法意义解决问题、两位数加减法计算		1
^	^	摘苹果	100 以内数的加减法（进位、退位）	培养学生估算的意识，算法的一致，算法的迁移		1
^	^	回收废品	比较意义下的问题解决	画图理解大数、小数、相差数之间的数量关系		1
^	^	变废为宝	问题解决、巩固理解	提出并解决数学问题的能力		1
^	^	融合：Sunshine101	解决生活中的加减法问题	基于生活情境的跨学科项目式学习		2
重点培养的核心素养	【运算能力】运算能力是根据法则和运算律进行正确运算的能力。在本单元主要指知道减法是加法的逆运算、乘法是加法的简便运算、除法是乘法的逆运算；能熟练口算 20 以内数的加减法和表内乘除法，能口算简单的 100 以内数的加减法；能计算两位数和三位数的加减法，形成初步的运算能力。 【应用意识】应用意识是有意识地利用数学的概念、原理和方法解释现实世界中的现象与规律，解决现实世界中的问题；能够感悟现实生活中蕴含着大量的与数量和图形有关的问题，可以用数学的方法予以解决；初步了解数学作为一种通用的科学语言在其他学科中的应用，通过跨学科主题学习建立不同学科之间的联系。在本单元主要指应用加减乘除四则运算的意义来解决问题					
核心目标	理解加减法计算的算理					
具体目标	正确计算 100 以内数的加减法；解决相关的简单实际问题					

（三）以数学核心素养培养为大单元整合的宗旨

大单元整合设计注重生成整体性认知、关注数学思想方法的渗透，宗旨是通过基于大概念整合的大单元教学落实数学核心素养的培养。整数加减法运算实质是计数单位相加减（累加和递减）的运算过程。基于"运算的一致性"这一大概念整合单元，有利于学生将 20 以内加减法口算的算理和算法迁移应用到 100 以内加减法的口算和竖式计算中，落实本单元运算能力与应用意识等核心素养培养。

二、"基于大概念整合的'100 以内加与减'大单元教学"的设计

（一）研读课标、教材和学生

1. 研读新课标

《2022 年版数学课标》将小学划分为三个学段，100 以内加减法属于第一学段，主要关联数感、符号意识、运算能力以及推理意识等核心素养。课程内容的结构化是本次新课标修订的主要理念。由于 100 以内加减法属于"数与代数"领域，因而我们梳理了"数与代数"各学段的内容要求及其学业要求（表 7-2）。研读课标各学段的内容后，我们发现计数单位是其中的核心概念。无论是第一学段万以内的数与运算，还是第二、三学段的小数和分数学习，都可以用计数单位统摄数的认识和数的运算。小学"数与运算"主题一是要让学生初步体会数是对数量的抽象，感悟数的概念的一致性，形成数感和符号意识；二是要让学生感悟数的运算以及运算之间的关系，体会数的运算的一致性，形成运算能力和初步推理意识。因此，数与运算的教学过程也正是数感、符号意识、运算能力、推理意识和应用意识等核心素养落地的过程。

表 7-2 数与代数领域的内容要求和学业要求

学段	数与运算	数量关系	核心素养
第一学段 （1~2 年级）	1. 认、读、写万以内的数	1. 描述四则运算的含义及其之间的关系；2. 口算 100 以内加减法和表内乘除法	1. 利用数与运算表达简单数量关系；2. 解释计算结果的实际意义	初步形成符号意识、数感、运算能力、推理意识、模型意识、应用意识
第二学段 （3~4 年级）	1. 认、读、写万以上的数；2. 直观描述小数和分数	1. 两位数乘除三位数；2. 同分母分数的加减运算和一位小数的加减运算；3. 整数四则混合运算（不超过 3 步）；4. 运用运算律进行简便运算	1. 运用四则混合运算、估算解决问题；2. 合理利用等量的等量相等进行推理	形成数感、符号意识、运算能力、推理意识，以及初步的模型意识、应用意识

续表

学段	数与运算	数量关系	核心素养
第三学段（5~6年级）	1. 在1~100的自然数中寻找倍数、因数、质数或合数；2. 用直观的方式表示小数和分数，实现小数和分数之间的转化	简单小数和分数的四则运算和混合运算（不超过3步）	1. 感受等式的基本性质；2. 估算；3. 用字母或含字母的式子表示数量关系、规律；4. 会计算比值，并描述成正比的量	发展数感、符号意识、运算能力、推理意识，形成模型意识、应用意识

2. 学情分析

为充分了解一年级学生的实际学情，可进行学前个别谈话和问卷调查（表7-3），共调查学生共计242人。从知识掌握、工具使用、计算方法掌握和总结反思习惯等方面对学生进行全面摸底。问卷第1~8题调查与单元内容联系紧密的知识点，第9题调查学生对计算工具的选择和使用的情况，第2、3、4、5、6、8题调查计算方法的掌握情况，第10题调查学生计算出错的原因及其总结反思能力。

表7-3 一年级下"100以内数的加减法"学前调查问卷

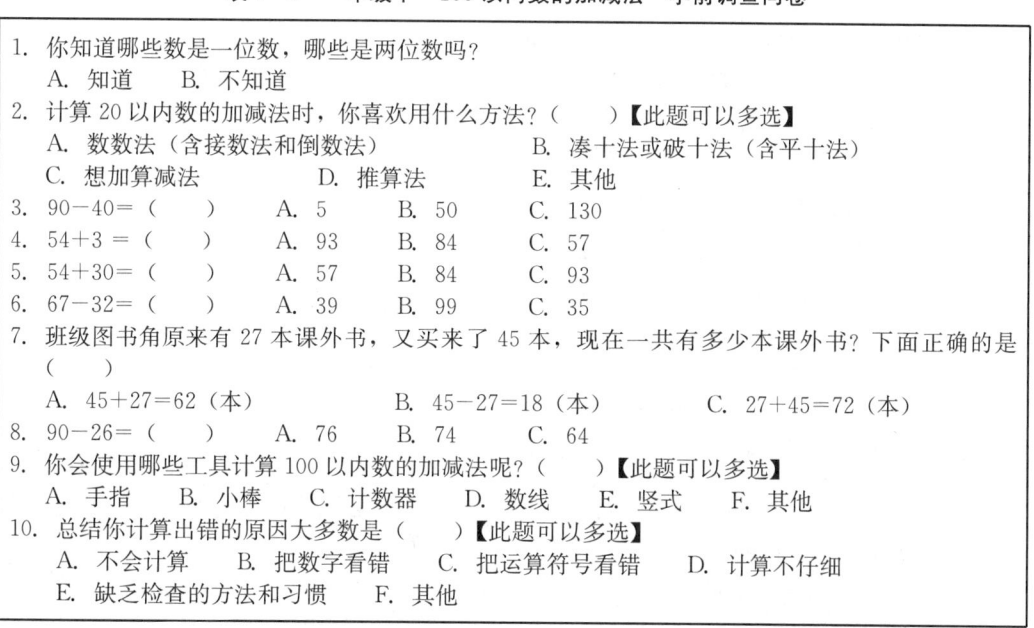

```
1. 你知道哪些数是一位数，哪些是两位数吗？
   A. 知道    B. 不知道
2. 计算20以内数的加减法时，你喜欢用什么方法？（  ）【此题可以多选】
   A. 数数法（含接数法和倒数法）      B. 凑十法或破十法（含平十法）
   C. 想加算减法      D. 推算法      E. 其他
3. 90-40=（  ）    A. 5      B. 50      C. 130
4. 54+3 =（  ）    A. 93     B. 84      C. 57
5. 54+30=（  ）    A. 57     B. 84      C. 93
6. 67-32=（  ）    A. 39     B. 99      C. 35
7. 班级图书角原来有27本课外书，又买来了45本，现在一共有多少本课外书？下面正确的是（  ）
   A. 45+27=62（本）    B. 45-27=18（本）    C. 27+45=72（本）
8. 90-26=（  ）    A. 76     B. 74      C. 64
9. 你会使用哪些工具计算100以内数的加减法呢？（  ）【此题可以多选】
   A. 手指    B. 小棒    C. 计数器    D. 数线    E. 竖式    F. 其他
10. 总结你计算出错的原因大多数是（  ）【此题可以多选】
    A. 不会计算    B. 把数字看错    C. 把运算符号看错    D. 计算不仔细
    E. 缺乏检查的方法和习惯    F. 其他
```

从问卷调查结果来看，第1题有4.96%的学生选择B，说明依然有4.96%的学生不清楚什么是一位数和两位数，因而单元教学前可能需要适当复习位数的知识。第2题调查结果显示有86%的学生都了解并喜欢凑十法或破十法，因此教学中应对这种学生喜欢、本身也很重要的方法进行深入讲解。第3、4、5、6、7题调查结果显示学生基本都掌握了整十数减整十数、两位数加一位数、两位数加整十数、两位数加减两位数（不进退位）和两位数加两位数（有进位）的计算方法。第7题考查学生解决简单实际问题的能力，从其调查结果来看，教学中依然要让学生从加减法的意义出发去理解、分析应用题。第 8 题只有 79.75% 的学生掌握了两位数（含整十数）减两位数（有退位）的计算方法，有 20.25% 的同学没有掌握，因而教学中既要集中精力进行算理理解，也要对算法进行学习和巩固，从而促进学生掌握计算方法，提高计算能力。从第 9 题调查结果来看，绝大部分学生喜欢用计数器、小棒进行计算，因而教学中要借助学生喜欢和擅长的工具帮助其将生活经验数学化、将直观工具抽象成竖式，使其理解和掌握竖式这一计算工具和方法。从第 10 题调查结果来看，有一半的学生缺乏检查的方法和习惯，因而教学中要让学生逐步掌握检查的方法、养成检查的习惯，帮助学生形成总结和反思的习惯。

经过前期调研，我们了解到学生在经历了大量的计算活动后已经积累了一定的计算方法和经验。对于没有进退位的加减法，学生通过知识的迁移基本能进行正确的计算；对于有进退位的加减法，大多数学生没有理解其算理和算法。另外，学生的总结反思意识还比较淡薄，缺乏检查的方法和习惯，在教学中应加强引导。

3. 教材对比研究

对比研究人教版、北京版、青岛版、西师版、冀教版、北师版、苏教版等版本的小学数学教材后发现，各版本教材都重视算理和算法，提倡算法多样化。各版本教材都要求通过操作活动帮助学生理解算理、掌握算法，鼓励学生自主探索。同时，各版本教材都重视学生数感、运算能力、符号意识、抽象能力和数学问题的解决能力的培养。各版本教材的不同之处主要表现在：第一，内容组织不同。西师版、苏教版、人教版、青岛版和北京版都将数的认识和不进退位的加减法计算进行了融合，在数的认识里就穿插了加减法计算教学，而北师大版和冀教版则把数的认识和计算分开设置。第二，编排结构不同。各版本教材对于 100 以内数的加减法的外延内容的安排略有不同，青岛版、北京版、人教版、冀教版在一年级就安排了 100 以内数的混合运算，人教版还出现了带小括号的混合运算，其他版本则放到了二年级上册。

（二）提炼大概念层级体系

北师大版第五单元和第六单元的内容，算法都是一致的，算理都是相同的，所有内容的学习都是在"运算的一致性"统整下来提高学生的运算能力与应用意识。经过整合后，大单元教学的重点就是让学生掌握 100 以内的计算，从本质上深刻理解运算的一致性，包括数与运算的一致性、计算方法的一致性、算法及计算工具的一致性，并在此基础上提高学生的运算能力和应用意识。为此，我们提炼出本单元的大概念即"运算的一致性"，并确定"算理和算法统筹下的运算能力与应用意识"作为次级大概念。"相同数位上的数才能相加减"是基本概念，它是理解运算一致性、提高运算能力和应用意识的基础，它也是大单元每个课时都会涉及的运算规则。理解运算规则首先要理解数位和计算单位，因而"相同数位上的数才能相加减"是建立在"数位""计数单位"这些具体概念之上的。从大概念、次级大概念、基本概念到具体概念构成本单元大概念层级结构（图 7-1）。

```
大概念——运算的一致性
   ↓
次级大概念——算理和算法统筹下的运算能力与应用意识
   ↓
基本概念——相同数位上的数才能相加减
   ↓
具体概念——数位、计数单位
```

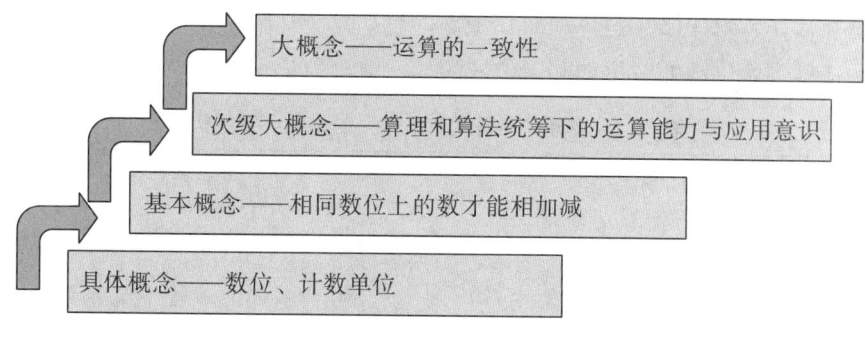

图 7-1　"100 以内加与减"大单元教学的大概念层级结构

（三）确定整体性教学单元目标及整合逻辑

1. 整合后的大单元学习目标

（1）在具体情境中经历解决实际问题的过程，进一步理解加减法的意义，理解两位数加减法的算理。
（2）探索并掌握两位数加减法的计算方法，体会算法多样化，并能正确计算。
（3）初步发展估算意识，提高发现问题、分析问题、解决问题的能力。
（4）在整合学习的过程中，感受数的运算与生活的联系，体会计算的乐趣，激发学习数学的兴趣。
（5）通过单元整合和项目式学习，实现知识统整，促进理法融通，形成跨学科理解。

整合后的大单元学习重点是让学生正确计算 100 以内数的加减法、解决相关的简单实际问题，重点理解数形结合和转化的数学思想、落实运算能力和应用意识的核心素养培养。大单元学习的难点是理解加减法计算的算理。

2. 整体性教学设计的逻辑框架

（1）大单元内容重构逻辑。

依据"运算的一致性"重构单元内容结构（表 7-4）。首先，基于大概念和整体性教学目标进行单元内重组和跨单元整合。研读北师大版一年级下的第五单元和第六单元内容不难发现，加与减的运算方法是一致的，都是相同数位上的数相加减；其算理也是一致的，即几个十加减几个十、几个一加减几个一，前后内容是递进的，前后逻辑也是一致的。因此，首先对原有课程内容进行单元内重组。具体来说，一是保留原第一课时"小兔请客"，即理解几个十与几个十相加减的算理；二是将第二至五课时"采松果""青蛙吃虫子""拔萝卜""收玉米"整合成一课时"快乐的动物"，在已经知道几个一加减几个一、几个十加减几个十的算理和算法的基础上，进行两位数加减两位数的学习探究。在跨单元结构整合中，将第六单元的一部分内容"图书馆""摘苹果"提取到第五单元，进行跨单元整合，形成"摘苹果"这一课时的内容。这样做的目的有两点：一是让学生在一节课中清晰、完整地了解两位数的不进位加和不退位减的算理和算法，让学生对算理和算法有整体的认识、理解和掌握；二是在此基础上，让学生顺理成章地将算理、算法迁移到两位数的进位加和退位减的学习中，为学生的独立探究奠定基础。

表7-4 基于"运算的一致性"的单元内容重构

原教材单元	跨单元整合后
【第五单元】 (1) 小兔请客（整十数减整十数） (2) 采松果（两位数加减整十数） (3) 青蛙吃虫子（两位数加减整十数） (4) 拔萝卜（两位数加两位数） (5) 收玉米（两位数减两位数） (6) 回收废品［解决"求比一个数（多）少"的问题］ 【第六单元】 (1) 图书馆（两位数加一位数的进位加法） (2) 摘苹果（两位数加一位数的进位加法） (3) 阅览室（两位数减一位数的退位减法） (4) 跳绳（两位数减两位数的退位减法）	(1) 小兔请客（整十数减整十数） (2) 快乐的动物［100以内数的加减法（不进位、不退位）］ (3) 游马鞍山［100以内数的加减法（不进位、不退位）］ (4) 摘苹果［100以内数的加减法（进位、退位）］ (5) 回收废品（比较意义下的问题解决） (6) 变废为宝（运用三者数量关系解决问题巩固理解） (7) 融合：Sunshine101

(2) 大单元整合的思维框架与内容框架。

为了更好地基于大概念层级体系统摄整个单元课程设计，在进行整体性教学的具体活动设计之前要先设计大单元整合的思维框架和内容框架（图7-3）。思维框架是大概念统摄下单元整合的思维培养目标和要求。在基于大概念整合的"100以内加与减"大单元教学中，"探索算法、理解算理"是训练思维的基础。在此基础上，教师需要促进学生对加减法意义的进一步理解，之后才能灵活地解决简单的实际问题，思考层层深入，逐步走向深度思维。在内容框架的设计中，"小兔请客""快乐的动物""摘苹果"和"回收废品"是大单元教学的主体内容。"游马鞍山""变废为宝""融合：Sunshine101"是对前面主体内容的练习和补充。在主体内容课程的安排中，"小兔请客"是基础；"快乐的动物"的计算是学习"摘苹果"的基础；"回收废品"是在前3个内容的基础上进行的问题解决和知识应用。这4个主体内容在"运算的一致性"大概念统摄下环环相扣、螺旋上升，让学生在不断探究算法的过程中领悟并理解算理。整十数加减整十数、100以内数的加减法（不进位、不退位）、100以内数的加减法（进位、退位）和比较意义下的问题解决的计算都是相同数位相加减，"运算的一致性"统领了整个单元内容，是所有内容的核心。

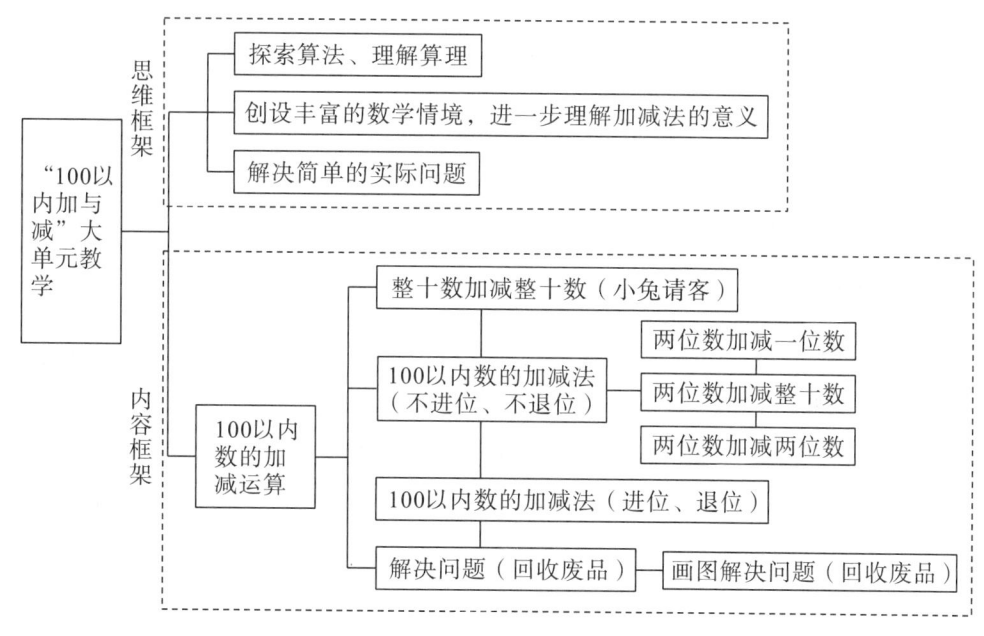

图 7-2 思维框架和内容框架

思维框架：
- 探索算法、理解算理
- 创设丰富的数学情境，进一步理解加减法的意义
- 解决简单的实际问题

内容框架（100以内数的加减运算）：
- 整十数加减整十数（小兔请客）
- 100以内数的加减法（不进位、不退位）
  - 两位数加减一位数
  - 两位数加减整十数
  - 两位数加减两位数
- 100以内数的加减法（进位、退位）
- 解决问题（回收废品）——画图解决问题（回收废品）

"100以内加与减"大单元教学

3. 整体性教学活动设计

"100以内加与减"大单元教学活动的设计主线是探究算法、厘清算理，具体设计如表 7-5 所示。①"小兔请客"是探究整十数加减整十数的算理和算法，让学生明白几个十只能和几个十相加减；②"快乐的动物"探究两位数的不进位加法和不退位减法的算理和算法，让学生进一步明白几个十只能和几个十相加减，而几个一只能和几个一相加减；③"游马鞍山"是巩固两位数的不进位加法和不退位减法的算理和算法；④"摘苹果"是在不进位加法、不退位减法的基础上，理解进位加法和退位减法的算理与算法；⑤"回收废品"和"变废为宝"是探究比较意义下的问题解决，并巩固理解两位数加减两位数的算理和算法；⑥跨学科融合项目式学习活动"Sunshine101"是让学生在发现问题、解决问题的过程中，巩固本单元学习内容，通过项目式学习和跨学科融合学习，培养学生的迁移能力、分析能力、最终提高学生解决问题的能力。

表 7-5 具体活动表

课题	具体探究活动
小兔请客	探究：整十数加减整十数
快乐的动物	探究：100以内数的加减法（不进位、不退位）
游马鞍山	探究：100以内数的加减法（不进位、不退位）巩固理解
摘苹果	探究：100以内数的加减法（进位、退位）
回收废品	探究：比较意义下的问题解决

续表

课题	具体探究活动
变废为宝	探究：运用三者数量关系解决问题巩固理解
融合：Sunshine101	深入理解加减法的意义；用不同的方式进行表征；解决生活中的加减法问题

4. 整体性教学评价设计

根据课程标准设计"100以内加与减"的学习要求和评价方式，兼顾评价方式多元、评价主体多样和核心素养导向，具体见表7-6。

表7-6 整体性教学评价设计表

课题	学习要求	评价方式
小兔请客	能用数学的语言表达整十数加减整十数的算理和算法，熟练掌握整十数加减整十数的方法	过程性评价 形成性评价 终结性评价
快乐的动物	掌握100以内数的加减法（不进位、不退位）的计算方法，能用竖式进行计算	
游马鞍山	巩固理解100以内数的加减法（不进位、不退位）	
摘苹果	理解100以内数的加减法（进位、退位）的估算方法和计算方法	
回收废品	理解比较中各个量之间的关系，能解决比较意义下的数学问题	
变废为宝	巩固理解比较意义下的问题解决，巩固计算方法	
融合：Sunshine101	深入理解加减法的意义，用不同的方式进行表征，解决生活中的加减法问题	生活中加减法应用作品展示，家长、教师、学生参与作品评价

（四）实施教学

基于"运算的一致性"整合"100以内加与减"的大单元教学是为了让学生理解算理、掌握算法、感受运算的一致性，提高学生的运算能力和应用意识。在具体的教学实施中，要注意外显大概念和活化大概念。外显大概念就是要对大概念进行描述，将核心目标转换成可见的学习目标；活化大概念就是将大概念转化为高质量的问题，让学生基于问题解决进行学习。以"100以内加与减"大单元教学设计中的"快乐的动物"一课为例来进行说明（表7-7）。

表 7-7 "快乐的动物"教学目标与核心问题

教学目标 (外显大概念)	1. 结合具体情境，经历解决实际问题的过程，进一步理解加减法的意义。2. 探索并掌握 100 以内数的不进退位加减法的计算方法，理解算理，并能正确计算。3. 经历在具体情境中提出问题和解决问题的过程，初步形成解决实际问题的意识和能力
	教学重点：探索并掌握 100 以内数的不进退位加减法的计算方法，并能正确计算 教学难点：会用小棒、计数器帮助理解两位数减两位数（不退位）的算理
大概念	100 以内加（不进位）、减（不退位）法运算的一致性。
核心问题 (活化大概念)	怎么算？为什么？
子问题串 (示例) (活化大概念)	子目标 1：掌握两位数加减一位数（不进位、不退位）的计算方法。例：25+4=？ / 子问题 1：25+4 怎么算？4 加在个位还是十位？为什么？
	子目标 2：掌握两位数加减整十数的计算方法。例：25+40=？ / 子问题 2：25+40 怎么算？40 的"4"加在个位还是十位？为什么？

三、"基于大概念整合的'100 以内加与减'大单元教学"的实施反思

从总课时的对比来看，整合后的内容更聚焦加减法计算和运用加减法解决问题。整合前，第五单元有 8 个课时，第六单元有 6 个课时，两个单元共 14 个课时。进行大单元重构后，所有内容共 8 个课时，总体节约了 6 个课时。从内容及序列对比来看，整合前的内容及序列共 13 个环节。将第六单元"两位数进退位计算"整合并重构后，新的内容序列为"两位数加减整十数、两位数加减两位数（不进位、不退位）、练习、两位数加减两位数（进位、退位）、通过求'比一个数多（少）几是多少'的问题理解三者数量关系、练习、融合"共 7 个环节。两个单元的内容整合后更聚焦，核心内容紧密围绕"运算的一致性"。整合后的大单元突出"加减法的算理和算法以及运用加减法解决问题"，便于教师综合把握重难点，在课堂教学中落实核心素养的培养。整合后的总课时减少了，教师的教学线条清晰了，有利于学生抓住数和数量关系的核心——计数单位，并从"运算的一致性"的高度整体把握和深度理解数学知识。

第二节 跨学科主题学习的教学设计、实施及分析

新修订的课程标准中提出跨学科主题学习，明确规定各门课程用不少于 10% 的课时设计跨学科主题学习。《2022 年版数学课标》也要求数学课堂教学要以解决实际问题为重点，主要实施以真实问题为载体的跨学科主题学习。跨学科主题学习包括主题活动和项目式学习，但无论是主题活动还是项目式学习，都是一种强调实践参与的教学模式。素养导向下的小学数学课堂重构要求教师为学生设计出更具综合性、实践性与开放性的复杂问题，让学生在问题解决的过程中学习，通过"做中学"发展核心素养。核心

素养不是直接由教师教出来的，而是需要学生在真实问题情境中学习并运用相关的知识、技能，借助问题解决的实践培育起来的。跨学科主题学习充分体现了主题引领、知识整合与问题解决的内在含义，它是核心素养导向下学习方式的变革和教学模式的创新实践。本节主要剖析第七章提出的"聚焦跨学科概念的融通式教学"和"基于问题驱动的跨学科项目式学习实践"教学案例。但跨学科主题学习并不囿于上面两种模式，只要抓住主题引领、知识整合和问题解决这一精髓，跨学科主题学习模式的设计是灵活多样的。为此，本节又分析了"融合产生数学美"案例的设计及实施，进一步丰富对跨学科主题学习的实践认知。

一、聚焦跨学科概念的融通式教学案例"图形的奥秘"

本案例以"图形的奥秘"主题单元活动设计、第一课时"神奇的三角形"的活动探究及主题学习的评价反思为例，介绍"聚焦跨学科概念的融通式教学模式"的具体操作方法。

（一）主题单元活动设计

"三角形的稳定性"是北师大版小学数学四年级下册第二单元"图形分类"第2个小绿点内容（如图7-3），教材内容的主要设计思路是"实验—解释—应用"。学生通过实验操作发现三角形的特征，练习时运用三角形的特征解释生活现象，并设计搭建牙签桥的活动。"四边形的易变性"是北师大版数学二年级下册第六单元"认识平行四边形"内容（图7-4），学习方式与"三角形的稳定性"类似。比较两个内容发现，图形功能的不同是由于图形结构的不同，也就是说图形的结构决定了图形的功能，进一步思考发现，三角形（四边形）结构在不同学科和生活中都有运用，而且都有具体的功能，由此梳理出单元培育的跨学科概念"结构决定功能"。

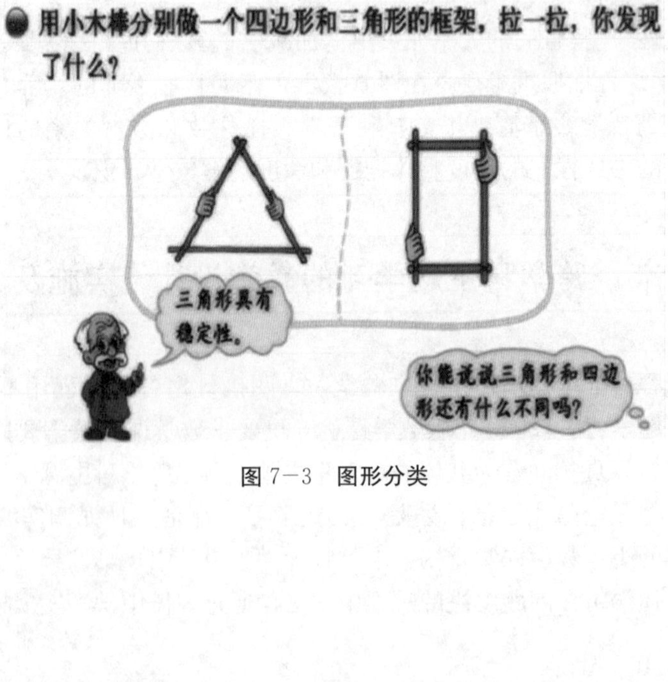

图7-3 图形分类

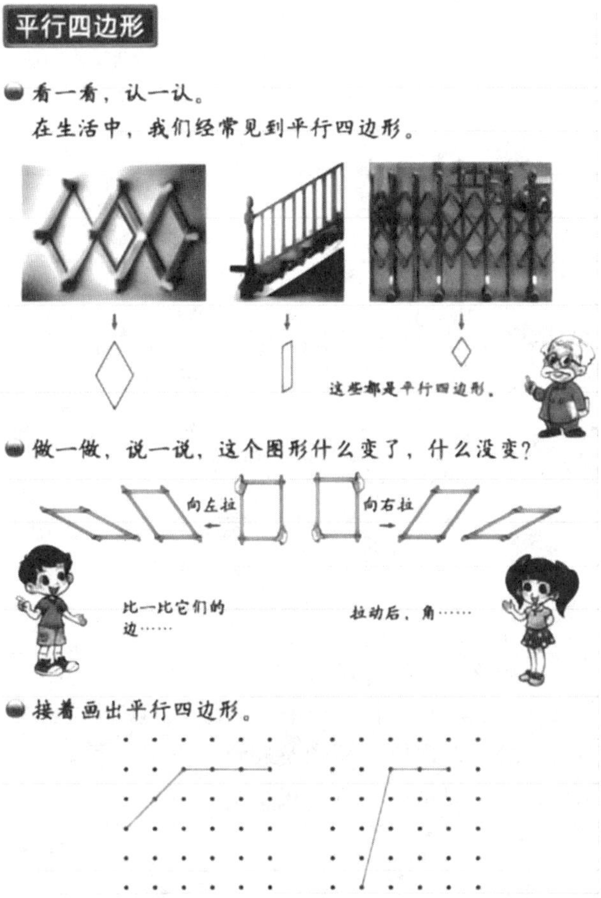

图 7-4 《认识平行四边形》

学情方面设计了三个活动进行前测：①通过纸质问卷对四年级 80 名学生进行调查，60%的学生知道三角形具有稳定性，90%的学生不知道为什么三角形具有稳定性、四边形具有易变性。②认识三角形结构物体，请学生带三角形结构的物体到学校，大多数学生带来的是七巧板中的三角形或用 3 根小棒搭的三角形，学生缺乏数学应用意识。③通过访谈发现学生对"结构决定功能"完全不了解，零星几个学生说在科学课上了解到"结构决定功能"。

从教材内容分析和前置调查中了解到，学生具有一定的知识经验基础，具备基本学科知识，但对于三角形、平行四边形具体的图形特征与结构特点缺乏深入学习，对在各学科以及生活中广泛存在的"结构决定功能"这一跨学科概念缺乏了解。因此，需要设计主题活动开展学习，以促进学生跨学科概念的发展。

1. 单元教学内容分析

单元教学内容共设计三个课时，即"神奇的三角形"（1 课时）与"欣赏与设计"（2 课时），分别以"初步感知跨学科概念内涵""以跨学科概念的视角观察、分析实例"和"应用跨学科概念解决问题"为素养目标进行设计学习活动（图 7-5）。学习活动始终基于真实情境，以"究竟是什么影响了物体的功能？"这一核心问题为主线贯穿"感知—建构—应用"的学习过程，引发学生持续思考，不断加深对跨学科大概念的理解。在具体—抽象—具体的过程中感知、建构、应用跨学科概念。

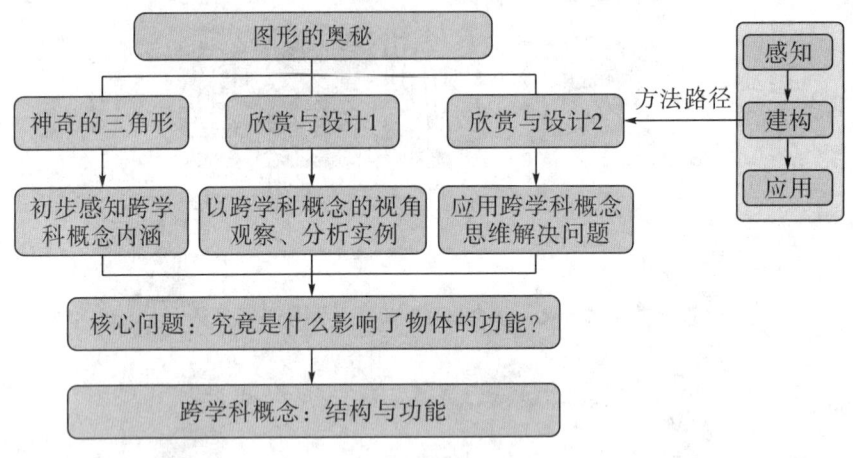

图 7-5　单元学习活动

学习活动立足数学学科本位，以"结构与功能"跨学科概念为内核，以培养学生高于学科层面的跨学科概念意识为总目标，以跨学科概念的数学化感悟、体验与跨学科综合应用为途径，突破从生活中发现核心问题及理解、应用大概念这一难点，让学生体会到各个学科间的紧密联系，发展跨学科应用意识与能力。

2. 课时内容设计

（1）第一课时——"神奇的三角形"。

"神奇的三角形"是单元主题学习种子课。基于真实生活问题"为什么大部分的快递都用纸箱来包装？"开启探究活动，从中发现瓦楞纸里面有三角形结构；从数学的角度，借助操作活动，探索三角形、四边形的特性及数学本质；联结科学、美术、体育等学科，感知不同学科情境中三角形结构决定着相应的功能；回归生活情境，学生观察发现身边物品的三角形和四边形结构及功能，感知任何事物的结构决定功能。课时知识结构和活动结构如图 7-8 所示，设计理念如下：

①基于真实情境、学科本位、大概念眼光的知识结构。

儿童有一种与生俱来的以自我为中心的探索性学习方式，他们的知识经验是在与客观世界的相互作用中逐渐形成的，这些知识与经验是他们进一步学习的基础。为使儿童以一种积极的心态调动原来的知识经验，认识新问题，构建其自己的知识和经验。本次活动从儿童的真实生活情境出发，探究"为什么部分的快递都用纸箱来包装？"借此引发学生思考，从数学的角度发现快递纸箱所用瓦楞纸中的三角性结构，从而探究三角形的奥秘，引出课题。

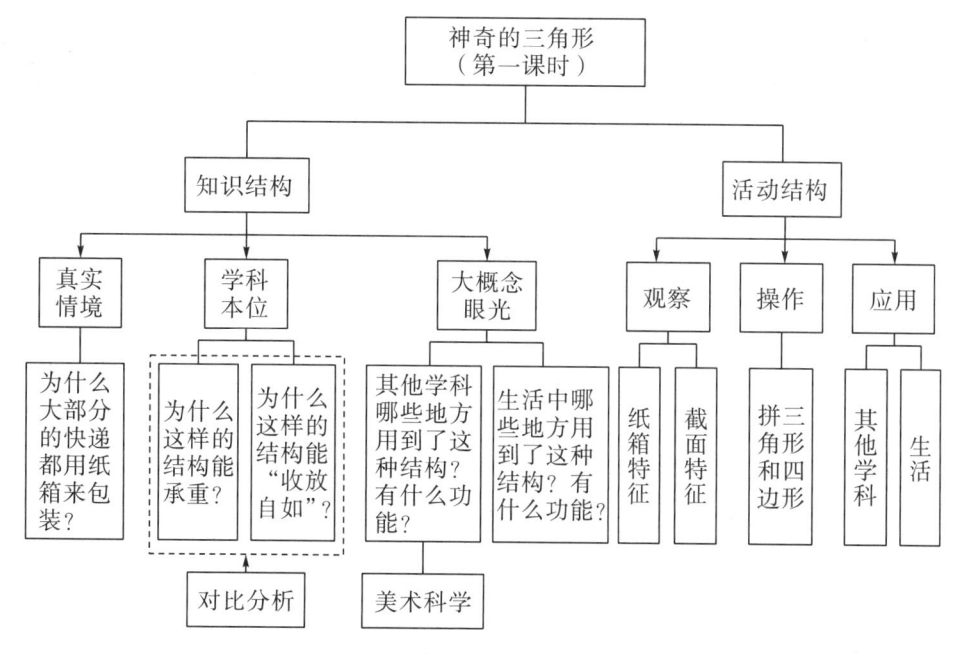

```
                    神奇的三角形
                     （第一课时）
                    ┌────────┴────────┐
                  知识结构            活动结构
         ┌──────────┼──────────┐   ┌────┼────┐
       真实       学科        大概念  观察  操作  应用
       情境       本位        眼光
        │      ┌───┴───┐    ┌───┴───┐  ┌─┴─┐  ┌─┴─┐  ┌─┴─┐
      为什么  为什么   为什么  其他学科 生活中  纸箱 截面  拼 其他 生
      大部分  这样的   这样的  哪些地方 哪些地  特征 特征  三 学科 活
      的快递  结构能   结构能  用到了这 方用到         角
      都用纸  承重？   "收放   种结构？ 了这种         形
      箱来包           自如"？ 有什么功 结构？有        和
      装？                    能？     什么功         四
                                       能？          边
                                                    形
                │         │
              对比分析   美术科学
```

图 7-6 "神奇的三角形"知识结构和活动结构

从数学学科本位来分析知识结构设计，提出"为什么这样的结构能承重""为什么这样的结构能'收放自如'"两个核心问题。对于前一个问题，需要从两个角度理解：一是从唯一性的角度来理解，则要根据给定的小棒围成三角形和平行四边形，让学生充分体会，无论怎么围，所围出的三角形大小、形状不变，围出的四边形大小、形状可以发生改变；二是从牢固的角度来理解，则要对给定的三角性和四边形进行拉伸，帮助学生在试验中进一步感受三角形的稳定性和四边形的易变性。对于后一个问题，则是指四边形四条边虽然没有变，但是一拉角就变了，形状也就变了。对比分析这两个问题，进一步探究"是什么原因使得三角形的形状只有一种，而四边形的形状有很多种"，从而引导学生进一步思考，从边和角的角度解释，使学生不只是知其然，更要知其所以然。

从大概念的眼光来分析知识结构设计，提出"其他学科哪些地方用到了这种结构？有什么功能""生活中哪些地方用到了这种结构？有什么功能"两个核心问题。通过对前一个问题的讨论，学生可以发现在科学学科中，涉及瓦楞纸的应用、植物根茎叶的结构及其对应的功能；在美术学科中，拉斐尔的绘画里有三角形结构，能给人一种安定、沉稳、平和、均衡又不失灵动的审美感受。由此可以让学生感受到三角形和四边形不只具有实用功能，也具有欣赏价值，学会站在宏观的角度理解知识。对于后一个问题，则是通过生活实例，让学生感受到三角形的稳定性和四边形的易变性在生活中的应用与价值，并感受到物品不同，三角形所体现的作用也是不同的，也就是"结构决定功能"。通过知识结构的分析，进而构建活动结构。

②指向"观察—操作—应用"的活动结构。

首先，观察整个纸箱，掂一掂、压一压，感受纸箱轻重、能称重不易变形的特征；

观察纸箱截面，从实物中抽象出三角形，进一步探究三角形的特性。其次，拼三角形和四边形。拼一拼、比一比，发现三角形的三条边确定了，其形状、大小也就完全确定了；四边形的四条边确定了，形状和大小却不能完全确定；拉一拉，三角形"始终如一"，四边形"变化莫测"。最后，以高于学科维度的"结构决定功能"大概念为内核，以大概念的数学化体验、验证与思考为主要学习内容，带领学生体会在科学、音乐、美术以及生活中物体的设计都是由结构决定功能的，并用这样的眼光观察、思考现实世界，学习应用这一大概念指导实践。

（2）第二课时——"欣赏与设计1"。

"欣赏与设计1"是在学生初步形成跨学科概念"结构决定功能"意识后，小组成员从教师拟定的选题中，或以自己喜欢的主题，通过观察发现、查阅资料、实验操作、交流讨论等方式，收集"结构决定功能"的例子，课堂上开展成果汇报分享。学生通过多样学习方式，深刻体会"结构决定功能"的广泛运用。"欣赏与设计1"知识结构和活动结构如图7-7所示。

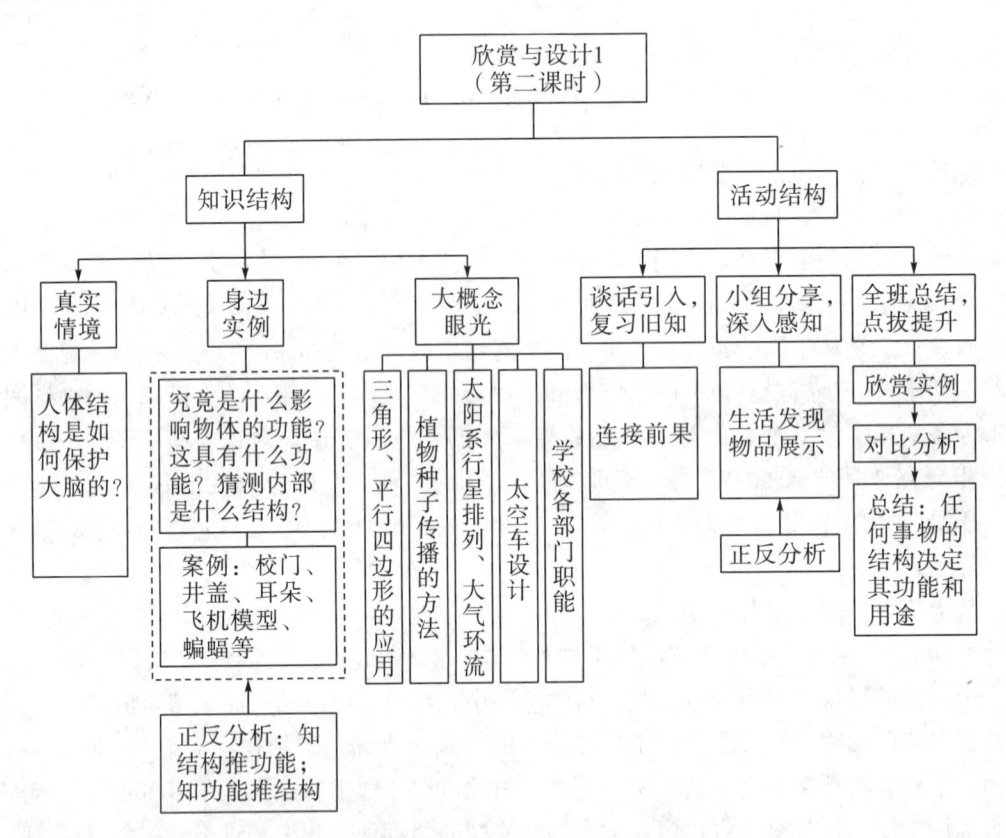

图7-7 "欣赏与设计1"知识结构和活动结构

①基于真实情境、身边实例、大概念眼光的知识结构。

首先，从真实情境出发，探究"人体结构是如何保护大脑的"。其次，寻找身边实例，分析"究竟是什么影响物体的功能？这具有什么功能？猜测内部是什么结构"。比如，校门的结构是如何影响其运动的？井盖为什么是圆的？有什么功能？耳朵能听到声音,究竟是什么样的内部结构让我们能够听到?飞机模型平稳飞行需要什么样的结构?蝙蝠为什么能在黑暗环境中捕食?有什么样的结构?在这个过程中,既包括了正向分析,即知道结构推其功能;也包括了反向分析,即知道功能推其结构。在科学领域,通常系统功能外显而结构内隐,当学生具有"结构与功能"的跨学科概念后,面对未知现象,也可以从系统的功能或特点出发,反向分析系统的结构。最后,以大概念眼光分析实例,包括分析三角形、平行四边形的应用,发现物质的性能与内部结构有关;分析植物种子传播的方法,发现生物的特殊结构带来特定功能;分析太阳系行星排列、大气环流,发现地球内部结构导致地壳运动;分析太空车设计,发现技术工程设计结构实现特定的功能;分析学校各部门职能,发现任何系统的功能与其结构有直接关系。

②指向"复习—分享—总结"的活动结构。

上课前,要求每个小组从教师拟定的选题或自己选择的感兴趣的结构中提出核心问题,接着小组合作、查找资料,为本节课的学习做好准备。通过以下环节促进学生跨学科大概念的形成。①谈话引入,复习旧知。开课伊始,通过师生交流、生生交流,唤起学生对"任何事物的结构决定其功能和用途"的认知和学习经验,为小组分享交流奠定基础。②小组分享,深入感知。由实例展示和小组分享两部分组成。学生在互相欣赏作品后,分析物品结构是如何决定其功能的,根据功能和特点反向分析其内在结构。③全班总结,点拨提升。欣赏物质科学、生命科学、地球与宇宙、技术与工程领域实例,拓宽结构与功能的大概念眼光。通过对比分析发现每种事物都有其结构,每种结构都具有不同的功能,看似不相关的物体可能有着相同的结构,其所体现的功能也相同。通过点拨发现不同事物间的联系,即"任何事物的结构决定其功能和用途",为后续学习设计物品(依据功能选择结构)做铺垫。

(3)第三课时——"欣赏与设计2"。

"欣赏与设计2"引导学生观察不同职业和场景,思考不同场合的帽子应该具备的功能,将学生的关注点引向帽子的材料与结构。这既是对前两节课学习成果的概括,也为接下来的设计、选材和制作帽子等活动打基础。学生明确帽子的设计与制作要求,根据帽子的功能选择结构,从而设计制作方案,并制作帽子。最后通过帽子展会活动,形成跨学科概念"结构决定功能"。"欣赏与设计2"知识结构和活动结构如图7-8所示。

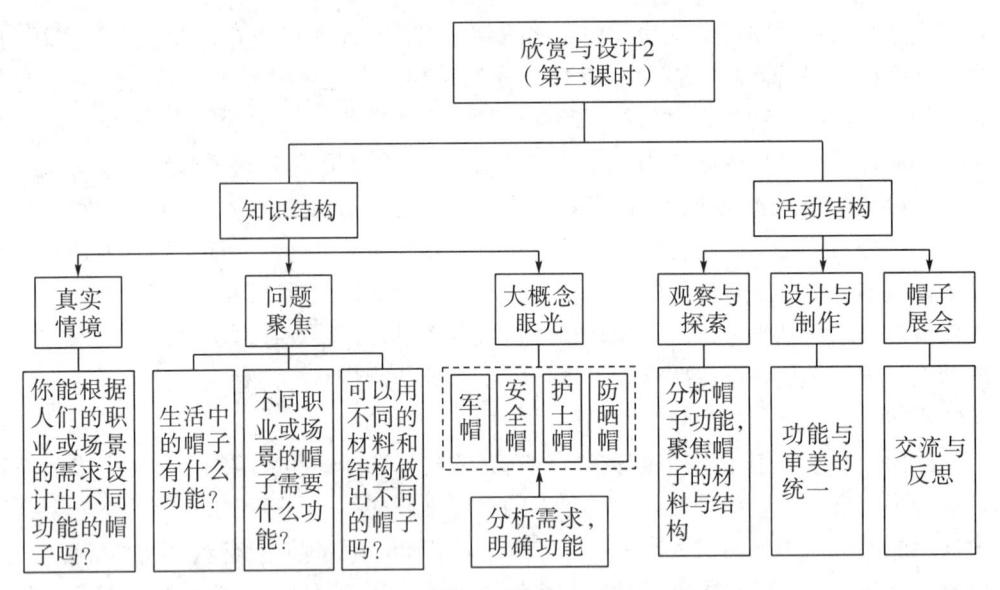

```
                    ┌─────────────┐
                    │ 欣赏与设计2  │
                    │ （第三课时） │
                    └──────┬──────┘
              ┌────────────┴────────────┐
         ┌────┴────┐               ┌────┴────┐
         │知识结构 │               │活动结构 │
         └────┬────┘               └────┬────┘
    ┌────────┼────────┐          ┌─────┼─────┐
 ┌──┴──┐ ┌──┴──┐ ┌───┴──┐    ┌──┴──┐┌─┴──┐┌─┴──┐
 │真实 │ │问题 │ │大概念│    │观察与││设计与││帽子│
 │情境 │ │聚焦 │ │眼光  │    │探索 ││制作 ││展会│
 └──┬──┘ └──┬──┘ └───┬──┘    └──┬──┘└─┬──┘└─┬──┘
```

图7-8 "欣赏与设计2"内容分析图

①基于真实情境、问题聚焦、大概念眼光的知识结构。

以"你能根据人们的职业或场景的需求设计出不同功能的帽子吗"构建情境。聚焦三个具体问题：生活中的帽子有什么功能？不同职业或场景的帽子需要什么功能？可以用不同的材料和结构做出不同的帽子吗？从大概念眼光来看，可以引导学生分析军帽、安全帽、护士帽、防晒帽等帽子所对应的职业或场景，明确各种帽子的功能，进而帮助学生选择、设计相应的帽子结构。

②指向"观察—制作—分享"的活动结构。

"观察与探索"活动要求学生对不同职业或场景进行观察，结合生活经验，思考不同的帽子应具备的功能，进而将学生的关注点引向帽子的材料与结构。这既是对前两节课学习成果的概括，也为接下来的设计、选材、制作帽子等活动搭建恰当的思维阶梯。"设计与制作"活动要求学生明确功能、选择材料、设计结构、画草图、量尺寸、制作等。教师引导学生不仅要关注帽子功能的设计，也要关注美观、舒适等特点，将功能与审美统一，指向多种材料的综合运用、多种结构的有机组合。"帽子展会"活动是由学生互相交流、反思，并思考是否是根据功能和用途选择材料、设计结构，并发现需要完善的地方。

（二）"神奇的三角形"活动探究

"神奇的三角形"是单元主题学习的起始，也是学生初步形成跨学科概念的关键。为此，设计逐层深入的四个活动环节：①环节一从真实问题情境出发，引发学生思考"为什么大部分的快递都用纸箱来包装"，借助掂、压、挤、踩等动作初步感知纸箱的结构，发现并提出有意义的核心问题"为什么具有三角形结构的物体不容易坏"。②让学生经历拼、拉、压等操作，探究三角形、四边形的特性及数学本质。深入体会图形的结构决定图形的功能，即跨学科概念"结构决定功能"的数学化表现。③发现三角形的结构决定瓦楞纸牢固的功能,跨学科概念从数学跨到科学,随后教师创设适当的情境,实现美术、体育等多学科概念跨界。④回归生活,让学生通过观察所带物品进一步感悟三角形、四边形的结构决定物品的功能,在其他事物中感悟事物的结构决定功能,学生在活动中深刻理解跨学科概念"结构决定功能"。

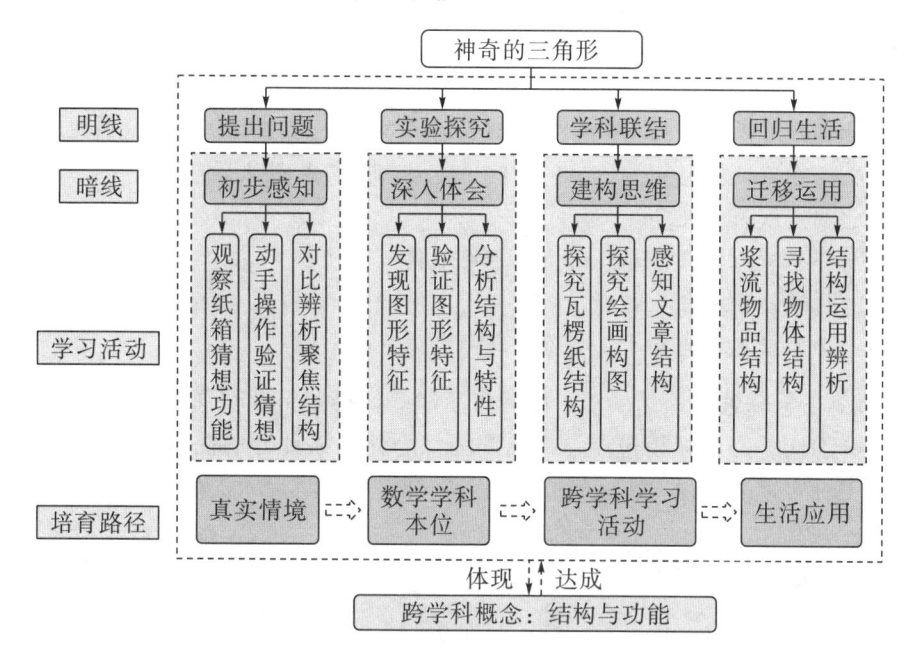

图 7-9 "神奇的三角形"活动探究图

在上述四个环节的推动下,引导学生多层级、多途径地实现跨学科概念的构建。活动探究实施流程如下。

1. 明确活动目标

(1) 探究并掌握三角形具有稳定性、四边形具有易变性,感悟"图形的结构决定图形的功能"。

(2) 探究"物体的结构决定物体的功能"在其他学科和生活中的应用,发展跨学科概念"结构决定功能"。

2. 明晰活动重难点

(1) 活动重点:探究三角形具有稳定性、四边形具有易变性,体会"结构决定功能"在数学学科中的应用。

(2) 活动难点:学生在活动中形成跨学科概念,运用"结构决定功能"解释生活中的现象。

3. 落实活动准备

(1) 教师:每个学习小组准备 1 个瓦楞纸箱、2 组木条、活动 PPT 课件。

(2) 学生:1 个含有三角形的物品。

4. 实施探究活动

（1）真实情境，提出问题，初步感知"结构决定功能"。
①谈话引入，调动经验。

师：同学们，你们平时拿过快递吗？
生：拿过。
师：你们知道吗？2022年四川省快递业务量累计完成28.69亿件（图片）。每天都有大量的快递在运输和包装。你瞧！这些快递大部分都是用什么包装的？
生：它们用纸箱包装。
师：想一想，为什么大部分的快递都用纸箱来包装？
生：这样的箱子不容易变形、很轻便、方便搬运……
师：小小的纸箱真的有这么多作用吗？我们一起来探究。

【活动意图】先通过谈话调动学生的生活经验，接着呈现快递包装图片，引导学生发现大部分的快递都用纸箱包装，提出问题"为什么大部分的快递都用纸箱来包装？"该环节基于真实生活问题"快递箱"展开，贴合学生生活实际，有利于打通知识与生活经验之间的联系。

②亲身体验，提出问题。

教师提出活动建议：掂一掂、挤一挤、压一压……
学生小组内探究。
师：谁来说一说你探究的方法和你的感受？
生1：我压一压快递纸箱，发现它不容易变形。
生2：我挤一挤快递纸箱，发现它很牢固。
师：你们真会探究。老师这里有一个和快递箱形状、大小都一样，并且都是用三层纸制作的箱子，它有没有这样的特点？
生：有/没有。
师：我们来验证一下。我们不妨大胆一点儿，直接上去踩一踩。
师：有什么发现？
生：左边的纸箱一踩就坏，右边的纸箱没有踩坏。
师：看到这样的现象，你有什么想问的？
生：为什么我们的纸箱踩不坏，老师的纸箱一踩就坏。
师：大胆猜测一下，这可能和纸箱的什么有关系？
生：可能和纸箱的材料有关系；可能和纸箱的结构有关系。
师：让我们剪开纸箱一探究竟。老师的纸箱剪开是这样的，你们的呢？
生：老师的纸箱就是3层平平的纸贴在一起，我们的纸箱里有这样形状的纸。
师：这样形状的纸叫作瓦楞纸，同学们手里拿的纸箱就是瓦楞纸箱。
师：原来纸箱受到纸的结构的影响。从数学的角度观察瓦楞纸，你看到了什么图形？

生：三角形。

师：看来正是因为瓦楞纸里面有三角形结构，所以瓦楞纸箱不容易踩坏。探究到这里，你有什么想追问的？

生：为什么三角形结构不容易坏？为什么三角形结构有这样的作用？其他图形可以吗？

师：看来你们都想了解一下三角形背后的奥秘。那四边形具有这样的奥秘吗？让我们带着这些问题，走进图形的世界一探究竟。

【活动意图】为使学生以一种积极的心态调动知识经验、认识新问题、构建新的知识经验，基于"为什么大部分的快递都用快递纸箱来包装"引发学生提出猜想，通过观察操作（看、掂、压、挤）、初步验证猜想、对比观察（踩一踩两个纸箱，感受快递纸箱更多的特征）、借助工具探究（剪开纸箱），进而发现两个纸箱里纸的结构不同，从生活中的快递箱（宏观角度）到快递纸盒里面纸的材料（瓦楞纸）到瓦楞纸的结构（三角形），一步一步聚焦到图形，引发学生追问"为什么三角形结构不容易坏""其他图形可以吗"，激发学生探究三角形和四边形特性的兴趣。

（2）学科本位，实验探究，深入感知"结构决定功能"。

①多样活动，明确特性。

拼一拼：用1号学具袋的学具拼一个三角形和一个四边形。

做一做：拉一拉、压一压这两个图形，你有什么发现？

说一说：组内交流你的感受。

师：谁来分享一下你拼的图形，并说说你的发现？

几名学生上台贴三角形和四边形。

生1：三角形是拉不动、压不动的，四边形是拉得动的，一拉一压就变形。

生2：我拼的三角形和台上的一样，但四边形不一样。

生3：我认为他们的三角形是一样的，因为都是用这三条小棒拼成的。

生4：三角形都是一样的，只是位置不一样。

师：你能想办法验证三角形大小一样吗？

生1上台转动三角形，让三角形指向的方位相同。

生2将三角形重叠比较。

师：三条边确定了，三角形的形状只有一种。那四边形呢？

生：四边形形状不同，拉得动。

师：同样的四根小棒，拼出来的四边形形状有很多种。

【活动意图】三角形、四边形特性的研究，就是立足数学学科本位开展的数学活动探究。学生借助小木条，拼成三角形和四边形，在拼一拼、拉一拉、压一压的活动中，发现三角形拉不动、四边形拉得动，初步感知三角形具有稳定性、四边形具有易变性。在学生作品的对比观察中，初步感知三边一样，拼出的三角形只有一种，形状、大小都一样；四边形有很多种，形状、大小可能不一样。操作活动为学生理解"图形的结构决定图形的功能"提供了直观感知，积累了丰富的活动经验。

②深入探究，凸显本质。

师：探究到这里，你有什么想追问的？

生：同样的小棒拼三角形、四边形，为什么三角形形状只有一种，四边形形状有很多种？

师：大家想研究这个问题：为什么三角形形状"始终如一"，四边形形状"变化莫测"？

学生独立思考，组内交流。

生：三角形三条边没有变，角也没有变，形状就不变；四边形四条边虽然没有变，但是一拉角就变了，形状也就变了。

师：同学们发现了影响图形特性的关键因素：边和角。三角形的三条边确定了，它的形状、大小也就确定了，我们说三角形具有稳定性；而四边形不确定，我们说四边形具有易变性。

师：三角形有3条边，四边形有4条边，它们结构不同，功能也就不同，这就是图形的结构决定图形的功能。

【活动意图】学源于思，思源于疑。学生在操作活动中发现：三角形形状唯一确定，四边形形状却多变，从而产生探究现象背后本质的动力。学生从边和角的角度探究三角形和四边形的特性，发现三角形边不变、角不变、形不变，三角形具有稳定性；四边形边不变、角变，形变，四边形具有易变性。两个图形分开观察，发现各自的特性。两个图形对比观察，发现特性不同的根本原因在于边的数量不同。三角形和四边形的结构不同，功能也就不同，也就是三角形和四边形的结构决定功能。学生在动手操作、独立思考、生疑追问、讨论交流等层层深入的探究活动中，由表及里地厘清了三角形和四边形特性的数学本质，理解了"图形的结构决定图形的功能"，深入感知了跨学科概念"结构决定功能"在数学学科中的具体表现。

（3）学科联结，建构思维，形成跨学科概念。

师：学习到这里，你对于"瓦楞纸箱不容易坏"有没有新的想法？

生：瓦楞纸里面有三角形结构，三角形的结构具有支撑稳定的作用。

师：我们从科学的角度认识到，瓦楞纸中三角形的结构决定了瓦楞纸牢固的功能。

师：美术绘画中也藏着类似的秘密。这是拉斐尔和达·芬奇的画，有什么感受？

生：看起来很美观。

师：为什么会有这样的感受呢？我们跟随视频去看看吧。

生：绘画中的三角形结构，给人一种安定、沉稳、平和、均衡又不失灵动的感受。

师：我们又从美术的角度认识到，绘画中三角形的结构决定了绘画安定、沉稳的功能。学到这里，同学们想追问什么？

生：其他学科也有三角形的结构决定功能的例子吗？

生：体育学科中，平板支撑时，双手手肘和脚形成三角形，保证了身体平衡。

……

师：同学们，你们有什么新的发现？

生：在不同学科中，三角形的结构决定了不同的功能。

【活动意图】学生在学习了三角形具有稳定性，深入感知"图形的结构决定图形的功能"后，回顾瓦楞纸箱问题时，发现瓦楞纸中三角形结构决定了其牢固的功能，使用"结构决定功能"这一跨学科概念，实现了数学学科到科学学科的跨界。教师出示美术绘画情境，学生体会到绘画中的三角形结构决定了安定、沉稳的审美功能，实现了数学学科到美术学科的跨界。学生在列举其他学科中三角形结构决定功能的过程中，"结构决定功能"这一跨学科概念得到了充分验证，学生形成了"结构决定功能"意识，建构了跨学科概念思维。

（4）回归生活，迁移运用，以跨学科概念观察世界。

师：同学们从生活带来了许多三角形结构的物品，请和小组成员交流。

活动要求：物品是什么？三角形在哪里？有什么功能？

生1：我带来的是衣架，它的形状就是一个三角形，它能支撑衣服、承重。

生2：我带来的是平板支架，这里有一个三角形，它能够支撑住平板。

生3：我带来的是一个相框，这里有一个三角形，它能够支撑住相框。

……

师：生活中其他物品或现象，你还见到过三角形结构吗？四边形结构呢？你在哪些地方见到过？有什么功能？

生1：升降机底座用到了四边形，伸缩能调整高度。

生2：学校大门用到四边形，伸缩能调整宽度。

师：四边形的结构起到灵活伸缩的功能。看来，三角形、四边形结构不同，功能也不同。

【活动意图】跨学科主题学习活动从生活情境中来，又回到生活情境中去，形成了"问—思—探—用"的学习闭环。学生带着学科联结中形成的跨学科概念，观察、分析自己带来的物品和生活中的现象，发现含有三角形和四边形的物品功能各不相同，进一步强化了"结构决定功能"的意识。同时，研究视角从学科到生活，学生学习视角逐渐从学科学习到生活应用。

师：我们的学习和生活中，还有"结构能决定功能"的例子吗？

学生自由发言。

师：我们跟着视频一起看看吧。

师：学习完视频，你有什么发现？

生：数学算式的结构决定算式的功能。语文文章结构不同，功能不同。飞机、轮船、书包的结构决定了其功能。

【活动意图】学生通过交流补充和视频学习，发现"结构决定功能"概念有广泛的运用，既有学科内部不同领域的，如从图形的结构影响其功能到发现算式的结构也会影响其功能，从"图形与几何"领域到"数与代数"领域，打破学科内部知识之间的壁垒；也有不同学科之间的，如发现语文文章中有总—分—总、总—分的结构具备不同的功能，打破学科与学科之间的壁垒；还有学科与生活之间的，带着结构与功能的眼光去发现飞机、轮船、书包等物品，打通学科与真实世界的联系，打破学习和生活之间的壁垒。

师：同学们，回顾一下今天我们是怎样学习的？你有什么收获？

生1：我们从研究快递箱提出问题，研究了三角形和四边形的功能及原因，在其他学科中应用三角形结构和四边形结构，最后我们回到生活中继续研究。

生2：以前我们观察物品，只知道它们的名称。学习图形的认识后，会用数学的眼光去观察，知道它们的形状。通过今天的学习，我们还能从结构与功能的角度思考，三角形结构具有稳定功能，四边形结构具有伸缩功能。

生3：生活中很多物品的结构决定其功能。

……

【活动意图】总结反思是促进学生思维发展的有效方式。聚焦跨学科概念的融通式教学的总结反思主要包括学习路径和意识形成两个方面。学习路径反思，既是本节课学习内容的回顾，也是融通式教学模式的提炼感悟。意识形成反思，聚焦本课目标达成情况，通过学生使用自己的语言描述对"结构决定功能"的认识，了解学生的学习掌握情况，为调整学习目标、设计后续学习活动积累素材。

（三）主题学习的评价反思

评价反思是学习活动的重要环节，恰当的评价反思对学生达成学习目标、掌握学习方法起着重要作用。融通式跨学科主题学习的评价反思，以促进学生发展为原则，以优化活动设计为目的，以课堂观察、问卷调查、作品展示、梳理交流等方式为抓手，在课时学习中、课时学习后以及主题单元学习后实施运用。在学习"图形的奥秘"主题单元时，评价反思活动发生在3个课时的学习过程中、课时学习后，以及主题单元学习结束后，学生在参与具有共性又逐层深入的多样态评价反思活动中，跨学科大概念意识得以发展，学习能力得以提升。

1. 课时评价反思指向学习目标达成

（1）课堂观察，定性了解，动态调整。

课堂观察是教师了解学生学习情况的重要途径。课堂观察包括学生课堂学习精神状态、学生参与课堂的积极程度、问答问题的质量等。教师可根据课堂观察情况，适当调整教学环节或教学方式，进而更好地达成教学目标。

学生课堂学习精神状态好，课堂参与积极性高，表明探究活动符合学生的学习心理和学习能力，活动目标达成度高。反之，教师则应思考学生状态不佳的原因，并及时调整教学策略，以提升活动目标达成度。例如，在第二课时探究"人体结构是如何保护大脑的"这一真实问题时，由于学生缺乏相关知识经验，课堂参与积极性很低，个别学生答非所问。教师在课堂上用微课展示相应内容，学生通过视频学习了解相关原理后，在第二次教学时，老师布置了查阅"人体结构是如何保护大脑的"的课前预习作业，课堂就成了学生分享的平台,学生从被动学习变为主动学习,使其对人体结构保护大脑的原理理解更深入。

(2)作品展示,整体呈现,综合反馈。

探究学习活动的重要环节是运用跨学科大概念解释现象或完成作品。过程中,不仅需要学生综合使用多方面的知识和能力,还需要学生具有挑战困难的学习态度。通过现象解释及作品展示分享,能全面了解学生课时活动目标的达成情况,进而确定、优化下一课时的活动目标和活动内容。例如,第二课时中有一个探究活动是小组内分享自己所带物品和实例物品的结构是如何决定其功能的。大部分学生能准确地说出物品结构与功能的关系,这表明学生已经形成了"结构决定功能"的跨学科大概念,会用这样的眼光观察、分析、解释现象。为此,在第三课时活动设计时,核心探究问题是"根据人们的职业或场景的需求设计出不同功能的帽子"。该问题对于四年级的学生来说有一定难度,由于学生在第二课时掌握了相关知识,积累了活动经验,大部分学生能根据帽子的功能选择适当的结构和材料,并在同伴的共同努力下,制作出外型美观、功能各异的帽子(图7-10、图7-11)。学生的核心素养、综合能力在实践、分享过程中得以提升。

图7-10 作品"美丽的帽子"　　图7-11 外形美观、功能各异的帽子

2. 单元评价反思促进学习结构化

(1)问卷调查,个体反思,建构学习联结。

聚焦跨学科概念的融通式教学旨在培养学生高阶的跨学科概念意识。意识可以通过观察、访谈了解形成定性认识,但难以进行定量刻画。问卷调查是定量研究主题单元活动目标达成率的有效途径,是促进学生自我反思、联结学习内容、初步形成学习结构的重要方式。"图形的奥秘"主题单元学习结束后,教师设计了4个问题对学校四年级1班、2班80名学生进行了问卷调查。第1题要求学生试着解释:"为什么大部分的快递都用纸箱来包装?""人体结构是怎样保护大脑的?"该题需要学生运用跨学科概念"结构决定功能"解释生活现象。第2题继续追问:"上述两个问题的共同点是什么?"促使学生探寻现象背后的本质。第3题为:"如果请你用牙签制作一个桥梁,你会使用什么结构?为什么?"要求学生迁移运用"三角形具有稳定性"解决生活问题。前三个问题帮助学生在解释、归纳、迁移运用的过程中,开展自我学习评价,形成单元学习内容联结。第4题为:"'图形的奥秘'主题单元的学习内容有趣吗?你觉得最有趣的是什么?"

该题是描述性的开放问题，借以了解学生的知识技能、情感态度、活动经验等方面的学习收获。在回答情况上，第 1 题有 95% 的学生能解释，且有 85% 的学生能准确解释；第 2 题有 90% 的学生能够归纳；第 3 题有 95% 的学生能够迁移应用。从统计数据来看，学校大部分学生对主题单元内容掌握良好。

（2）梳理比较，群体交流，形成学习结构。

问卷调查后，教师和学生从知识结构和活动结构两个方面对三节课进行了梳理。学生在梳理对比的过程中，发现三节课的活动设计和学习路径呈现一定程度的结构化。在活动设计上，学生梳理出 3 个课时主要活动内容（表 7-8）。从表中可以看出，在主题单元核心问题"究竟是什么影响物体的功能"的引领下，每个课时从真实情境出发，设计课时核心问题，从各学科间、生活各方面、实践应用三个维度发展学生对跨学科大概念"结构与功能"的认识。学生在梳理、交流等评价反思活动中，对"跨学科概念"活动设计的四个环节（真实情境—核心问题—概念跨界—迁移运用）有了进一步了解，对活动内容结构化有了进一步认识。学生积累了活动内容结构化的经验后，产生了"学习中还有什么内容是差不多的呢"这一疑问。于是，在教师的引导下，学生又将 3 个课时主要活动开展方式进行了梳理（表 7-9）。通过交流，学生发现三节课学习的方式非常类似，都是在真实情境中，通过观察与思考，初步得到解决问题的假设与方案；在具体的操作中验证猜想；在综合应用知识解决问题和作品展示交流过程中，体会跨学科概念的运用。学生在评价反思中，逐渐清晰了"跨学科学习活动"的学习路径，为后续探究学习奠定了基础。

表 7-8 3 个课时主要活动内容

课题名称	真实情境	核心问题	大概念眼光
"神奇的三角形"	为什么大部分的快递都用纸箱来包装？	为什么这样的结构能承重？	美术、科学等学科，三角形的结构决定功能
"欣赏与设计1"	人体结构是如何保护大脑的？	究竟是什么影响物体的功能？	植物种子传播方法、太空车设计等
"欣赏与设计2"	你能根据人们的职业或场景的需求设计出不同功能的帽子？	生活中的帽子有什么功能？	通过军帽、安全帽、护士帽、防晒帽等的需求，明确功能

表 7-9 3 个课时主要活动开展方式

课题名称	观察与思考	操作与验证	应用与展示
"神奇的三角形"	纸箱特征和截面特征	三角形和四边形的特性	其他学科及生活中的应用
"欣赏与设计1"	前课学习内容	所带物品验证结构与功能的关系	欣赏实例
"欣赏与设计2"	帽子的材料与结构	设计并制作帽子	展示交流帽子作品

通过梳理比较、群体交流的反思活动，学生对学习的知识和过程都有了更加结构化的认识。《2022年版数学课标》强调要注重教学内容的结构化，本次跨学科主题学习活动正是对此的回应。通过建立以主题为核心的知识结构和过程结构，并反过来对其进行反思，帮助学生形成自身的学习结构，从而促进学生学会用整体、联系的眼光看待问题，形成科学的思维习惯，发展学生核心素养。

二、基于问题驱动的跨学科项目式学习实践教学案例"自然灾害防御小卫士"

基于问题驱动的跨学科项目式学习模式是以"大概念层级体系"和"问题驱动"为核心的跨学科主题学习新模式。大概念层级体系自下而上依次是基础概念群、学科大概念、跨学科大概念和哲学大观念，层级越往上，概念越抽象，理论化程度越高。问题驱动包括问题链及其任务串，它们不仅推动了项目式学习的实施、促进了课堂的深度学习，更重要的是各级大概念正是通过它们的具体运作得以真正落实。具体的问题链、任务串关联概念群。贯穿于项目化学习始终，最具体的子概念群位于大概念层级体系的最下端，它由最抽象和最具一般性的哲学大观念逐级分化而来。下面以"自然灾害防御小卫士"项目式学习为例来阐释该模式的应用。

（一）"自然灾害防御小卫士"设计理念

自然灾害防御涉及人与自然的和谐共处。如果将自然灾害看作大自然的不稳定状态，那么防御灾害就是思考如何维持大自然的稳态。从哲学层面来辩证思考，提炼出"认识运动，把握规律"作为反映这个主题的最抽象、最一般化的哲学大观点，并进一步确定了跨学科大概念——"稳定与变化"。在研读各学科课程标准的基础上，发现信息技术的"数据"、科学的"动态平衡"、数学的"数据意识"和"函数思想"、语文的"构建实用性阅读与交流经验"等学科大概念都反映了"稳定与变化"观念。学科大概念是跨学科大概念在相关学科中的具体表现，由此可提炼出跨学科大概念"稳定与变化"统领的各学科大概念"数据意识""动态平衡""信息意识"和"语言运用"。概念群是在整合跨学科大概念和学科大概念之后而形成的，既具备跨学科特点，又展现各学科的内部逻辑。根据"稳定与变化"的内部发生规律，将其拆分为三个核心概念，即"发现稳定中的变化""发现变化的内在规律"和"实现动态平衡"。结合各学科特点，再将概念群分别设置为"检索和处理信息：发现稳定中的变化""表示与分析数据：发现变化的内在规律"和"观测新变化带来的新稳定：实现动态平衡"，由此完成了自上而下的大概念层级体系构建。

"自然灾害防御小卫士"项目式学习的整体框架如图7-12所示。"自然灾害防御小卫士"项目式学习，一是以跨学科大概念整合各科知识；二是以学生实践性参与展开项目式学习，即以问题链驱动和任务串落实具体学习任务。问题链和任务串旨在引导学生参与问题解决，并通过"做"的活动达成跨学科项目式学习的目的。各课时的子概念是各学科大概念的具体表现，它们贯穿项目式学习的始终。概念群上承大概念层级体系，下接具体的问题链及任务串，是跨学科大概念具体落实到各子项目的联结纽带。对于本主题学习，依据各学科各课时的子概念，将问题链设置为："什么是自然灾害？""自然灾害怎么产生？""如何预防自然灾害？"每个问题又对应一个任务串，具体指涉"查阅资料，分享汇报""成因分析，论证说明"和"设计制作，成果展示"。总之，"自然灾害防御小卫士"项目式学习以问题驱动学生持续思考、自主探究和合作交流，追求对知识本质的深刻理解和学习过程的高度渗透，旨在培养学生面对真实性问题情境应用知识、技能、思想、方法的综合能力，有利于学生形成积极的人生态度和正确的价值观，发展终身学习必备的核心素养。

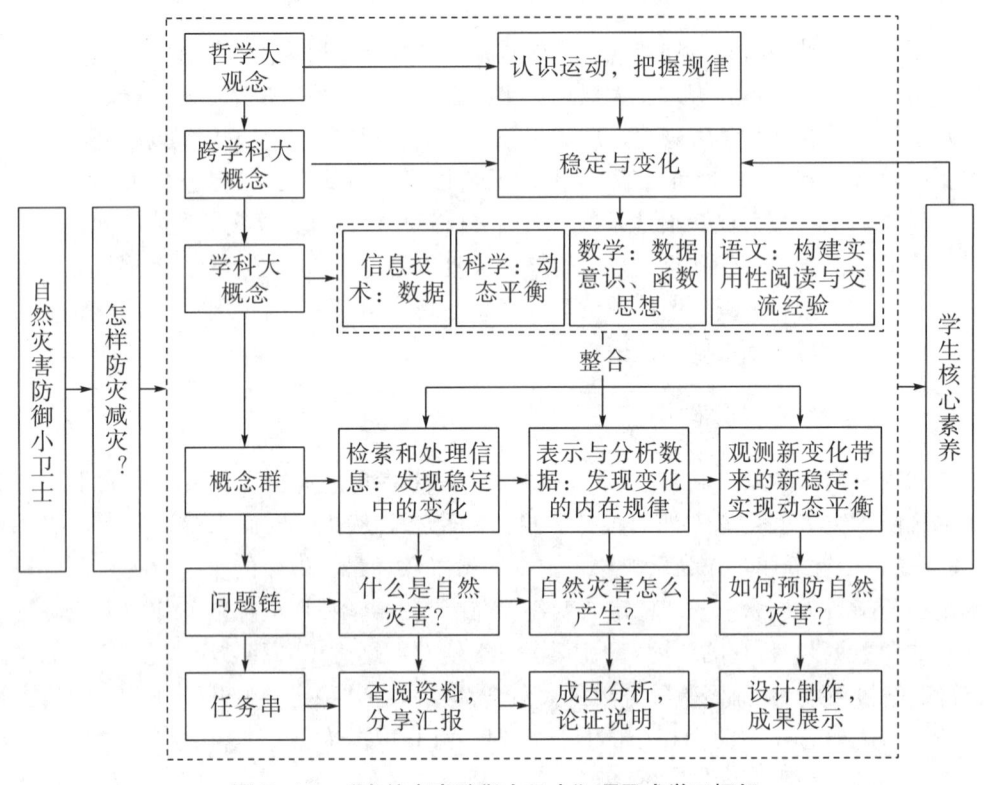

图 7-12 "自然灾害防御小卫士"项目式学习框架

（二）"自然灾害防御小卫士"驱动性问题设计

"自然灾害防御小卫士"项目式学习在小学六年级实施，涉及科学、数学、信息科技、语文等学科。它以人类防御自然灾害为真实问题情境，以"稳定与变化"为可迁移的核心大概念，让学生了解现实世界中存在很多的自然灾害，探究这些灾害产生的原因并尝试寻找防灾减灾的办法，从而促进人类社会的可持续性发展。驱动性问题的设置是"自然灾害防御小卫士"项目式学习设计的关键。驱动性问题必须基于真实情境中的真实问题产生。自然灾害是自然界中的异常现象。近几十年来，自然灾害的发生愈加频繁，其对人类生存的威胁也在不断加剧。人类在开发和利用自然资源的同时，也面临着各种自然灾害的威胁。因此，在项目式学习之初为学生呈现如表 7-10 所示材料，力图让学生感受人类与自然之间相依相存的关系，引发学生保护自然、预防自然灾害的意识和进一步学习防御灾害知识的动机。由于人类活动对自然环境造成的破坏效应往往以各种灾害的形式表现出来，因而需要客观认识自然灾害，并积极寻求应对办法。基于这些真实的自然灾害情境，提出"自然灾害防御小卫士"驱动性问题："我们应采取哪些措施防御自然灾害？"

表 7－10 《自然灾害防御小卫士》引导性材料

引导性材料	呈现方式
2023 年 3—4 月，我国频繁爆发沙尘暴，并且威力以及规模都堪称巨大……	
2023 年 7 月 29 日起，京津冀三省市部分地区遭遇了极端强降雨，海河发生流域性洪水……	
2023 年 8 月 1 日，美国加利福尼亚州和内华达州的超级大火"约克"形成"火龙卷"，持续高温干燥天气导致美国 9 个州 64 处起火……	
2008 年 5 月，我国发生 5.12 汶川大地震，8.0 级地震造成 69227 人遇难，17923 人失踪，373643 人不同程度受伤，直接经济损失 8451.4 亿元。地震波及大半个中国以及亚洲多个国家和地区。	
驱动性问题：我们应采取哪些措施防御自然灾害？	

（三）"自然灾害防御小卫士"学习目标

（1）基于真实性问题解决，自主查阅书本资料、数字资源，了解常见的自然灾害及其影响，掌握获取信息、整合信息、辨别信息的方法和判断力。

（2）探究自然灾害成因，培养数据意识和循证意识，能举例论证人类不合理的开发活动对环境的影响；能从发展观和辩证观看待人与自然的关系，养成探究习惯和研究意识，培养实事求是、坚持不懈探究真相的科学精神。

（3）能提出防灾减灾的建议，培养环保意识，树立防灾减灾的意识和责任感。

（4）能参与小组合作，综合运用文字、图表、视频等多种形式展示成果，清楚地表达观点、呈现信息，具有良好的交流与表达能力。

（四）"自然灾害防御小卫士"项目实施

"自然灾害防御小卫士"围绕问题链具体分为"认识自然灾害""分析自然灾害"和"防御自然灾害"三个子项目实施。每个课时均按照概念群、学习目标、教学评价和教学过程的框架实施，其中教学过程围绕任务串和问题链两方面进行设计。

1. 项目实施概述

基于问题驱动的跨学科项目式学习模式以"大概念层级体系"和"问题驱动"为核心。在大概念层级体系中，概念群上承学科大概念，下接各学科各课时内具体的学习任务，因而其是具体项目活动中细化落实大概念的关键。问题链是驱动学生参与实践性学习、推动项目式顺利开展、实现跨学科主题学习的动力和主线，对跨学科项目式学习的质量起着至关重要的作用。因此，以下重点说明概念群和问题链的设计。

（1）子项目的概念群设计。

子项目概念群具体到各个课时，就细化为课时概念群。整个项目的概念群就由这些具有层级关系、与具体问题和子任务关联的子概念组成。具体而言，子项目（一）"认识自然灾害"旨在让学生弄清自然界的不稳定状态，解决"什么是自然灾害"这一问题。学生需要查阅资料，整理信息进行汇报。因此，本课时涉及"系统时刻变化""变化之中存在相对稳定状态"和"信息意识和表达与交流"三个课时概念群，分别对应科学、信息技术和语文。子项目（二）"分析自然灾害"旨在让学生弄清自然灾害产生的原因，发现变化背后存在的规律。学生需通过分析数据进而形成调查报告。因此，本子项目涉及科学、信息技术、数学和语文的核心概念，构成课时概念群。子项目（三）"防御自然灾害"是在分析自然灾害成因的基础上寻找自然灾害的预防办法，感悟实现动态平衡的条件。因此，本子项目的概念群由科学、信息技术和语文等的核心概念构成，各课时的概念群具体见表7—11。

表7—11 概念群设计表

课时	子项目概念群	课时概念群
子项目（一）认识自然灾害	检索和处理信息：发现稳定中的变化	①系统时刻变化 ②变化之中存在相对稳定状态 ③信息意识和表达与交流

续表

课时	子项目概念群	课时概念群
子项目（二）分析自然灾害	表示与分析数据：发现变化的内在规律	①变化的幅度在一定的范围内，则是相对稳定的，超出这一范围就是不稳定 ②很多情况下，科学规律的发现是通过实验获得大量数据，对数据进行处理，可以获得某种规律 ③数据意识、应用意识 ④表达与交流
子项目（三）防御自然灾害	预测新变化带来的新稳定：实现动态平衡	①预测新变化带来新稳定，实现动态平衡 ②可持续发展 ③语言运用

（2）问题链设计。

问题链是项目式学习的动力机制。问题链的最上端是整个项目式学习的驱动性问题，即"我们应采取哪些措施预防自然灾害"。结合各子项目的学习任务和学习目标，根据驱动性问题设计问题链的主问题，三个子项目分别对应"什么是自然灾害""自然灾害怎么产生"和"如何预防自然灾害"接着，基于具体课时的教学实际、问题链逻辑以及大概念层级体系设计子项目的子问题链，具体见表7-12。

表7-12 问题设计表

驱动性问题	主问题	子问题链
我们应采取哪些措施防御自然灾害？	什么是自然灾害？	①你知道哪些自然灾害？ ②你或身边人遇到过自然灾害吗？ ③通过查阅资料，你了解到我国常见的自然灾害有哪些？ ④"自然灾害知多少"，你愿意和大家分享你的学习成果吗？
	自然灾害怎么产生？	①你知道自然灾害是怎么形成的吗？ ②你能用数据分析自然灾害形成的原因吗？你知道百分数在这里表示什么意思吗？ ③你能根据数据进行判断或预测吗？ ④你和同伴能尝试用研究报告的形式展示你们的探究结果吗？
我们应采取哪些措施防御自然灾害？	如何预防自然灾害？	①你觉得通过改变不合理的人类活动，能预防自然灾害吗？ ②你能举例说明吗？ ③你为保护环境、预防自然灾害做过哪些努力？ ④关于预防自然灾害，你想提出哪些建议？ ⑤你愿意和小组成员一起制作一份"防灾减灾手册"，并在全班展示交流吗？

2. 子项目（一）：认识自然灾害

子项目（一）旨在解决"什么是自然灾害"的问题，引导学生理解"稳定中的变化"，具体教学设计如下。

(1) 学习目标。

①主动应用信息科技获取、筛选、分析信息,了解常见的自然灾害及其影响。

②知道稳定与变化展示了自然界一切事物的演变历程,理解变化中存在相对稳定的状态。

③能借助思维导图等工具,有层次、有逻辑地整理信息,并将自己的发现与同伴进行分享、交流。

(2) 教学评价。

基于 UbD 逆向设计理念,在各课时设计时先确定上述学习目标及其对应的评价表(表 7-13),再根据子问题设计学生活动。

表 7-13　子项目(一)教学评价表

评价内容	评价指标	等级
收集信息	能够针对"什么是自然灾害"的问题,主动应用信息科技获取、筛选、分析信息,信息具有可靠性和时效性	自评:☆☆☆ 组评:☆☆☆ 师评:☆☆☆
整理信息	能借助思维导图等工具,有层次、有逻辑地整理信息	自评:☆☆☆ 组评:☆☆☆ 师评:☆☆☆
汇报展示	小组成员共同汇报,解说详细认真,表述完整清晰	自评:☆☆☆ 组评:☆☆☆ 师评:☆☆☆

(3) 教学过程。

围绕"什么是自然灾害"这一主问题设计了四个子问题,子问题之间相互关联、层层深入,由每个子问题驱动任务串(表 7-14)。子问题 1 引导学生分享交流"你知道哪些自然灾害",绝大部分学生能说出几个自己知道的自然灾害,以此激发学习兴趣。子问题 2 追问,让学生说一说身边的自然灾害,使他们切实感受到自然灾害给个人和社会带来的影响,树立保护环境、防灾减灾的意识和责任感。子问题 3 引导学生应用信息技术获取、筛选、分析信息,提升学生信息收集与分析处理能力。子问题 4 "自然灾害知多少"调动学生运用工具整理数据、呈现调查分析结果并进行交流分享。4 个子问题引导学生解答"什么是自然灾害"这一主问题。在问题解决的过程中,自主学习、运用信息技术等手段收集信息资料、分析数据、表达数据,培养了学生的数据意识等核心素养。子项目(一)的学习引导学生逐渐认识到"稳定与变化"是自然界一切事物的演变历程,系统虽然处于相对稳定的状态,但稳定之中存在变化,要学会辩证地思考问题。

表 7-14　子项目(一)教学过程

问题序列	问题内容	学生任务
主问题	什么是自然灾害?	自主学习新概念。应用信息科技获取、筛选、分析信息,了解常见的自然灾害及其影响,整理信息并分享交流

续表

问题序列	问题内容	学生任务
子问题1	你知道哪些自然灾害？	自由交流，说一说自己知道的自然灾害
子问题2	你或身边人遇到过自然灾害吗？	主动联系生活，感受身边的自然灾害
子问题3	通过查阅资料，你了解到我国常见的自然灾害有哪些？	查找资料，获得更全面、准确、及时的信息，了解我国常见的自然灾害
子问题4	"自然灾害知多少"，你愿意和大家分享你的学习成果吗？	借助思维导图等工具有层次、有逻辑地整理信息，并将自己的学习成果与同伴分享交流，从而使大家更全面地认识自然灾害

3. 子项目（二）：分析自然灾害

子项目（二）旨在解决"自然灾害怎么产生"这一核心问题，引导学生通过观测变化数据，发现变化背后的规律，解释自然灾害产生的深层原因。

（1）学习目标。

①培养数据意识和循证意识，感悟数据蕴含的信息、认识现代生活中数据应用的意义；能应用统计图表和百分数解决问题，发展模型意识和应用意识。

②从变化中寻找规律，探究自然灾害成因，认识人类与自然界的依存关系。

③会整理资料、分析数据、形成研究报告，说明人类不合理的开发活动对环境的影响，与同伴分享研究成果。

④感受科学家严谨的工作态度和不断探究真相的科学精神，培养实事求是、严谨认真的探究精神。

（2）教学评价。

子项目（二）教学评价具体见表7-15。

表7-15 子项目（二）教学评价表

评价内容	评价指标	等级
探究成因	积极参与活动，通过多种方法探究自然灾害的形成原因	自评：☆☆☆ 组评：☆☆☆ 师评：☆☆☆
数据意识	会解释统计图表的意义，并做出简单的判断和预测。能在真实情境中理解百分数的统计意义，了解随机现象发生的可能性。会用数据说话，初步形成数据意识	自评：☆☆☆ 组评：☆☆☆ 师评：☆☆☆
研究报告	能用研究报告呈现"自然灾害怎么产生"的研究过程与结果。报告内容全面，结论清晰	自评：☆☆☆ 组评：☆☆☆ 师评：☆☆☆

续表

评价内容	评价指标	等级
情感态度	感受科学家严谨的工作态度和不断探究真相的科学精神	自评：☆☆☆ 组评：☆☆☆ 师评：☆☆☆

（3）教学过程。

"自然灾害怎么产生"是子项目（二）的核心问题，围绕这一主问题从三个学科视角的融合设计4个子问题组织教学（表7-16）。第一，科学视角。子问题1鼓励学生运用已有的知识经验来解释自然灾害形成的原因，让学生在交流和争论中逐渐认识到仅凭经验是难以说服他人的。而且，基于经验的解释往往是片面、缺乏依据和不准确的。教师再引导学生用数据客观分析自然灾害形成的原因，探究变化的内在规律。第二，数学视角。通过子问题2和子问题3的连续追问，引导学生用数学的眼光观察现实世界，从"自然灾害"这一现实世界的客观现象中发现数量关系，理解自然现象背后的数学原理；用数学的思维思考现实世界，探究自然现象所蕴含的数学规律，培养重论据、有条理、合乎逻辑的思维品质；用数学的语言表达现实世界，通过数学的语言简约、精准地描述自然灾害中的数量关系，形成数学的表达与交流能力，发展应用意识与实践能力。第三，语文视角。鼓励学生梳理研究资料，尝试写简单的研究报告，进行分享交流。通过本节课的学习，学生探究了自然灾害形成的原因，发现了变化中的内在规律，这也为下一节课学生提出合理且可行的防灾减灾建议做好了铺垫。

表7-16　子项目（二）教学过程

问题序列	问题内容	学生活动
主问题	自然灾害怎么产生？	探究自然灾害成因，用数据说话，形成研究报告
子问题1	你知道自然灾害是怎么形成的吗？	根据已有知识经验，说一说自己的想法
子问题2	你能用数据分析自然灾害形成的原因吗？你知道百分数在这里表示的是什么意思吗？	收集数据，分析数据蕴含的信息，用数据说话。在真实情境中理解百分数的统计意义，了解随机现象发生的可能性。认识并理解函数图表示的意义
子问题3	你能根据数据进行判断或预测吗？	解读统计图表，并做出简单的判断和预测
子问题4	你和同伴能尝试用研究报告的形式展示你们的探究结果吗？	小组合作，尝试根据研究资料写简单的研究报告

4. 子项目（三）：防御自然灾害

本子项目旨在解决"如何预防自然灾害"，让学生制作预防自然灾害的手册，理解稳定与变化间的动态平衡关系，会预测新变化，逐步理解变化最终走向稳定的内在规律。

(1) 学习目标。

①认识到调整人类不合理的生产和生活方式可减少对地球环境的影响，树立环保意识。

②提出防灾减灾的建议，制作"防灾减灾手册"，参与保护环境的行动，培养保护环境、防灾减灾的责任感。

③综合运用文字、图表、视频等形式展示成果，清晰表达观点、分析证据、论述发现和措施，培养思维的逻辑性和条理性，提高解决问题的综合能力。

(2) 教学评价。

子项目（三）教学评价具体见表7－17。

表7－17 子项目（三）教学评价表

评价内容	评价指标	等级
方案设计	制作"防灾减灾手册"。手册中能提出防灾减灾的针对性建议，建议合理、可行。手册内容配以图文说明，手册设计美观新颖	自评：☆☆☆ 组评：☆☆☆ 师评：☆☆☆
汇报展示	汇报展示详细，语言表达清晰完整，内容陈述有条理，呈现方式新颖	自评：☆☆☆ 组评：☆☆☆ 师评：☆☆☆
评价修改	合理评价作品，根据评价调整作品，修改质量高	自评：☆☆☆ 组评：☆☆☆ 师评：☆☆☆
团队合作	团队分工合作，每个人都有明确任务。成员间配合度高，相互支持。组内沟通顺畅，每个人都能认真倾听他人想法，尊重不同意见	自评：☆☆☆ 组评：☆☆☆ 师评：☆☆☆
责任意识	热爱并尊重自然，愿意采取行动保护环境，积极参与防灾减灾活动，树立保护环境、防灾减灾的意识和责任感	自评：☆☆☆ 组评：☆☆☆ 师评：☆☆☆

(3) 教学过程。

围绕"如何预防自然灾害"这一主问题设计由5个子问题构成的子问题链，引导学生从"知""行"到"为"，见表7－18。一是"知"，即让学生认识到调整人类不合理的生产和生活方式可减少对地球环境的影响，从可持续性发展的角度认识防灾减灾；二是"行"，教师鼓励学生积极提出防灾减灾建议，通过小组合作制作"防灾减灾手册"并交流，从"知"到"行"，做到知行统一；三是"为"，即树立正确的信念和价值观。通过本项目的学习，学生不仅要逐步树立环保意识、发展人类社会命运共同体的意识及责任感，更要建立人与自然、人与社会、自我与他人关系的正确认知。在跨学科项目式学习中，充分认识到可持续发展的重要性，积极提出防灾减灾建议，以发展的眼光预测新变化带来的新稳定，以深刻的思维认识生态系统的动态平衡、人与自然的和谐共存。

表 7-18　子项目（三）教学过程

问题序列	问题内容	学生活动
主问题	如何预防自然灾害？	认识不合理的人类活动对环境造成的负面影响。提出防灾减灾的建议，制作"防灾减灾手册"。展示成果，分享交流
子问题 1	你觉得通过改变不合理的人类活动，能预防自然灾害吗？	结合上节课的学习收获，思考并回答问题
子问题 2	你能举例说明吗？	联系实际，举例说明。比如，臭氧层正在稳步恢复
子问题 3	你为保护环境、预防自然灾害做过哪些努力吗？	分享个人经历，交流经验感想
子问题 4	关于预防自然灾害，你想提出哪些建议？	提出合理且可行的防灾减灾建议
子问题 5	你愿意和小组成员一起制作一份"防灾减灾手册"，并在全班展示交流吗？	制作并完善"防灾减灾手册"，全班交流

三、跨学科主题学习"融合产生数学美"

（一）跨学科主题学习"融合产生数学美"的设计理念

人首先通过对周围世界的视觉感知来丰富认知，故发展学生思维首先需要发展其观察能力。小学一年级学生刚步入正式的数学学习，我们该如何引导它们用数学眼光观察现实世界、用数学思维思考现实世界、用数学语言表达现实世界呢？作为教师，需要给学生留足够的时间、空间去自主思考和相互交流。如何才能为学生创造足够的空间和时间让他们主动表达眼里的数学？主动表达自己的思考？在"双减"政策背景下，如何为学生搭建一个有趣的平台，让他们在玩中内化数学知识？

《2022 年版数学课标》提出了核心素养导向的课程目标、结构化的内容主题和跨学科学习等理念，要求教师改变过于注重以课时为单位的教学设计，推进单元整体教学设计，体现数学知识之间的内在逻辑关系以及学习内容与核心素养表现的关联等要求。由此，教学实施必须将培育学生的核心素养作为首要理念。学生核心素养的培育需要在真实的问题情境中进行，要让学生经历综合运用各个学科的知识、技能、方法解决真实问题的过程。基于真实的主题和问题情境，将数学学习与科学、语文、英语、戏剧、美术、音乐等其他学科融合，带动数学学习的横向贯通和数学理解的纵向加深，实现学生的深度学习和深度理解，促进学生核心素养的发展。因此，设计跨学科主题学习活动"融合产生数学美"，把数学与绘画、戏剧、音乐课程甚至更多元的个性化形式融合，引导学生学会表达对数学的理解，最终形成具有个人特质的数学表达与数学思考的课堂教学。

（二）"融合产生数学美"涉及的学科及目标分析

"融合产生数学美"以数学学科为基本学科，主要融合了戏剧、美术两门学科。让学生在跨学科主题学习中通过不同形式对数字进行创意表达，形成"数学如此有趣、数字如此美妙"的跨学科理解，培养一年级学生良好的数学学习情感和态度，为后续深入学习数学、认识数学的本质奠定基础。通过"演"数学和"画"数学的具身认知，发展数学抽象，落实数感、符号意识、应用意识和创新意识等核心素养的培养，每门学科的教学目标分别如下。

1. 数学

主要培养的核心素养包括数感、符号意识、应用意识和创新意识：①让学生在"演"数学和"画"数学的过程中经历从具体到抽象，再从抽象到具体的认知过程；②经历数的符号化过程，深度理解数的本质意义，有效发展学生的数感；③让学生感受到数学与其他学科的联系、数学与生活的联系；④体会数学学习的乐趣。

2. 戏剧

主要培养的核心素养是艺术创造与艺术想象：①在充分运用肢体特征来表现数的形态过程中，培养学生对肢体的感悟，获得具身认知的体验；②在与他人合作的过程中，学会与人交流、团队合作；③在不断修正动作的过程中，培养学生的思辨能力与创新能力。

3. 美术

主要培养的核心素养是艺术审美：①在运用美术元素画数学的过程中，学习勾线、构图、造型等技能；②在创意表达的过程中培养设计能力、观察能力及创新意识。

（三）"融合产生数学美"具体设计与实施过程

1. "演"数学——数学与戏剧融合

北师大版小学数学一年级上册第一单元"生活中的数"要求学生要了解数产生的过程（图7-13）。教师往往采取读绘本、讲故事的方式引导学生了解"数"产生的背景，但这些数学史的知识对一年级学生来说还是太过抽象，与学生的认知有较大的差距。为了更有效地帮助学生建立对"数"的亲近感，从喜欢"数"到理解"数"，设计数学与戏剧表演融合的跨学科主题学习活动——"我们眼中的数字'0~10'"，让学生试着用自己的身体创意来演绎数，创造生动可爱的"数宝宝"。学生在演绎过程中充满热情，创造出很多有意思的"数宝宝"。在收集创意数宝宝的同时，也收获了学生和爸爸妈妈之间有趣的对话："妈妈现在我要施魔法了，把自己变成蛇，就可以随便摆数字啦""妈妈我的头好大哦，影响我摆出来的数字""妈妈我的身体好神奇哦，摆出来的数字我自己还能看出来"……读着学生和爸爸妈妈之间的精彩对话，他们又向"数的符号化"迈进了一大步，感受到符号思想的力量，也激发了他们书写数字的强烈愿望。儿童的智慧在这样的表演和对话中不断滋生发芽，如学生 A 在想"4"的时候考虑坐在地上让身体呈"L"形，再加一条直线。结果没有找到合适的作为直线的道具，于是 A 放弃了自己的想法，用哥哥的想法摆出了"4"。虽然，学生 A 最终摆出的"4"是反着的，但他在摆放中经历了先尝试再调整的过程，这对于他是可贵的活动经验。

一　生活中的数

图 7-13　生活中的数

2."画"数学——数学与美术融合

学生不仅需要了解"数"的外在的形状，还需要进一步深入地理解自然数的内涵，为后续对数的认知奠定重要基础。所以，设计了与美术课融合的跨学科主题学习活动——"小小画家",用"画"来表达自己对数的理解(外形和内涵),在绘画和讨论交流的过程中引领学生从数的意义、数的表示、数的大小比较三个层面去表达自己对数的理解。例如,图 7-14 是学生 B"画"的数学,下面是教师和学生的一段对话:

教师:你的 2 为什么要画 4 个圆圈呢?

学生 B:4 个圆圈划去 2 个圆圈也表示 2!

妈妈:这两坨毛线圈是什么?

学生 B:这是两个星云!

教师:这黑乎乎的一坨又是啥?

学生 B:这是一个黑洞!

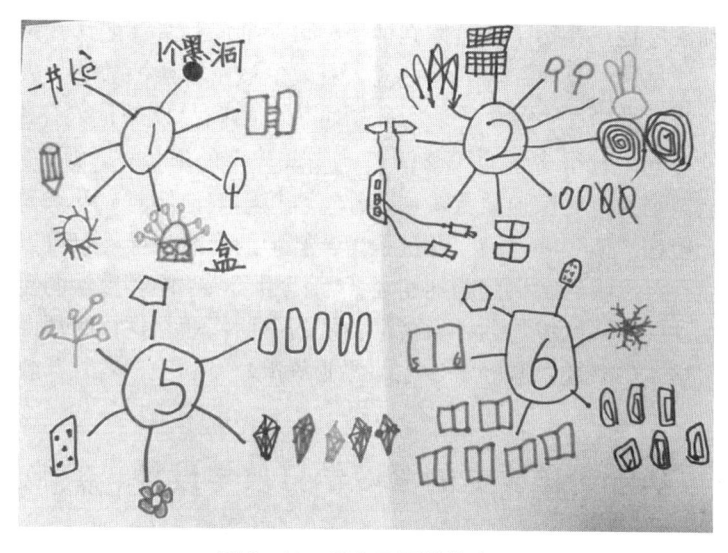

图 7-14 学生 B 画的数字图

从学生作品和这段对话中我们可以看到,"画数"能够促进学生对"数"的深刻理解。学生在"画数"的过程中学会了将抽象的数具体化,并用自己"符号语言"进行创意表达。从学生的创意表达中可以看出,学生从生活的方方面面理解数字、表达对数量意义的理解,如看得见的铅笔、看不见的黑洞、奇幻的星云等。同时,学生能多角度地理解数的意义,如从数的含义来理解,像一支铅笔、一盒糖等;还可以从数量关系来理解,如 4 个圆圈划去 2 个表示 2。学生对"数"意义的理解在用画画表示数的过程中得到不断丰富和深化。

"画"数学可以发展学生的表达能力。"画数"的过程是将抽象的知识具体化的一种方式,而具体化之后更便于学生清晰地观察和表达。例如,学生画的一盒棒棒糖,一盒里面有很多个棒棒糖,但学生想表达的是一盒这个整体,这里的"1"表示一个整体,这个想法其实蕴含了朴素的数学概念——集合。又如,学生在画数字 6 时,画了 6 个盒子:"我画了六个盒子,每个盒子里装了不同的东西。"每个盒子里面装什么、装多少都没有关系,因为数数的对象是盒子,所以盒子的个数是 6,就用 6 表示。这就是数学抽象,排除那些纷繁复杂的信息,直抵本质。学生对数字的深刻理解和清晰表达在"画数"的过程中得到充分发展。

最后,"画"数学的过程就是学生充分发挥想象力的过程,我们称这种想象力为数学想象力。这里的数学想象力是学生联系数量与数量、空间与图形、数学与生活的关系进行数学上的"再发现"或"再创造"。一年级的学生在最初"画"数学的过程中,数学想象力还不够丰富,有局限,不敢试错,经过老师的不断鼓励和同学之间的相互启发之后,想象力越来越丰富。例如,将数字"1"想象为1个黑洞,数字"2"想象为2朵星云等。这些都是学生发挥数学想象力的生动表现。

(四)跨学科主题学习"融合产生数学美"的反思

纵观学生"演"数学、"画"数学的过程可以发现,他们在反复思考中,经历了数的本质意义的抽象过程,经历了从具体到抽象、再从抽象到具体的认知过程,经历了数的符号化过程。通过这些真实、深入的过程,有效发展了学生的数感、表达能力和想象能力。在学生"演"数学、"画"数学的开始阶段,的确是发现他们还存在很多问题,如"演"数学的过程中,很多学生不能清楚地表现数字的形象;"画"数学的过程中,大部分学生不能做到一一对应地数数,这些都将直接影响他们对数的认识、数量关系以及正确的运算。但在"演"和"画"的过程中,教师的及时指导不仅可以帮助学生纠正错误的认知,而且可以找到解决问题的途径。"演"数学、"画"数学的实施过程,其实就是以表演和绘画的形式完成作业,取代了传统的书面作业。这样既帮助学生巩固了所学知识,培养了学生的兴趣,减轻了学生的课业负担,有利于"双减"政策的落实。

第三节 基于问题驱动的深度学习教学设计、实施及分析

高质量的学习过程离不开高阶思维的参与,高阶思维是深度学习的核心和灵魂。高阶思维是指发生在较高认知水平上的心智活动或较高层次的认知能力。高阶思维具有思维的深刻性、整合性和灵活性。反思、批判、整合、辩证、实践与创新是高阶思维的主要成分。基于问题驱动的深度学习是实现高阶思维教学的重要途径,它是学生在真实问题情境中的学习,以学生发现和提出问题作为目标,以分析和解决问题的过程为途径。基于问题驱动的深度学习模式围绕前后有序的"问题链"设计,以"问题驱动"引发课堂中高阶思维的持续产生,着眼于学生对数学知识的综合理解、整体把握和实践创新。本节以"分数的初步认识"和"方程"来具体阐释的"问题链驱动的深度学习模式"和"基于问题驱动的小初衔接深度学习模式"。

一、问题链驱动的深度学习案例"分数的初步认识"

(一)基于核心概念和单元内容分析提取主问题链

1. 学生学习水平调研及结果分析

从自然数到分数,学生将要建立一个全新的数概念,是对数的认识的一次质的飞

跃。在正式学习分数以前，学生已有数数、将物体平均分的操作经验和认识，会用"一半"这样的词语来表达部分与整体的关系，只是还没有思考过要用什么符号来表示。学习本单元之初，对所在学校三年级共 313 名学生进行课前调查，69.2%的学生表示没见过分数，30.8%的学生表示见过分数且能准确地写出一些分数，但对于分数到底表示什么并不清楚。学生对分数的认知水平表现如图 7-15 所示。

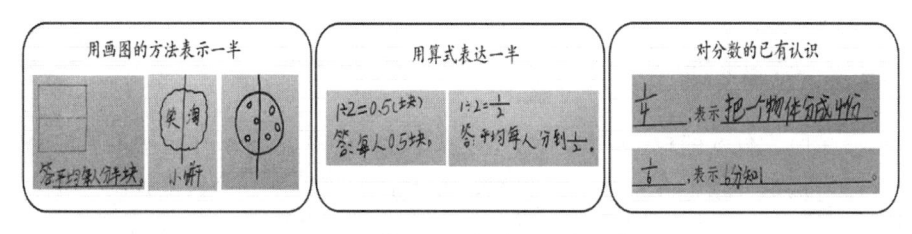

图 7-15　学生对分数的认知水平表现

对于小学三年级的学生，认识分数是他们经历的第一次数系扩展，无论是在数的意义、写法、读法，还是应用方面，分数都与学生之前接触的自然数有比较大的差异。分数概念的抽象性及其理解方式的多样性导致学生对分数理解困难。因此，在初步认识分数阶段，采用"整体的等分"（平均分）比较合适。华应龙老师在执教"分数的初步认识"时提道："学生掌握分数的意义往往需要实际操作或在心理操作等分割以及再合成其份数的活动"。[①] 这里"分割"的对象一般是一个物体或一个图形，还不涉及一个集合。通过实物情境、操作具体物、画图、口语符号以及书写符号多种表征方式间的转化活动，能有效加深学生对分数的认识（图 7-16）。因而，先从"行为"（平均分物体）入手，尝试用语言文字表达"分"的过程和结果，再通过图形表征认识分数，最后抽象出分数的数学符号，有利于学生体会符号表达的简洁、准确，发展符号意识。

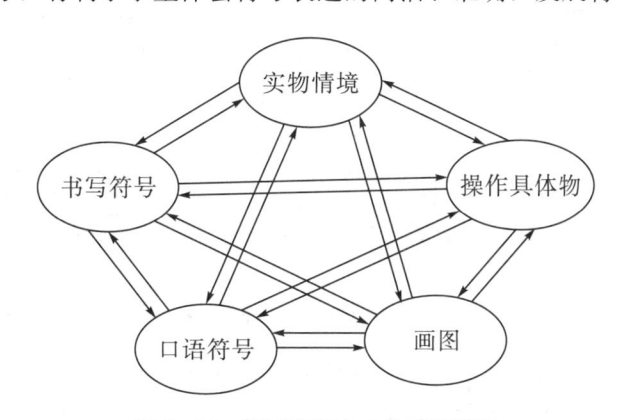

图 7-16　不同表征方式的转换路径

2. 分数概念的理解

分数是由数字符号（0~9）、结合符号（分数线"—"）和分数单位组成的数。分数

---
① 华应龙. 我不只是数学[M]. 北京：中国人民大学出版社，2016：55.

并非是可以通过计数活动得到的一个数,而是一个代表了两个数量关系的相对量,它是一种无量纲的数。相对于自然数,分数概念较为抽象且有多种理解方式。可以从部分—整体、测量、比率、运算和商等多个角度加以理解。在分数概念的多个含义中,"部分—整体"概念处于基础地位。理解分数的关键在于对整体"1"的等分和计数单位的累加,感悟数的概念本质上的一致性,即"数"都是由数字符号和计数单位组成,从而发展数感、符号意识、推理意识和运算能力。

3. "认识分数"单元内容分析

在小学阶段,分数的教学横跨两个学段。学生从三年级下册开始初步认识分数,五年级上册再次认识分数,五年级下册和六年级上册进一步探究分数的运算(图7-17)。北师大版教材的编排既考虑到分数概念的发展基础,又兼顾学生建构概念的认知特点,知识脉络清晰、前后关联,呈螺旋上升趋势。从分数的初步"认识""理解""掌握"到分数的进一步"认识""理解""应用",对学生数学理解和数学表达也提出了更高要求。

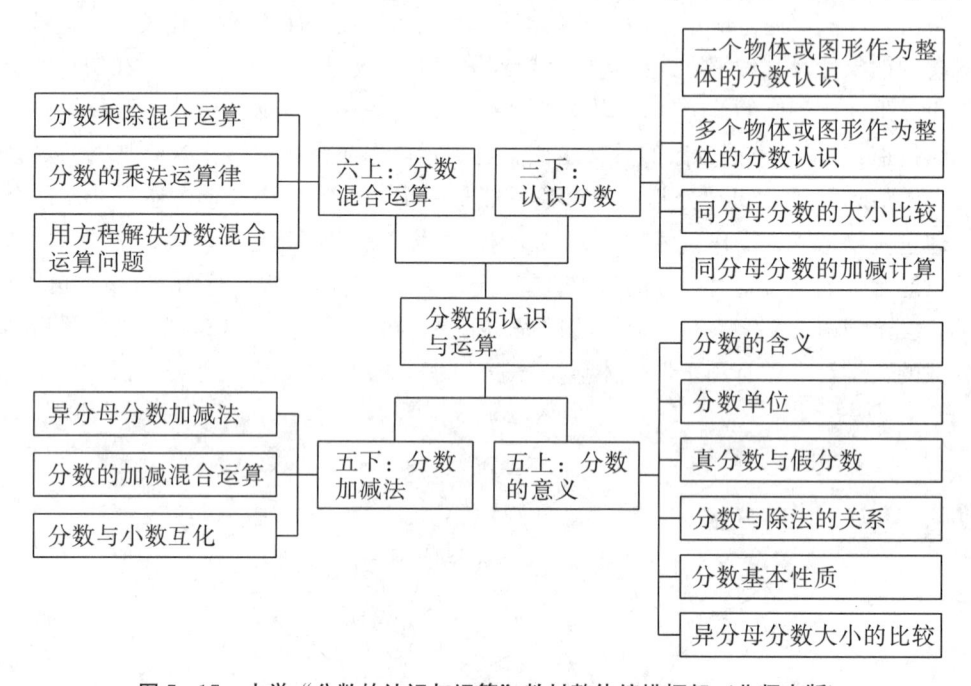

图7-17 小学"分数的认识与运算"教材整体编排框架(北师大版)

从课程内容和教学来看,北师大版小学数学三年级下册第六单元的"认识分数"是学生第一次认识分数。因此,教材设置了生活情境,借助面积模型、长度模型和集合模型从不同角度刻画分数,从"一个物体作整体"到"多个物体作整体",循序渐进地加深学生对分数所表达的"部分—整体"关系的认知和理解;再结合具体的情境任务,借助图形的几何直观帮助学生感悟在分数加减运算中,分母决定了分数的单位,分子表示分数单位的个数,逐步认识到分数加减运算是分数单位个数的加减。从分数的表达和运算的一致性,充分揭示了分数的本质和认知分数的根本要求。本单元主要学习分数的初步认识(分数的意义)、简单的分数的大小比较和同分母分数的加减运算(图7-18)。

从这些课程内容的和学习要求提炼本单元的主问题链,即"什么是分数""分数大小比较的方法是什么""如何进行分数加减计算"。

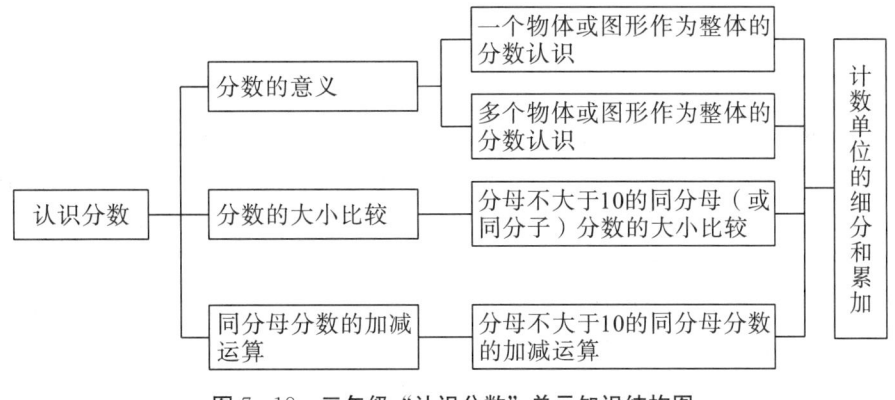

图 7-18 三年级"认识分数"单元知识结构图

(二) 促进深度学习的问题链设计

促进深度学习的数学课堂是围绕"意义生成活动"展开的,基于"主问题"让学习者在"子问题群"的引领下利用已有知识在新的信息中创生意义,在事实与观点之间建立联系,使学生达到深度学习。促进学生深度学习的问题链设计以"关联"寻找教学切入点:一是分析表层信息关联,即新旧知识在情境、内容、问题等方面的关联;二是思考方法的关联,即新旧知识在分析问题、解决问题方法上的联系;三是思考视角的关联,将新学习主题与旧学习主题从看待问题、思考问题的基本框架上来建立联系。[1] "问题"始终是学生学习的起点,有了问题学生才会思考。问题的生成以预设为基础,它需要教师在把握知识本质的前提下围绕学习主题和核心概念精心预设问题链。

"认识分数"单元的主问题链包括"什么是分数""分数大小比较的方法是什么""如何进行分数加减计算",主问题链中的每一个问题又可以细分为3~5个子问题。"分数的初步认识"一课对应主问题"什么是分数",在教学中可以将其分解为三个子问题:①"为什么要学习分数"让学生体会分数产生的必要性;②"怎样表示分数"让学生初步体会分数的意义;③"如何创造分数"进一步感悟分数是对整体1的等分和分数单位的累加。第一个子问题"为什么要学习分数"的设计借助学生对"一半"的认知,体会"当一个不够分"时需要借助分数来表示。第二个子问题"怎样表示分数?"的设计是让学生会"语言""符号""图形"几种表示方式,体会其表示的是同样的分数。通过分数的多元表征,让学生进一步理解分数表示的形式是多样的,但分数表示的含义都是相同的。而且,让学生学会用"符号""画图"进行表示和分析对之后探究分数意义非常重要,它们都是常用的问题解决方法。第三个子问题"如何创造分数"的设计目的是基于学生对分数的初步认识,拓宽其发现问题的视角,让学生找生活中的分数,并通过创造分数加深理解。上述子问题的设计层层递进,相互联系,如抽丝剥茧般逐步揭开"分

---

[1] 唐恒钧,张维忠,陈碧芬. 基于深度理解的问题链教学[J]. 教育发展研究,2020,40 (4):53-57.

数"的神秘面纱。像这样有结构的"问题链"的设计能够引发认知冲突、激发学习动机、促进积极探究,指引学生的思维层次从低阶向高阶稳步发展。

(三)问题链驱动的学习活动及课堂表现

基于问题驱动的深度学习模式中的"问题"都不是直接出现的,而是以具体的情境或活动为载体,让学生经历发现问题、提出问题、分析问题、解决问题的问题解决过程。学生在探究并寻求问题的解决方法中积累活动经验,获得新知识,习得新方法,进而发展高阶思维、实现深度学习。因此,在"分数的初步认识"中,我们依据"生活情境中发现问题—提出问题并展开讨论—通过动手操作等多种方式解决问题—反思交流并应用于生活实际"的思路设计学习活动。在主问题链的引领下,我们从分数的必要性、分数的意义、分数的理解和分数的应用出发,围绕"为什么要学习分数""怎样表示分数"和"如何创造分数"设计了教学活动的四个环节,并在具体的子问题解决活动中引领学生走向深度学习,具体路径如图7-19所示。

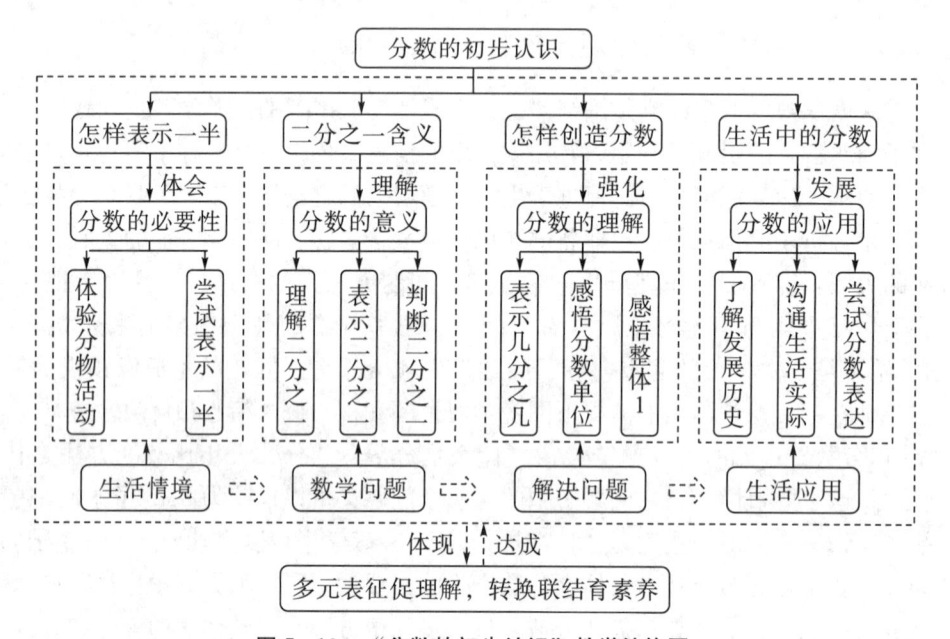

图7-19 "分数的初步认识"教学结构图

1. 创设情境,提出数学问题

(1)分物活动,感受实物分割的过程。

师:我们的好朋友淘气和笑笑在分苹果,咱们一起来看看他们是怎么分的吧。有4个苹果,平均分给两人,每人得到几个?(2个,可以用哪个数来表示?)

师:2个苹果平均分给两人,每人得到几个?(1个,用数1表示)

师:现在只有1个苹果,平均分给两人,每人得到几个呢?

生:半个/二分之一个

师:其实也就是1个苹果的一半。

学生结合分的过程，读一读。

（2）表示一半，体会分数产生的必要性

师：想一想，还能用以前学过的1、2这样的数来表示一半吗？你能用什么方式表示一半呢？

学生上台写一写、画一画，说明意义。

【设计意图】选取生活中比较常见的现象能有效激发学生的学习经验，通过4个苹果平均分成2份、2个苹果平均分成2份、1个苹果平均分成2份的分物活动，让学生感受自然数在实际应用中的局限性，渗透数系扩张的数学本质，唤醒学生的符号意识。以子问题"如何表示一半呢？"驱动学生去发现表示"一半"的方式其实很多，如实物、画图、文字、符号等，在多种表示方式的对比中，感悟用1/2这样的数字符号表示一半的优越性，体会学习分数这个符号概念的必要性。

2. 问题探讨，初步理解分数意义

（1）理解二分之一的含义。

师：分得的结果怎么表示呢？

师：为什么不用2、3这样的数，而用一半来表示呢？那这样的数叫什么呢？

师：如果用一张圆形纸表示苹果，刚刚我们把这1个苹果平均分成了几份？

师：观察一下这个数是怎样书写的？结合平均分的过程和结果，找一找有哪些关键词。

生：平均分，可以画一条横线表示；平均分成了2份，用数2表示；取了1份，用数1表示。

师：这个数表示什么意思呢？

生：把1个苹果平均分成2份，每份是它的1/2。

（2）涂色表示二分之一。

涂出下面图形的1/2。

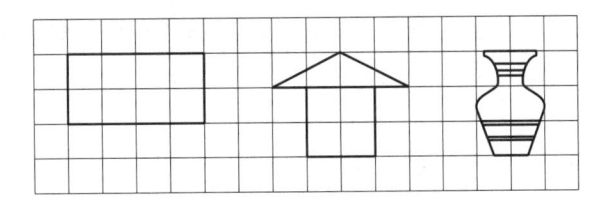

学生独立操作，计时完成，收集规范作品展示。

师：观察这几幅图的涂色部分，你有什么发现？

生：形状虽然不同，但都是平均分成2份，涂了1份，涂色部分是整个图形的1/2。

师：那二分之一的含义到底表示什么呢？

(3)判断图形的涂色部分是否为1/2。

师：观察这四幅图，涂色部分都是这个长方形的1/2吗？

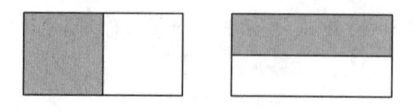

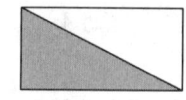

生：涂色部分都是长方形的二分之一。

师：为什么涂色部分都能用二分之一表示呢？

生：平均分的方法不同，涂色部分的形状也不同，但都是把长方形平均分成2份，涂了1份，所以涂色部分都是整个图形的1/2。

师：那分数表示的含义与数量多少、大小有关吗？

生：没有关系，分数表示的这个部分与这一个整体之间的关系。

【设计意图】从数学学习心理的角度看，不同思维方式之间的转换及其表达方式是数学学习的核心，能把"行为""图形""语言""符号"等几种形式进行转换是数学学习过程中的重要方面。本环节主要围绕二分之一的含义和表示二分之一展开。该部分以子问题"分得的结果怎么表示呢""观察这几幅图的涂色部分，你有什么发现""为什么涂色部分都能用二分之一表示呢"串联问题的探讨，帮助学生初步理解分数意义。在教学中，学生先充分理解二分之一的含义，把一个整体平均分成两份，取其中一份；然后在图形中表示二分之一，即把图形平均分成两份，取其中的一份；最后判断涂色部分与整个图形之间的关系，尝试用分数进行表达。在实物操作、符号表达的转换活动中，进一步理解分数是表示图形的涂色部分与整个图形之间关系的数。

3. 解决问题，深入理解分数含义

(1)认识几分之几。

师：刚才我们认识了1/2这个分数，你还想认识哪个分数？能试着创造一个吗？从学具袋中任意拿出一张纸折一折、涂一涂。

活动要求：

1. 独立操作：任选一张纸，折一折，涂一涂，你还能得到哪些分数？
2. 小组交流：我把这个图形平均分成了（　　）份，涂了（　　）份，涂色部分是整个图形的（　　）。

(小组展示，板贴学生作品，写出对应的分数)

(2)感悟分数单位。

师：你能用分数表示这个图形的空白部分吗？如：

生：空白部分是3/4。

师：这个分数是怎么来的呢？

生：把正方形的纸平均分成了4份，涂了1份，空白部分有3份，就是这张纸的

3/4。

师：这里有几个 1/4 啊？数一数。

生：3 个 1/4 是 3/4

师：像这样的数都是分数，写得完吗？写不完可以用什么符号来表示呢？

学生读一读黑板上的分数，教师板书。

(3) 感悟整体"1"。

师：体会分数的含义如何用数学的语言来表达。这里有一条有长 1 米的线段，平均分成 2 份，每份是它的几分之几呢？(1/2)

师：说一说这个线段的 1/10 你要怎么表示呢？

生：把这条线段平均分成了 10 份，每份是这条线段的 1/10。

师：如果请你来分一分，你能用什么分数来表示这条线段的每个部分？

生：平均分成 20 份，每份是这条线段的 1/20。

生：平均分成 100 份，每份是这条线段的 1/100。

师：如果我们对这一条线段继续细分，还可以找到不同的分数。小小的 1 里面竟然隐藏着这么多的分数。

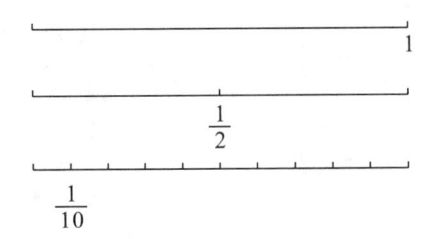

师：0 到 1 之间的分数找得完吗？

学生发现原来 0 到 1 之间的分数也有无数个。

(4) 认识分数各部分的名称。

师：刚刚我们创造了这么多分数，分数的表示也经历了漫长的历史，我们一起来了解一下吧。

(微课介绍教材 69 页"你知道吗？")

师：回顾历史，小小的一个分数也凝结了前人的智慧。从刚才的微课中我们知道了分数中的这条线叫什么呀？

生：叫分数线，表示平均分。

师：你能再介绍一下其他部分的名称吗？

生：分数线下面的数叫分母，表示平均分的份数；分数线上面的数叫分子，表示取了几份。

师：真好，不仅认识了分数，还知道了它的含义。

师：通过刚刚的学习和交流，你对分数有了哪些初步认识呢？

学生说一说。

小结：平均分的过程和结果可以用实物操作、文字描述、图形表示，还可以用分数表达,和整数、小数一样,分数也是由符号和计数单位组成的。

【设计意图】折纸活动可以帮助学生建立分数的感性认识,通过折纸涂色表示几分之一和几分之几的实际操作,让学生经历从具体到抽象的过程,在具体情境中感悟分数的本质,学会符号表达。通过具有实际背景的操作,学生认识到分数是一个数,是一种对数量关系即整体与部分关系的表达。理解分数的关键在于对整体1的等分,感悟计数单位,体会数的概念本质上的一致性,即都是由数字符号和计数单位组成,形成数感和符号意识。该部分以子问题"认识分数1/2,你还能创造哪些分数""能够用图形表示你创造的分数吗""能够用数学的语言表达这些分数的含义吗""分数是怎么构成的?你认识它了吗"层层递进构成问题链,激发学生的发散思维,不仅尝试创造分数,还能够用数学的方式表达分数的含义,最后总结归纳出分数的构成及每一部分表示的意义。

4. 巩固深化,应用中发展符号意识

(1) 说一说生活中的分数。
学生举例说一说。
(2) 找一找图片中的分数。

披萨　　　　　　太极图

【设计意图】该部分以子问题"说一说生活中你在哪里发现了分数呢""你能在这些图片里找到分数吗"引导学生将数学的学习回归到生活中,深刻理解和认识分数来源于生活,也要应用于生活。分数是一种符号,人们用这样的符号表达数、数量关系,其现实背景之一是表达整体与等分的关系。因为有了前三个环节的深入体验和认知,在"说一说生活中的分数""用分数表示涂色部分"环节,学生开始自觉、有意识地运用分数去表达数学内容。在巩固的同时又适度地拓展,让学生进一步体会用分数表达的关键在于找到计数单位。

(四)"分数的初步认识"的问题链驱动深度学习反思

问题链驱动的深度学习模式对主问题、子问题的链条式的设计不仅仅是解决一个或几个问题,而是要让学生在解决复杂问题的过程中经历发现问题、提出数学问题—分析问题、研究数和数量关系—解决问题、感受数学化的过程。让学生在问题解决的过程中生成解决问题的策略和方法,构建解决问题的基本模型,发展学生的应用意识和创新意识,促进学生高阶思维的发展。"实物情境—数学抽象—举例解释—理解应用"是认识分数的基本路径。实际上,小学阶段对整数和小数的认识也是采用这样的学习路径。"分数的初步认识"的问题链驱动深度学习不仅要让学生体会整数、小数、分数在"数"的表达与运算上的一致性,而且领悟整数、小数和分数在学习和研究方法上的一致性。

这样，无论是整数、小数还是分数，学生都能用数学的眼光抽象出本质、用数学的思维分析深刻理解本质、用数学的语言模式化地表达"数"的本质。从思维发展的角度来看，学生的整合性思维得到极大提升，而思维的整合性正是高阶思维发展的主要特征之一。

基于问题链驱动的深度学习模式的运用，在"分数的初步认识"中是围绕"什么是分数？"这个主问题展开，设计子问题链层层推进，使思维向高阶水平发展。借助学生的已有经验，在学生知道"一个物体不够平均分需要切成一半"的基础上引出分数的必要性，让学生体会分数会出现的生活场景及其作用，提出"分数是什么样的呢"这一子问题，引导学生观察分数的构成、思考分数的书写。让生活世界的分数正式进入数学世界，从朴素的基于生活经验的分数认知转变为科学规范、严谨抽象的数学分数概念，提升数学思维的深刻性。接着，由"分数到底表示什么呢"这个子问题引发和组织一系列数学活动，加深对分数的理解。借助图形从直观模型中解释分数所表示的含义，并让学生通过数学的语言表述分数的含义。接着，通过"你能创造出哪些分数呢"这一子问题让学生在理解的基础上进一步发挥创造性思维，同时检验学生是否真正知道分数。在这一过程中，学生需要判断和分析创造出来的数是否是分数，并且能够通过多种形式表示分数，提高其数学思维的灵活性。最后，"生活中你能找到哪些分数"这一子问题让学生回归生活，不仅检验学生是否认识了分数，还要让学生知道数学与现实世界是密切相关的，最终是需要将数学知识应用在生活中。在上述过程中，发展了思维的深刻性和灵活性，而思维的"深"和"活"正是高阶思维的主要特征。在问题链驱动下，学生对分数的认识逐渐走向更深层次，学生的反思思维与批判思维、整合思维与辩证思维、实践思维与创新思维也得到了极大提升，实现了课堂的深度学习。

二、基于问题驱动的小初衔接深度学习案例"方程"

数学核心素养是学生在数学学习的过程中逐渐形成和发展起来的。"三会"数学核心素养具有整体性、连贯一致性和阶段性特征，在不同学段的具体表现具有进阶性，即低年级段数学核心素养的培养应偏于具体，更加侧重于意识方面；高年级段数学核心素养的培养应偏于抽象，更加侧重于能力方面。从数学核心素养的培养来看，加强小初教学的衔接是素养导向的小学数学课堂改革必须重视的方面。问题是思维发生的源头。从小学到初中又是学生算数思维向代数思维发生质的转变的关键时期。基于问题驱动的小初衔接深度学习模式以问题解决活动为载体，通过"建立情境—自主研究—合作探讨—启发引导"的教学模块促进学生学会提出问题、分析问题、解决问题、反思问题，发展高阶思维、实现课堂深度学习。我们下面以"方程"的跨学段衔接教学为例，具体阐释和说明基于问题驱动的小初衔接深度学习实践的设计及实施。

（一）中小学"方程"教学研究

1. 课程标准新变化

"数与代数"是义务教育数学课程非常重要的内容。在《2022年版数学课标》中，"数与代数"领域的内容发生了比较大的调整，其主要目的是更好地发展学生的符号意识、代数思维和推理意识。在《2011年版数学课标》中，"数与代数"在小学阶段有"数的认识""数的运算""常见的量""探索规律""式与方程""正比例和反比例"六个主题。修订的《2022年版数学课标》将相关主题进行调整、合并，形成了"数与运算""数量关系"两个板块。第三学段将《2011年版数学课标》第二学段的内容进行了增删和整合，主要目的是做好小学阶段与初中阶段的衔接。《2022年版数学课标》删除了《2011年版数学课标》第二学段的"式与方程"的内容：一是能用方程表示简单情境中的等量关系（如$3x+2=5$，$2x-x=3$），了解方程的作用；二是了解等式的性质，能用等式的性质解简单的方程。史宁中教授认为，在方程的实际教学中，强调方程的等量关系或许比单纯强调方程中的未知数更便于学生理解方程的本质。[①] 这样调整，也是不再在小学单纯学概念。《2022年版数学课标》虽然删除了"简易方程"的内容，但要求学生感悟通过字母运算和推理得到结论具有一致性。因而在"数量关系"主题中提高了"字母表示数"的要求，具体表现为增加和强化了以下内容：能用字母表示运算律；在具体情境中，探索用字母表示事物的关系、性质和规律的方法，感悟用字母表示的一般性。

2. 课标变化带来的影响

按照《2011年版数学课标》方案，北师大版小学数学教材从四年级下开始学习"方程"。四年级下册"认识方程"内容包括字母表示数、等式性质、认识方程、会用方程表示简单的等量关系、解简单方程；五年级下册"方程"的学习包括进一步学习解简单方程、进一步运用方程解决问题；六年级上册"方程"的学习包括运用方程解决简单的百分数问题。

根据《2022年版数学课标》对"方程"内容的调整，小学将不再学习"认识方程"，初中开始正式学习什么是方程和解方程。因此，关于"方程"学习的小初教学衔接尤为重要。对"方程"的学习要运用代数思维，但小学阶段以算数思维为主。因而促进小学高段学生思维的高阶发展，是做好"方程"学习小初衔接的基础。为更好地促进算数思维向代数思维的发展，小学高年级应强化"字母表示数"，让学生感受字母表达的一般性。另外，在数的运算中加强算法和算理理解，促进代数推理能力的发展，为初中阶段"方程"的学习奠定好必要的知识与思维基础。

小学"方程"整体编排框架（北师大版）如图7-20所示。

---

① 史宁中. 试论数学推理过程的逻辑性——兼论什么是有逻辑的推理［J］. 数学教育学报，2016，25（4）：1-16.

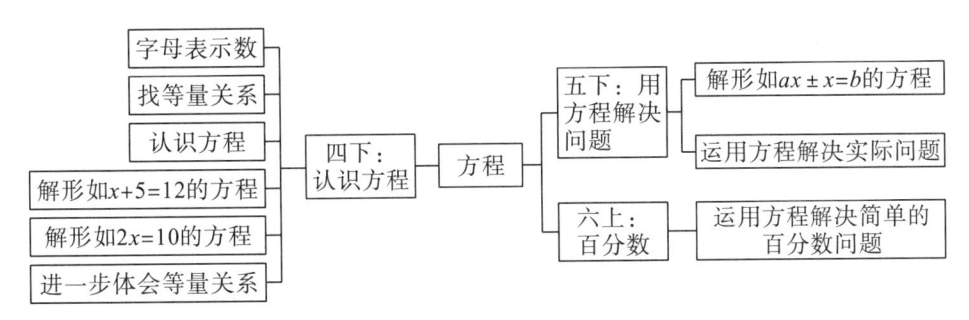

图 7-20　小学"方程"教材整体编排框架（北师大版）

3. 方程的本质

方程的本质是描述现实世界中的等量关系。简单地说，就是左右两边相等，这不仅是方程概念的本质，也是列方程解题的依据。[①] 在小学数学教材中，方程是这样定义的：含有未知数的等式叫作方程。这个定义简单明了，但引发的争议也很多。比如，$x=5$ 是不是方程？$a+b=b+a$ 也是方程吗？张奠宙教授指出，方程的核心是"求"未知数，这在前面的定义中没有体现出来。因此，张奠宙教授建议这样来定义：方程是为了寻求未知数，在未知数和已知数之间建立起来的等式关系。[②] 这是一个发生定义，它刻画的是方程形成或产生的过程，体现了方程的核心价值，应该作为小初衔接中认识方程概念的重要参考。

4. "方程"在中小学数学学习中地位与作用

"方程与不等式"揭示了数学中最基本的数量关系（相等关系和不等关系），是一类应用广泛的数学工具。初中阶段"数与代数"领域包括"数与式""方程与不等式"和"函数"三个主题，它们是学生理解数学符号，以及感悟用数学符号表达事物的性质、关系和规律的关键内容，也是学生初步形成抽象能力和推理能力、感悟数学的语言表达现实世界的重要载体。《2022 年版数学课标》指出，初中"方程与不等式"的教学"要让学生经历对现实问题中量的分析，借助用字母表达的未知数，建立两个量之间关系的过程，知道方程或不等式是现实问题中含有未知数的等量关系或不等关系的数学表达；引导学生关注用字母表示一元二次方程的系数，感悟用字母表示的求根公式的意义，体会算术与代数的差异"。所以，"方程"的学习是促进学生从算术思维向代数思维发展的重要载体，其对提升学生数感、符号意识，发展数学抽象和推理能力，渗透模型思想等都具有重要作用。对于习惯了算数思维的小学生来说，"字母表示数"和"方程"的模型思想对于转变他们观察、思考和表达现实世界的方式都有极大的促进作用。不仅如此，用方程的方法解决问题，有助于学生从逆向的算术思维向顺向的代数思维思考问

[①] 姜荣富. 从概念的本质出发设计概念教学——以"认识方程"的教学为例 [J]. 小学数学（教学版），2010（5）：32-33.

[②] 张奠宙，巩子坤，任敏龙，等. 小学数学教材中的大道理：核心概念的理解与呈现 [M]. 上海：上海教育出版社，2018：41.

题，从而降低解决复杂算术问题的难度。

(二)"方程"小初衔接教学研究

1. "方程"小初衔接教学的衔接点

（1）将方程作为问题解决的方法与工具进行衔接。

方程是中小学数学的重要内容，但作为衔接课的"方程"教学与新课教学不同，在短时间内不能也不必以学生认识数学对象的逻辑顺序"定义—求解—应用"的模式进行学习。方程是学生在小学阶段没有接触过的新事物，新事物的出现建立在问题解决需要的基础上。因此，"方程"小初衔接教学应以问题解决的方式让学生感知。具体而言，这里"问题解决"的问题，选用的是学生在小学阶段熟悉的应用题。同时，这些应用问题能够用算术方法解决，且算术方法有一定难度，以此凸显方程方法的优越性。

（2）以"字母表示数"和"等量关系"为基础进行衔接。

按照《2022年版数学课标》，小学阶段删除了"简易方程"的内容。对于部分学有余力的学生，可能已经认知过方程的概念，甚至在课外已经学习过列方程解应用题。当然，对于大多数学生，在小学阶段并未正式接触过"方程"。但是，学生在小学解应用题的学习过程中已经积累了大量分析问题数量关系的经验，因而也有能力找出题目中的等量关系。在教学中，教师若能有意识地将某些未知量用字母表示，即使学生可能并不知道方程的定义，但也能用"字母表示数"和"等量关系"的刻画表示出方程。

2. "方程"小初衔接教学的定位

（1）体会方程思想与方法的优越性。

列方程解应用题是一种重要的数学思想与方法。方程思想的实质就是将所求的量设成未知数，用它表示问题中的其他量，根据题中隐含的等量关系，列方程（组），通过解方程（组）或对方程（组）进行研究，使问题得以解决。方程思想与其对应的算术方法及思维方式不同，但又有本质的联系。对比算术方法与解方程的过程便可发现，用算术方法解决问题时的思维方式是逆向思考，而方程方法则是顺向思考。由于解方程的规则是固定的，因此原本属于算术方法的大量需要复杂思考来解决的工作都得以转化，将复杂的算术思考转化为方程的程序性解法。虽然列方程需要模型思想将现实问题转化为数学问题也需要思考。但总体来说，方程方法比算术方法更简便、更优化。简化与优化是重要的数学思想，通过比较方程方法与算术方法能让学生更深刻地理解数学的本质，促进其思维的深刻性。

（2）培养对方程的亲切感。

无论是用算术方法还是用方程方法解决问题，对于小学高段学生来说总是具有一定的思维挑战。需要小学生克服困难，经过一定程度的意志努力解决问题。解决数学问题的乐趣是一种更深层次的来自思维和精神上的愉悦。小学高段学生思维发展逐步从具体形象思维走向抽象逻辑思维，为他们学习更高阶的数学知识奠定了基础，也为体会伴随数学高阶思维的良好情绪体验提供了条件。因此，本课不纠结方程的基础知识，也不讲解方程的概念、解方程的方法、列方程解应用题的一般步骤，而是通过两个典型例题、一系列的问题，让学生去感受方程方法解决问题的优越性，体会方程方法与算术方法之间的联系，培养学生对方程的亲切感。

3. "方程"小初衔接教学的核心问题

本课的核心问题是"方程方法与算术方法之间有什么区别与联系"。一方面，方程方法与算术方法的区别在于其思维方式不同，但两者又有本质联系，这需要学生在学习过程中充分感悟，这对完成本节课的学习目标至关重要，这也是"方程"小初衔接教学的初衷；另一方面，将这一反思性问题作为核心问题，引出"算术方法如何求解""方程方法如何求解""算术方法与方程方法的思考方式有何不同"等子问题，引发学生思考，培养学生高阶思维，促进学生深度学习。

4. 教学目标

（1）通过对两个典型问题的探究，初步感知方程方法，感受方程方法处理问题的思维方式。

（2）感受方程方法与算术方法的区别与联系，并体会方程思想与方法的必要性和优越性。

（三）问题驱动的"方程"小初衔接教学设计

1. 建立情境，提出问题

在回顾、总结、反思小学相关知识后，教师提出问题。

师：在小学，我们接触过很多的应用题。

【问题1】你能对小学数学的应用题进行归类吗？我们学过哪些类型的应用题呢？

【问题2】回顾解应用题的历程，你能谈谈解小学数学应用题的心得吗？有哪些解应用题的方法？

【设计意图】本环节主要引导学生对小学的应用题的类型与解决问题的方法进行归类，让学生进入问题解决的情境中。大部分学生能够比较快速、准确地说出小学应用题的类型。关于解题方法，学生都知道算术方法，极个别同学会提到列方程解决问题的方法。

2. 自主研究，分析问题

接着，教师提出两个典型问题，让学生独立思考、尝试解决。

【问题3】你能尝试解决下面两个问题吗？

典例1：小王的爷爷比奶奶大2岁，爸爸比妈妈大2岁，全家五口人共200岁。已知爷爷的年龄是小王的5倍，四年前爸爸的年龄是小王的4倍，问：小王全家人各是多少岁？

典例 2：鸡兔共有脚 100 只，若鸡换成兔，兔换成鸡，则共有脚 92 只，求鸡、兔各有多少？

独立思考后，引导学生进行总结、反思。

【问题 4】归纳总结，你的解题思路与过程是什么？

【问题 5】除了你所用的方法，还有其他思路和方法吗？你是怎么想到用这些方法的？

将这个问题拆分成以下子问题，引导小组同学思考、交流：

【子问题 1】这两个问题，你是用什么方法求解的？

【子问题 2】对同学的解法，你是否有补充？你是否有不同的方法？

【子问题 3】对同学的其他解法，你有疑问吗？

【子问题 4】对于不同解法，你更喜欢哪种解法？为什么？

【子问题 5】这两个问题的求解，你有什么发现吗？你还有什么疑问吗？

【设计意图】给出两道既能用算术方法又能用方程方法解决的典型应用题。给足时间，让学生尝试独立解决问题，并归纳总结自己的解题思路与具体过程，做好交流分享的准备。同时，解决完问题之后，学生思考还有无其他解决问题的方法。预设对这两个问题，大部分学生能够用算术方法求解，有部分同学求解有难度，部分知道方程方法的同学能够用方程更快速地求解。

上述两个典例的算数和代数解法如下。

典例 1 的算术解法：

从最复杂的条件"四年前爸爸的年龄是小王的 4 倍"入手。四年前爸爸的年龄是小王的 4 倍，即爸爸今年的年龄比小王 4 年前年龄的 4 倍多 4 岁，所以爸爸今年的年龄比小王今年的年龄的 4 倍少 12 岁。······①

现假设奶奶和爷爷的年龄一样大，妈妈和爸爸的年龄一样大，则年龄的总和是 204 岁。

爸爸的年龄比小王的年龄的 4 倍少 12 岁，妈妈的年龄也比小王的年龄的 4 倍少 12 岁。

现在的年龄总和是 $204+12+12=228$ 岁，228 岁是小王年龄的 $1+5+5+4+4=19$ 倍。······②

所以，小王的年龄是 12 岁，易知爷爷 60 岁，奶奶 58 岁，爸爸 36 岁，妈妈 34 岁。

典例 1 的方程解法：

设小王的年龄是 x 岁，显然爷爷 $5x$ 岁，奶奶 $(5x-2)$ 岁。

爸爸的年龄是 $4(x-4)+4=(4x-12)$ 岁。······①

妈妈的年龄是 $(4x-14)$ 岁。

由题意，得 $x+5x+(5x-2)+(4x-12)+(4x-14)=200$。

即 $19x-28=200$。

则 $19x=228$。······②

所以 $x=12$。

故小王今年 12 岁，爷爷 60 岁，奶奶 58 岁，爸爸 36 岁，妈妈 34 岁。

【算术方法与方程方法的对比分析】 从典例 1 的算术解法可以看出，顺利地找到算术方法解题的入手点有一定困难，而且整个分析和计算过程的思考方式都是逆向的，要求学生进行逆向推理。相比较而言，方程方法的思考方式是顺向的，按照题意，用字母表示出小王的年龄，则其余人的年龄都可以通过"字母表示数"表示出来，再根据"全家五口人共 200 岁"这一等量关系便可列出方程。从思维的难易度来看，逆向推理显然对学生有一定难度。对比算术解法和方程解法中对应的两个①和两个②，就能发现两种解法之间的联系。例如，算术方法中的②（228 岁是小王年龄的 19 倍）也就是方程方法中的②（$19x=228$，x 表示小王的年龄），它们本质上是一样的，不同的只是表达的形式。

典例 2 的算术解法：

在鸡兔和鸡兔互换的过程中，相当于每一只鸡和兔都有 6 只脚，所以鸡兔的总数是 $(100+92)\div 6=32$。 ··· ①

利用鸡兔同笼问题的经典解法"吹口哨法"（设定鸡、兔都是训练有素的，每当口哨声响起时，笼子里的鸡抬起 1 只脚，兔子抬起 2 只脚）可得 $100\div 2=50$。 ······ ②

所以，兔子的数量是 $50-32=18$ 只。 ·· ③

鸡的数量是 $32-18=14$ 只。 ·· ④

则鸡有 14 只，兔有 18 只。

典例 2 的方程解法：

设鸡有 x 只，兔有 y 只。则

$$\begin{cases} 2x+4y=100 \cdots\cdots\cdots\cdots(1) \\ 4x+2y=92。 \end{cases}$$

两式相加得 $6x+6y=192 \Rightarrow x+y=32$。 ··· ①

由（1）可知：$x+2y=50$。 ··· ②

②-①得：$y=18$。 ·· ③

代③入①得：$x=14$。 ·· ④

则鸡有 14 只，兔有 18 只。

【算术方法与方程方法的对比分析】 从典例 2 的算术解法可以看出，首先利用整体思想计算出鸡和兔子的总数，思维方式有一定难度；其次，解决"鸡兔同笼"问题常用的"吹口哨法"也有一定的技巧性。相比较而言，方程方法的思考容易多了。将鸡和兔的数量用未知数表示，再根据题目中两种情况下鸡和兔的脚数量间的等量关系，便能列出这两个方程。方程的思考方式是顺向的、自然的，而算术方法的思考问题解决需要逆向推理。当然，严格意义上来讲，这里会出现二元一次方程组，其求解过程对学生来说是陌生且有难度的，在教学过程中只需让学生体会到这种思想即可。教学的重点一是要放在"用字母表示数"和找出"等量关系"上，二是要放在算术方法和方程方法在刻画现实世界的数学表达上。教师重在引导学生通过对算术方法与方程方法中两个①、两个

②、两个③和两个④的比较，发现两种方法的联系，认识到它们在实质意义上的相同和在数学表达上的差异。

3. 合作探讨，解决问题

学生以小组为单位，交流讨论两个问题的解法以及对两个问题的思考。

【问题6】你能把你的解题方法、思考发现、疑难困惑与小组同学分享吗？

讨论完成后，小组代表进行分享。分享主要聚焦于以下两个子问题：

【子问题1】这两个问题的求解方法是什么？

【子问题2】对这两个问题求解方法的反思与疑惑是什么？

【设计意图】一方面，通过小组讨论的方式让所有学生清楚这两个问题的算术解法；另一方面，通过交流分享，所有学生都能接受方程方法，同时对用方程方法解决问题的优越性有比较直观的感受。

在学生讨论、分享之后，教师需要对代数方法和方程方法进行分析梳理、归纳总结。特别是对方程解法，要通过一系列子问题追问学生，启发学生思考：

【子问题3】你是怎么想到设未知数的？

【子问题4】题目中的等量关系是什么？

【子问题5】列出的"方程"你会解吗？为什么可以这样解？

【子问题6】解出来的值代表什么含义？

4. 启发引导，反思问题

在学生大致清楚这两个问题解法的情况下，教师引导学生进行反思总结。

师：到目前为止，同学们都会用算术方法解决这两个问题了，并且初步感受了方程方法。本节课的主要任务不是讲解具体如何用方程方法解应用题，而是想让大家对今天新接触的方程方法与小学习惯的算术方法进行对比，体会它们各自解决问题的思维方式，从而认识到用方程方法解决问题的优越性，这有助于我们在后面更好地学习"方程"。先独立思考，再小组讨论，最后以小组为单位进行发言。

【问题7】对比解决这两个问题的算术方法和方程方法，它们的思考方式有何不同？用算术方法难在哪？

【问题8】对比解决这两个问题的算术方法和方程方法，它们之间有什么联系？

【设计意图与预设】本环节建立在学生对两个典型问题的两种解法的基础上，教师引导学生进行反思总结。这两个问题对学生来说有较大的难度，但通过学生的交流讨论与教师的引导总结，看清不同方法之间的内在联系，不盲目崇拜小学的算术方法，这对学生整体把握数学知识、形成正确的数学观和数学学习观大有裨益。[1]

---

[1] 邓冬华,刘敏. 数学解题课教学的整体性和联系性——以"应用二元一次方程组——鸡兔同笼"为例[J]. 初中数学教与学, 2022 (17): 5-7, 42.

通过学生的讨论交流、教师的引导总结，最终让学生认识到方程方法的思维方式是正向的，算术方法的思维方式是逆向的，这也是算术方法的难点所在。同时，通过这两个问题的解题过程，让学生认识到方程方法和算术方法的本质是一致的，但方程方法更简便。这让学生对方程学习充满期待。

对于两种方法的本质是一致的，是让学生认识到：典例1两种解法中的两个①、两个②完全等价，典例2两种解法中的两个①、两个②、两个③、两个④完全等价。

5. 拓展总结，建构知识

教师继续引导学生谈自己的心得体会，进一步升华。

【问题9】回顾本节课，你能谈谈你的收获与体会吗？

【设计意图与预设】教师引导学生说出自己的体会，尤其是要让学生认识到方程方法和算术方法的不同思维方式，认识到方程方法的优越性，以及不同方法之间的本质联系等。

（四）问题驱动的"方程"小初衔接教学设计反思

在基于问题驱动的小初衔接深度学习模式中，首先要探寻小学与初中的单元共性、知识本质与通理通法。确定"方程"作为小初衔接的重点，主要是从数学思想方法、数学思维发展的角度来考虑的。小学高段正是从小学算术思维向初中代数思维过渡的重要时期，也是从小学符号意识向初中抽象能力发展的关键期。让小学高段学生感受方程方法在数学问题解决上的优越性，体会方程思想与方法，有利于其进入初中后进一步认识方程，运用方程解决问题，深刻理解数学的简洁、优化以及应用的广泛性。本课的核心问题是"方程方法与算术方法有什么区别与联系？"在该问题驱动下的深度学习过程中，问题解决涉及更多的是反思思维与批判思维、整合思维与辩证思维、实践思维与创新思维的运用，这些都是高阶思维的重要组成。

在具体的教学过程中，核心问题细化为9个主问题和11个子问题（表7-19），不同类型的子问题驱动产生不同的思维模式。例如："你能尝试解决问题吗？""能够提供哪些解决问题的新思路？"这类应用性问题让学生寻找不同的解决问题的方法，有利于发散思维的培养，而发展思维又是创新思维的核心成分。又如："用什么方法求解的？""面对这两个问题求解方法是什么？"这类知识性问题和理解性问题需要学生学会观察和分析，培养学生能够在发现问题后寻找到逻辑关联的高阶思维能力；还有"对同学的其他解法你有疑问吗？""算数方法和方程方法的思考方式有何不同？"这类反思性问题让学生不仅要学会评估他人的思考过程，还要能够学会辨别思考方式的不同，在反思与批判中促进深度学习。总体来看，"方程"小初衔接教学的"问题"以反思性问题和理解性问题为主，约占70%；程序性问题、知识性问题、应用性问题相对较少，约占30%。

在基于问题驱动的小初衔接深度学习模式中，"问题"始终是驱动和引发高阶思维持续产生的动力。本课的"问题"从解小学应用题的方法回顾反思开始，到尝试解决问题、归纳总结解题思路、分享方法、提出质疑，再到反思算术方法与方程方法的思考方式的异同，每个问题都是有情境、有目的、有启发和层层递进的。年龄问题、鸡兔同笼问题是学生生活中熟悉的问题，既可以用算术方法解决，也可以用方程方法解决。整个教学实施以阶梯状问题串连接具体活动开展，从子问题层层深入、不断推进，最后回到核心问题。最终让学生意识到算术方法和方程方法的思考方向是互逆的，但本质上都是用数学语言表达现实世界。相比较而言，用字母表示的等量关系更简洁，更具有一般性，故在解决问题时，方程方法比算术方法更优越。这样在问题驱动下，学生在对比中建立了联系，在批判中学会了辩证统一。他们从思考解题方法的差异逐步深入到对方程思想和方法的领悟，其高阶思维得到了充分发展，使数学课堂走向深度学习。

表 7-19 课例"问题"梳理

问题序号	问题内容	问题类型
问题 1	你能对小学数学的应用题进行归类吗？我们学过哪些类型的应用题呢？	知识性问题
问题 2	回顾解应用题的历程，你能谈谈解小学数学应用题的心得吗？有哪些解应用题的方法？	反思性问题
问题 3	你能尝试解决问题？	应用性问题
问题 4	归纳总结，你的解题思路与过程是什么？	程序性问题、反思性问题
问题 5	还有其他思路和方法吗？怎么想到的？	程序性问题、反思性问题
子问题 1	你是用什么方法求解的？	知识性问题
子问题 2	对问答的解法，你是否有补充？你是否有不同的方法？	程序性问题
子问题 3	对同学的其他解法，你有疑问吗？	反思性问题
子问题 4	你更喜欢哪种解法？为什么？	反思性问题
子问题 5	你有什么发现与疑问吗？	反思性问题
子问题 6	你能分享你的解题方法、思考发现、疑难困惑吗？	理解性问题、反思性问题
子问题 1	这两个问题的求解方法是什么？	理解性问题
子问题 2	对这两个问题求解方法的反思与疑惑是什么？	反思性问题
子问题 3	你是怎么想到设未知数的？	理解性问题
子问题 4	题目中的等量关系是什么？	知识性问题
子问题 5	列出的"方程"你会解吗？为什么可以这样解？	程序性知识
子问题 6	解出来的值代表什么含义？	理解性问题
问题 7	算术方法和方程方法的思考方式有何不同？算术方法难在哪？	反思性问题
问题 8	算术方法和方程方法有什么联系？	理解性问题、反思性问题
问题 9	你能谈谈你的收获与体会吗？	反思性问题

【思考与讨论】

请扫描二维码完成习题。

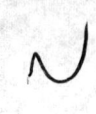